DROEMER

ALEXANDER HAGELÜKEN

LASST UNS LÄNGER ARBEITEN!

Arbeitswelt umgestalten, Rente retten – im Alter aktiv und zufrieden sein

DROEMER

Besuchen Sie uns im Internet:
www.droemer.de

FSC
www.fsc.org
MIX
Papier aus verantwortungsvollen Quellen
FSC® C083411

Originalausgabe März 2019

Ein Imprint der Verlagsgruppe Droemer Knaur GmbH & Co. KG, München

Redaktion: Regina Carstensen
Covergestaltung: totalitalic, Thierry Wijnberg
Coverabbildung: Statistisches Bundesamt
Satz: Adobe InDesign im Verlag
Druck und Bindung: CPI books GmbH, Leck
ISBN 978-3-426-27778-2

5 4 3 2 1

Inhalt

Einleitung – 100 Jahre werden 7

TEIL I

Warum länger arbeiten? 15
Time is on my side 23
Immer mehr wollen es – oder lassen sich überzeugen 31
Mit 65 raustreten, zack! 40
Generation Frührente – wie der Ruhestand zum Besitzstand wurde 48
Gleitzeit statt Ruheschlaff 54
Wie Arbeiten Gesundheit und Kontakte erhält 60
Selbst bestimmen 66
Der Wahnsinn der mittleren Jahre 75
Sechs Schritte an den Abgrund des Rentensystems 85

TEIL II

Umsteuern: Länger arbeiten plus 107
Alt gegen Jung – das politische Spiel 115
Wie länger arbeiten funktioniert 121
Was Beschäftigte selbst tun können 127
Eine neue Arbeitswelt 132
Angebote an Belastete 139
Warum die Firmen langsam aufwachen 145
Falsche Anreize 150
7-Punkte-Plan für eine faire Rentenreform 155

Nachklang 179
Dank 181
Anmerkungen 182

Einleitung

100 Jahre werden

Wenn jemand 100 Jahre alt wird, ist das die längste Zeit ein Kuriosum gewesen. 100 Jahre! Der Bürgermeister kommt vorbei. Die Lokalzeitung schickt den Volontär, um die steife Plauderei mit dem Jubilar oder der Jubilarin der Nachwelt zu überliefern. So lesen die Bewohner des Ortes bald, dank welch einzigartigen Gesundheitsrezepts derjenige nicht totzukriegen ist. Ständig Knoblauch. Oder nie. Beim Abendessen immer ein Glas Wein – oder niemals einen Tropfen Alkohol. Jeden Tag zwei Zigaretten, oder keinesfalls eine anrühren.

Die Statistiker führten für die seltene Spezies keine eigene Kategorie. Es waren einfach zu wenige, die den Ehrenbesuch des Bürgermeisters erlebten. 2000 zur Zeit der Wiedervereinigung.

Inzwischen mutiert das Kuriosum zur Alltäglichkeit. Inzwischen sind mehr als 15 000 Bundesbürger so alt, eine Kleinstadt. Inzwischen schaffen die Statistiker für sie eine eigene Kategorie. Und das wird höchste Zeit. Die Vereinten Nationen sagen in etwas mehr als einer Generation genug hundertjährige Deutsche voraus, um eine Stadt wie Ingolstadt oder Würzburg zu bevölkern. Die EU prognostiziert sogar eine Methusalem-Ballung von der Größe Saarbrückens oder Rostocks – mehr als 200 000 Hundertjährige.[1]

Die Deutschen leben länger, als sich die Menschen jahrhundertelang träumen ließen. Richtig alt zu werden, noch dazu meistens gesund: Das zählt zu den Vorteilen der modernen

Zeit, die die Deutschen erst sehr kurz erfreuen. Aber sie freuen sich gar nicht. Dabei könnte das Alter ein Sehnsuchtsziel sein. Genießen, dass wir so viel länger leben. Überlegen, wie man die geschenkten Dekaden verbringt. Auf Weltreise gehen, sich um die Enkel kümmern, vielleicht ein paar Jahre weiterarbeiten, weil es Spaß macht.

Stattdessen lähmt Angst die Gedanken. Vier von fünf Arbeitnehmern fürchten, dass ihre Rente nicht reichen wird. Jeder Dritte bezeichnet es als seine größte Sorge, später zu verarmen. Es hat sich den Bürgern eingebrannt, dass die Politik mehrfach die Renten kürzte. Dass die Politik das Alterssystem teilprivatisierte, wodurch alle, die nicht vorsorgen, später wenig haben werden. Und wegen des Scheiterns des Riester-Konzepts oft selbst jene wenig haben werden, die vorsorgen. Jedem Zweiten nahe des Ruhestands werden 700 Euro im Monat fehlen, um seinen gewohnten Lebensstandard zu bezahlen. Riester-Verträge ändern daran bisher kaum etwas.[2]

Die Bürger lesen regelmäßig, dass es künftig noch enger wird. Nach dem Zweiten Weltkrieg kamen sechs Arbeitnehmer auf einen Senior, dessen Rente sie finanzierten. Heute sind es drei. In anderthalb Dekaden werden es nur noch zwei sein. Daher schrumpfen die Renten im Vergleich zu den Löhnen drastisch, wenn nichts geschieht.

Warum bekämpfen wir die begründeten Ängste nicht? Und begreifen es als Chance, dass wir 20 Jahre länger leben als damals nach dem Krieg? Ältere sind heute viel gesünder und mobiler als früher. Sie können länger arbeiten – und so ihre eigene Rente und das ganze Alterssystem stabilisieren.[3]

Der Arzt Bernd Kleine-Gunk wuchs mitten im Pott auf, in Gelsenkirchen. Da litten die Bergleute unter Staublunge. Nach Tausenden Tagen unter Tage endlich in Rente, sah sie der kleine Bernd vielleicht noch drei Jahre keuchend vor ihrem Häuschen sitzen. »Das ist heute eine Minderheit«, sagt er. »Es muss kaum noch jemand körperlich hart arbeiten. Die Deutschen werden nicht nur älter, sie bleiben dabei jünger. Die meisten, die heute in Rente gehen, sind körperlich nicht aufgebraucht. Arbeiten bis 70 ist locker drin.«[4]

Es reicht zuweilen, auf die eigene Familie zu schauen. Meine Mutter gibt mit 75 Englischkurse an der Volkshochschule. Meine Tante amtierte bis 77 als Kulturattaché der lettischen Botschaft. Mein Onkel werkelte bis 70 als Manager einer Verkehrsfirma. Den Berufsalltag der meisten aber dominieren starre Vorgaben, früh aufzuhören. Firmen, Gewerkschaften und Politik versteifen sich darauf, Beschäftigte mit spätestens 65 rauszuschieben wie zur Zeit der keuchenden Bergleute mit Staublunge. Mein Vater musste als Leiter eines Finanzamts aufhören, obwohl er gerne noch lange weitergemacht hätte.

So bringen die Deutschen zwar immer mehr Hundertjährige hervor, sind aber in der Logik gefangen, sie sollten nur bis 60 oder 65 arbeiten. Wobei sie dank Akademisierung neuerdings erst Ende 20 damit anfangen. Mit dieser Logik können nur Altersbezüge herauskommen, vor denen sich die Bürger fürchten müssen.[5]

Die Deutschen sollten das Stereotyp vergessen, sie wären im Alter alle gebrechlich. Und stattdessen nutzen, dass sie ein paar Jahre länger arbeiten können. Damit das sozial wird, braucht es natürlich Hilfen für jene, die gesundheitlich nicht so lange im Beruf aushalten.

Unsozial dagegen ist die aktuelle Politik. Heute wird ein Großteil jener, die nicht so lange im Beruf aushalten, im Alter arm. Gleichzeitig machen Union und SPD das Rentensystem arm, indem sie gut versorgten Senioren Geschenke spendieren – und älteren Wählern hohe Renten auf Kosten der Jüngeren versprechen.

In diesem Buch skizziere ich eine faire Rentenreform für Jung und Alt, die auch die Defizite im gesamten System angeht (siehe die Kapitel *Sechs Schritte an den Abgrund*, *Umsteuern* und *7-Punkte-Plan*). Längeres Arbeiten gehört dazu, ist aber politisch umstritten. In der ersten Hälfte des Buchs soll daher gezeigt werden, dass es in vielen Fällen den Interessen der Menschen entgegenkommt. Wer im Beruf bleibt, bleibt fitter, empfindet mehr Sinn und erhält mehr Kontakte. Ein paar Jahre in Teilzeit auszuschwingen, tut Körper und Psyche besser als das abrupte Aufhören von heute. Längeres Arbeiten kann auch Teil einer Lebensplanung sein, in der man in den Jahrzehnten zuvor die Arbeitszeit reduziert, um sich stärker um Kinder, ältere Angehörige oder berufliche Fortbildung zu kümmern – statt alles in die Jahre zwischen 30 und 50 zu stopfen und sich dabei völlig aufzureiben.

Längeres Arbeiten ist kein neoliberales Ausbeutungsprogramm, wenn die Voraussetzungen stimmen. Wenn die Politik die richtigen Bedingungen schafft, Firmen anders mit Mitarbeitern umgehen und die Berufswelt gesünder gestaltet wird, wie in der zweiten Hälfte des Buchs behandelt. Dann können die Deutschen entdecken, was sie vom längeren Arbeiten haben.

Bisher betrachten sie den Ruhestand als Besitzstand, der umso mehr wert ist, je früher er stattfindet. Doch je stärker diese Kultur der Frührente die Rente dezimiert, desto mehr verliert dieser Besitzstand an Wert. 80 Prozent der Deutschen fürchten höhere Rentenbeiträge und mehr Altersarmut. Jeder Dritte glaubt sogar, dass er später nur so viel bekommen wird wie die Sozialhilfe. Dabei zeigen Nachforschungen, dass viele ihre Lage zu pessimistisch sehen. Es wird Zeit, diese Verunsicherung zu stoppen. Durch eine faire Rentenreform, die die Bürger nicht mehr für dumm verkauft, sondern die der tatsächlich dramatischen Alterung begegnet, indem sie die positiven Seiten des längeren Lebens nutzt.[6]

Es geht heute im Alter noch so viel. Otmar Issing, der erste Chefvolkswirt der Europäischen Zentralbank, hatte es nicht bequem. Als Neunjähriger war er nach dem Krieg wie selbstverständlich im Gasthof der Eltern gefordert. »Wir hatten 364 Tage im Jahr offen, dann die ganzen Betrunkenen. Für die Kinderarbeit damals würden Eltern heute aus dem Gefängnis nicht mehr herauskommen«, erzählt er. Später passierte es nach einer langen Woche in der Bundesbank, dass ihn der Finanzminister Freitagabend in der Sauna anrief. Und doch berichtet Issing, wie gerne er auch jetzt noch arbeitet, wie viel Anregung er von den Studenten an der Uni bekommt. Als er in seinem Arbeitszimmer vom Stuhl aufsteht, stöhnt er kurz – er hat tags zuvor zwei Stunden Tennis gespielt. Mit 82.[7]

TEIL I

Warum länger arbeiten?

Als ich vor ein paar Jahren den langjährigen Heizungsverkäufer Bodo Schneider sprach, war er voll aktiv. Obwohl er ja eigentlich ganz früh in den Ruhestand wollte. Mit 59 hatte Schneider die Anteile an seinem Großhandel für Farben verkauft, weil er sich mit seinem Kompagnon nicht mehr verstand. »Nach einer Weile merkte ich schon, der Garten reicht nicht. Ich bin dann auf eine Messe, weil ich mit meinem Kamin unzufrieden war. Da hat mir einer einen Einsatz empfohlen, und der bot mir auch gleich einen Job an, in seinem Laden. Ich steck mein ganzes Blut ins Verkaufen, entweder man macht das gerne, oder man lässt es. Mir macht das mit den Menschen Spaß«, sagte Bodo Schneider, 73.[1]

Der passionierte Verkäufer aus Celle macht sich zunutze, dass er wie viele noch fit ist. In Deutschland hat eine Revolution stattgefunden, die den Deutschen gar nicht bewusst zu sein scheint. Sie halten es für selbstverständlich, lange zu leben. Dabei ist es historisch einzigartig.

Als sich die Einzelstaaten 1871 zum Deutschen Reich vereinigten, wurden die Bewohner im Schnitt Mitte 30. Schon seit Jahrtausenden starben die Menschen selbstverständlich früh. Nun liegt das Deutsche Reich der 35-jährigen Greise nicht einmal eineinhalb Jahrhunderte zurück. Doch die Lebenserwartung hat sich in dieser geschichtlich lächerlichen Spanne vervielfacht. »Wir werden immer älter«, sagt der heute in Nürnberg praktizierende Arzt Bernd Kleine-Gunk. »Ein ganz besonderes Privileg wird nur selten gewürdigt, obwohl es unser Leben geändert hat wie nichts anderes.«

Früher war alles schlechter. Heute ist das Essen besser, Luft und Wasser sauberer und die Medizin Meilen weiter. Wer heute auf die Welt kommt, wird im Schnitt 80. Erreicht er die 65, weil ihn nicht vorzeitig ein Unfall oder Krebs ereilt, wird er sogar Mitte 80. So ein Leben schien noch den längsten Teil des 20. Jahrhunderts unvorstellbar.

Arbeitsmarkt und Rentensystem reagieren auf diese epochalen Umwälzungen nicht. Deutsche bekommen schon seit dem Ersten Weltkrieg die volle Rente, sobald sie 65 werden. Und heute, 100 Jahre später? Gehen sie im Schnitt mit 64 in den Ruhestand. Dabei hat sich die Lebenserwartung seit dem Ersten Weltkrieg fast verdoppelt.[2] Die einzig wirkliche Reaktion auf das verdoppelte Leben war, das Ruhestandsalter in den Nullerjahren ein bisschen zu erhöhen, auf 67. Weil viele diesen moderaten Schritt für Ausbeutung halten, wird darüber bis heute gestritten. Prompt ruderte die Bundesregierung zurück und schuf eine neue, teure Frührente.[3]

Dabei sind die Deutschen heute ganz andere Deutsche als – nein, nicht nur zur Zeit des Ersten Weltkriegs. Sondern auch als vor wenigen Jahrzehnten. Bernd Kleine-Gunk wird dieses Jahr 60. »Mit 60«, sagt er, »waren Sie vor 30 Jahren einer, der nicht mehr viel vom Leben erwartete. Und von dem auch nicht mehr viel erwartet wurde. Das hat sich völlig verändert.« Heute machen Menschen in diesem Alter völlig neue Dinge, gehen in neue Berufe. Viele seiner Bekannten wollen länger tätig bleiben. Natürlich trifft das nicht auf alle Bürger zu. Doch feststeht: Die Vorstellung vom gebrechlichen Alten, der dem Tod entgegendämmert, passt auf keinen Fall mehr. Eine Flut von Studien, der Öffentlichkeit kaum bekannt, zeichnet ein ganz anderes Bild.

Der Deutsche Alterssurvey, eine repräsentative Befragung von Personen in der zweiten Lebenshälfte, untersucht seit Langem, wie fit sich die Menschen fühlen. Gemessen wird, wie eingeschränkt jemand im Alltag ist. Bei anstrengenden Dingen (schnell laufen, schwer heben) genau wie bei weniger anstrengenden (Einkaufstüten tragen, staubsaugen, Treppen steigen, sich bücken oder baden). Zwei Drittel der Älteren melden eine gute Gesundheit. Selbst im höheren Alter ist es immer noch die Hälfte. Und eine Erkrankung bedeutet nicht automatisch, dass jemand Abstriche machen muss. »Viele Menschen mit einer oder mehreren Erkrankungen«, notieren die Forscher, »meistern ihren Alltag ohne jegliche Einschränkungen.« Eine andere Massenstudie unter 100 000 Europäern klingt noch positiver. An der Schwelle für die politisch umstrittene Rente mit 70 bezeichnen drei Viertel ihre Gesundheit als gut bis ausgezeichnet.[4]

Sieche Senioren? Die Älteren sehen klar, wie viel besser es ihnen geht als früheren Generationen. Sie fühlen sich sieben bis zehn Jahre jünger, als ihr Personalausweis festhält. Fast die Hälfte engagiert sich ehrenamtlich, mehr als die Hälfte fährt Auto, zwei Drittel surfen im Netz. Das Alter kommt später. Irgendwann.[5]

Wo die Altersfähigkeiten Quantensprünge machen, wird es höchste Zeit, sie gegen die Altersprobleme des Rentensystems einzusetzen. Wer heute geboren wird, lebt zwei Jahrzehnte länger als der Jahrgang 1950. Wie schön! Und wie anspruchsvoll für ein Rentensystem, das auf einer simplen Umlage basiert: Wer arbeitet, zahlt für die Ruheständler, um später selbst Altersbezüge zu erhalten. Diese simple Umlage steht vor dem Kollaps, wenn die Gesellschaft so rasch altert.

Schon heute beziehen Senioren doppelt so lange Rente wie früher. Schon heute hat kein europäisches Land einen so hohen Anteil von Senioren wie die Bundesrepublik. In einer Generation wird die Lebenserwartung auf 87 steigen, womöglich auf 89. Deutschlands Bevölkerungsbaum verändert sich stark. Er wird oben, wo die Älteren sitzen, noch dicker. Unten schwächelt er.[6]

Nie wieder bekamen Eltern so viele Kinder wie 1964. Waren

es damals und davor zwei bis zweieinhalb, sind es seither nur eineinhalb. Und genau diese geburtenstarken Jahrgänge der Fünfziger- und Sechzigerjahre gehen nun in den Ruhestand. Deutschland altert mit ihnen. Es fehlen sehr viele junge Menschen, um die Rente zu finanzieren. Das Alterssystem erlebt ein Erdbeben. Der Bevölkerungsbaum droht im Sturm der Zeit umzufallen.[7]

Vor mehr als 30 Jahren gab der damalige Sozialminister Norbert Blüm (CDU) ein großes Versprechen: »Die Rente ist sicher!« Damals lag das Rentenniveau[8] bei 56 Prozent des Durchschnittslohns. Seither schrumpfte es auf 48 Prozent. Das heißt, der Lebensstandard der Senioren sank im Vergleich zu den Arbeitnehmern. Nach verschiedenen Prognosen fällt das Rentenniveau in den kommenden Dekaden unter 40 Prozent. Der Lebensstandard reduziert sich also im Vergleich weiter. Gleichzeitig steigen die Beiträge, die Arbeitnehmer in die Alterskasse einzahlen müssen. Der Sozialbeirat der Bundesregierung mahnt: »Der Gesetzgeber sollte kritisch prüfen, ob damit noch ein ausreichendes Rentenniveau und ein akzeptabler Beitragssatz gewährleistet sind.«[9]

Im Sommer 2018 gab die SPD erstmals ein großes neues Versprechen. Die kleinere Regierungspartei will das aktuelle Rentenniveau einfach bis 2040 garantieren. Das klingt verführerisch. Stabile Renten, wer will das nicht. Doch wer soll das bezahlen? Wenn das komplett die Arbeitnehmer finanzieren müssen, wird es für sie enorm teuer. Für Durchschnittsverdiener würden im Jahr kaum vorstellbare Zusatzbeiträge fällig: zusätzlich zwei Drittel eines Monatslohns. Im Kapitel *Umsteuern*, das diese Kosten genauer behandelt, schlage ich deshalb eine faire Reform vor: Sie nimmt Geschenke für Beamte und gut versorgte Rentner zurück und verteilt die Lasten zwischen Alt und Jung gerecht.[10]

Auch viele Ökonomen sprechen sich dafür aus, nicht einfach die Arbeitnehmer abzukassieren. Sondern Maßnahmen zu kombinieren, darunter ein späteres Ruhestandsalter ab 2030, wenn das Ausscheiden der geburtenstarken Jahrgänge richtig spürbar wird. »Man kann das Ruhestandsalter belassen, dann müssten Beiträge oder Steuermittel stark steigen. Am günstigsten ist es, auf eine steigende Lebenserwartung mit längerer Arbeitszeit zu reagieren«, sagt Johannes Geyer vom Deutschen Institut für Wirtschaftsforschung (DIW). »Man sollte das schon heute diskutieren, weil es für die Planungen der Menschen wichtig ist.«

Für ein späteres Ruhestandsalter spricht, dass der demografische Wandel nicht nur die Altersbezüge verteuert – sondern auch die Kosten für Gesundheit und Pflege (siehe das Kapitel *Sechs Schritte an den Abgrund des Rentensystems*). »Wenn wir immer länger leben, aber das gewohnte Rentenalter beibehalten, stimmen die Proportionen nicht mehr. An einer Erhöhung des Rentenalters geht also kein vernünftiger Weg vorbei«, argumentiert Axel Börsch-Supan, Direktor des Münchner Zentrums für die Ökonomie des Alterns.[11]

Dabei braucht es Lösungen für jene, die nicht so lange in ihrem Beruf arbeiten können. Die Politiker quer durch alle Parteien, die gegen ein höheres Ruhestandsalter wettern, argumentieren mit ihnen. Aber gleichzeitig taten sie die längste Zeit kaum etwas für sie. Jeder Zweite, der wegen Erwerbsminderung aus dem Beruf ausscheidet, ist von Armut gefährdet. Wird ihnen geholfen, ist das zentrale Argument dagegen hinfällig, dass die Mehrheit der Deutschen künftig länger arbeitet (Vorschläge mache ich im Kapitel *Angebote an Belastete*).[12]

»Die meisten Arbeitnehmer wären rein gesundheitlich fit genug, bis 69 zu arbeiten«, konstatiert Gert Wagner, Vorsitzender des Sozialbeirats der Bundesregierung. »Das deutlich Unfitte beginnt heute erst ab Mitte 70.« Doch viele Unternehmen und der Staat machen bei einer normierten Altersgrenze von 65 Schluss. Da muss aufhören, selbst wer weitermachen will.

Dabei wäre es doch mal ein Anfang, das Potenzial der Willigen zu nutzen. Als Einstieg, dass nach und nach alle länger tätig bleiben, die es körperlich und psychisch können. Fit, wie gesagt, wären die Deutschen. Und sie tun ja auch was dafür, deutlich mehr als früher. Fast jeder zweite Senior treibt Sport, selbst jeder dritte zwischen 70 und 85 mehrmals wöchentlich. »Es ist ein Irrglaube, Menschen würden ab 60 so abbauen, dass sie gar nicht so lange arbeiten können«, sagt Axel Börsch-Supan. Die Erfahrung macht sie manchmal sogar besser als vorher.[13]

Wer dem 73-jährigen Verkäufer Bodo Schneider eine Weile zuhört, will schon fast das Portemonnaie zücken. »Offene Kamine waren ja mal sehr populär, aber die haben keinen Heizwert. Vorne kommt warme Luft raus, hinten ist Ihr Rücken kalt. Wenn Sie dagegen einen Einsatz kaufen, wird Ihnen richtig warm, verstehen Sie? Ich bin fünf Jahre zur See gefahren, das hab ich wegen einer Frau aufgegeben, dann arbeitete ich bei der Lufthansa, aber das war eine trockene Materie. Seitdem verkaufe ich. Man muss den Kunden erst mal kommen lassen, damit er sich wohlfühlt, Sie dürfen erst mal gar nicht über den Kauf reden. Viele Leute sind schon mal reingefallen, die sind misstrauisch, da müssen Sie ganz behutsam ran.«

Die populäre Kultur hat längst aufgehört, die Alten als Auslaufmodelle darzustellen. In dem Film *Best Exotic Marigold Hotel* bringen englische Senioren in Indien ein heruntergekommenes Hotel in Schuss. In *Sein letztes Rennen* trainiert der Ex-Olympionike Paul (Dieter Hallervorden) wieder für einen Marathon, um dem Alltag im Altenheim zu entkommen. Von ebendort verschwindet Allan als »der Hundertjährige, der aus dem Fenster stieg« – und absolviert eine wilde Verfolgungsjagd durch Schweden.

Andere Länder vollziehen längst nach, dass sich länger arbeiten lässt. Dänemark, die Niederlande und Italien haben das Ruhestandsalter der Zukunft schon auf über 68 angehoben. Staaten wie Schweden und Norwegen knüpfen die Rentenzahlungen an die steigende Lebenserwartung, was gesunde Bürger bewegt, länger im Beruf zu bleiben. In der Bundesrepublik dagegen sind weniger Senioren tätig als im Schnitt der Industriestaaten. Zwischen 65 und 69 arbeiten heute bereits 22 Prozent der schwedischen Männer, aber nur 15 Prozent der Bundesbürger.[14]

»In Norwegen gehen die Menschen im Schnitt sieben Jahre später in Pension als bei uns«, berichtet Bernd Kleine-Gunk. »Und sie bleiben auch gut sieben Jahre länger gesund. Die Arbeitsbedingungen lassen sich individuell gestalten. Siemens Norwegen zum Beispiel bietet älteren Mitarbeitern an, zwei Stunden pro Woche während der Arbeitszeit Sport zu treiben. Dazu gibt es noch zwei zusätzliche Urlaubswochen. So geht betriebliche Gesundheit.«

Was dagegen nicht guttut, ist der klassische Ruhestand, jedenfalls wenn er vor allem ruhig verbracht wird. »Für Mediziner beschreibt Ruhestand das genaue Gegenteil von dem, was sie uns für das Alter empfehlen: Aktivität, körperlich wie mental«, erkennt der frühere Bundespräsident Joachim Gauck. »Wer möglichst gesund altern will, der soll beweglich bleiben, Routinen abstreifen, Neues wagen.«[15]

Die Deutschen sollten die starren Grenzen aufweichen. Nur wer körperlich oder psychisch am Ende ist, muss früh aufhören. Die anderen können länger arbeiten. Das hilft nicht nur dem Rentensystem. Das ermöglicht auch jenen Gruppen, ihre Rente aufzubessern, denen häufig Altersarmut droht. Etwa Arbeitnehmer mit Phasen der Arbeitslosigkeit, Migranten – und ganz häufig Frauen generell. Ein überkommenes Familienbild führt dazu, dass sie nach Kinderpausen und unterbezahlter Teilzeit in B-Jobs im Alter wenig Geld haben. Im Schnitt halb so viel wie Männer.[16]

Es ist Zeit für eine Umkehr. Lasst uns länger arbeiten! Weil es viele Vorteile bringt. Und weil die alten Stereotype über die Alten nicht mehr passen, wie Joachim Gauck als damals 75-jähriger, sehr aktiver Bundespräsident erkannte: »Bewusst oder unbewusst setzen viele das Älterwerden nur mit Verfall und Verlust gleich und übertragen diese Vorstellung dann automatisch auf die Gesellschaft. Gesundheitlich betrachtet ist ein siebzigjähriger Mensch heute – im Vergleich zur Vorgängergeneration – erst 60 Jahre alt. Die geistige Leistungsfähigkeit älterer Menschen ist von Generation zu Generation deutlich gestiegen. Sind wir als Gesellschaft bereit, für die große Bandbreite an Möglichkeiten im Alter eine entsprechend große Bandbreite an Gestaltungsoptionen vorzuhalten?«

Bodo Schneider macht die Arbeit auch weit über 70 Spaß. »Wenn die Leute an unseren Stand auf der Messe kommen, sage ich zu meinem Boss: Wart's ab, der ist ein Lehrer. Oder: Das ist ein Grüner. Und dann lachen wir. Ich geh nur noch auf die Messen, im Laden wurde es mir zu langweilig. Vergangenes Jahr war ich auf über 30 Messen, von Flensburg bis Frankfurt. Wenn ich sechs, sieben Stunden im Auto sitze, dann wird's mir manchmal ein bisschen viel. Dieses Jahr will ich ein wenig kürzertreten.«

Dann schiebt er schnell nach: »Vielleicht.«

Time is on my side

2018 ging Mick Jagger, 75, in Deutschland wieder auf Tournee. Er tanzte, sprang und hechtete über die Bühne wie einst im *Summer of Love*. Neben ihm spielte Keith Richards auf. Der sah, nach jahrelangem Heroinkonsum, schon mit 40 alt aus. Im Dezember wurde er ebenfalls 75. Keith Richards ist außer Kakerlaken die einzige Lebensform, die einen Atomkrieg überleben würde, hat Bill Clinton einmal gesagt. Entsprechend verständnislos reagiert der Gitarrist auf Fragen, ob eine Welttournee die Rolling Stones in diesem Alter nicht zu sehr anstrengt: »Die Jungs haben noch genug Benzin im Tank!« Die Stones, schreibt Kurt Kister in der *Süddeutschen Zeitung*, sind »als Götter gealtert«.

Sie sind nicht die Einzigen. Vor den Stones absolvierte Bob Dylan, 77, in Deutschland Auftritte. Bei denen registrierte mancher Kritiker einen ganz neuen Dylan. Wahrscheinlich kein Gott, aber ebenfalls auf Tournee: Alice Cooper, 71. Der Schockrocker fuchtelt in einem Alter auf der Bühne mit Klapperschlangen herum, in dem andere nur noch an den Tanztee denken. »Ich habe schon immer gesagt«, kündet der König des Kunstbluts, »wenn wir auf Tour gehen und keiner taucht auf, dann gehe ich in Rente. Das ist bisher noch nicht passiert. Ich habe mich noch nie besser gefühlt, deswegen sehe ich keinen Grund, überhaupt in Rente zu gehen. Die Leute sagen: Du könntest jeden Tag Golf spielen. Ich sage: Na ja, ich spiele eh schon jeden Tag Golf!«

Mit 65 legt kaum ein Schriftsteller den Stift aus der Hand und kaum ein Maler den Pinsel. Das ist seit Jahrhunderten so. Goethe schrieb mit 80 den *Faust* fertig, Lew Tolstoi begann mit 81 *Drei Tage auf dem Lande*. Claude Monet malte noch mit 80. Picasso noch mit 90. Danach zeichnete er. Sein spätestes Werk

»nimmt unter den zahlreichen Stilperioden eine besondere Stellung ein«, urteilt ein Kunstkritiker.

Künstler haben das späte Arbeiten nicht exklusiv. Der Papst zählt 82. »Außer den Beschwerden, die sich halt in meinem Alter so bemerkbar machen«, sagt er, »bin ich in der Hand Gottes und kann einen mehr oder weniger guten Arbeitsrhythmus aufrechterhalten.«. Als ich vor einigen Jahren den Make-up-Unternehmer Arnold Langer interviewte, war der 93. Bundestagspräsident Wolfgang Schäuble, seit 30 Jahren querschnittsgelähmt im Rollstuhl, zählt 76. Schäuble gehört zur großen Gruppe von Politikern, die im klassischen Rentenalter aktiv bleiben, obwohl genau das viele Politiker für die übrige Bevölkerung kategorisch ablehnen.

Jupp Heynckes führte den FC Bayern München 2018 mit 73 souverän zur Meisterschaft. Nach einer Krise, die, es muss gesagt werden, ein 15 Jahre jüngerer Vorgänger verursacht hatte. Die Bayern-Fans hofften bis zuletzt, Heynckes würde in der laufenden Bundesliga-Saison weitermachen. Seine Absage: ein Drama.

Es herrscht eine bemerkenswerte Kluft zwischen diesen Berufstätigen – und der großen Mehrheit. Für Künstler, Päpste, Unternehmer, Politiker oder Fußballtrainer (kurz KüPoFu) gibt es keine Regelaltersgrenze. Bei normalen Beschäftigten scheint es ein Drama zu sein, wenn sie länger arbeiten sollen. Bei KüPoFu gilt es als Drama, wenn sie aufhören. Gottlob ersparen sie uns das meist. Der US-amerikanische Schauspieler Robert Redford erklärte gerade den Rücktritt vom Rücktritt. Auch andere Heroen scheinen nicht wirklich an Rücktritt zu denken. »Es kann sein, dass dies nun die letzte Tournee der Stones ist«, schreibt Kurt Kister zur neuen Tournee. »Das hat man sich bei der vorletzten vor drei Jahren allerdings auch gedacht.«

Die bemerkenswerte Kluft zwischen KüPoFu und normalen Beschäftigten könnte bald kleiner werden. Denn die Arbeit der Normalos verändert sich gerade fundamental: Sie ist im Alter leichter zu bewältigen als früher. Die Plackerei auf dem Feld, die jahrhundertelang den Alltag bestimmte, ist Vergangenheit.

»Tatsächlich verschwindet durch die technische Rationalisierung die körperlich schwere Arbeit immer mehr«, erzählt der Bauer Jürgen Görg. »Als ich anfing, hatte ich zehn Mitarbeiter. Inzwischen schafft man unseren Betrieb mit einem Mann. Dessen Arbeit ist viel anspruchsvoller als früher, aber körperlich nicht mehr so zehrend.« Das erleichtert es, auf dem Bauernhof und anderswo, länger tätig zu sein. Selbst in Berufen, die als besonders anstrengend gelten. »Bergleute sind einst mit 55 Jahren in den Ruhestand geschickt worden. Als im Harz der Bergbau auslief, fand sich kein Nachwuchs mehr. Da hat man die 55-Jährigen überredet, noch zehn Jahre länger zu machen. Das ging problemlos.«[1]

Auch die Fabrik besteht heute nicht mehr nur aus Maloche. Das Dreckige und Schwere, bei dem man sich Grauhaarige schwer vorstellen kann, erledigen zunehmend Maschinen. Ohnehin verliert die Fabrik genauso an Bedeutung wie der Bauernhof. Während des Wirtschaftswunders werkelten die meisten Arbeitnehmer in der Industrie. Heute ist es nur jeder vierte. Drei von vier, 30 Millionen Deutsche, sind bei Dienstleistern angestellt.

Nun strengen auch manche Serviceberufe an, was Krankenschwestern und Paketboten bestätigen werden. Doch sonst löst die Dienstleistungsgesellschaft in einem zentralen Punkt ein, was Vordenker wie der französische Ökonom Jean Fourastié Mitte des 20. Jahrhunderts versprachen: Die Plackerei wird weniger. Arbeiten wird leichter. Jene, die schon heute über 65 hinaus tätig sind, sind dies überproportional in Dienstleistungen. Normale Beschäftigte können also länger dabeibleiben – wie Künstler seit Jahrhunderten.[2]

Natürlich wird zwischen beiden gemeinhin ein großer Unterschied gesehen: Künstler identifizierten sich mit ihrem Beruf, andere Arbeitnehmer nicht. Aber das stimmt nur teilweise. Weil der Beruf keine Plackerei mehr ist wie früher, mögen ihn die meisten normalen Arbeitnehmer ganz gerne. Der Anteil der Job-Zufriedenen fällt mit über 80 Prozent so hoch aus wie die manipulierten Wahlergebnisse in Diktatorenstaaten. Der Verkäufer Bodo Schneider identifiziert sich mit dem Verkaufen so, dass er weiter verkauft. Die Bremer Soziologin Simone Scherger, die sich seit Langem intensiv mit dem Arbeiten im Alter beschäftigt, fand in ihren Forschungen sogar Identifikation mit Berufen, bei denen sie es nicht erwartet hatte. Etwa bei einer Putzfrau, die ihr sagte: »Sauber zu machen, das ist mein Leben.«[3]

Nun dürfte Putzen auch künftig nur etwas für eine Minderheit sein. Aber die digitale Dienstleistungsära verspricht viele Jobs, die einer gut und gerne im Alter ausüben kann. Maschinen könnten 2025 die Hälfte aller Arbeitsstunden auf der Welt übernehmen. Ein epochaler Einschnitt: Aktuell sind es erst 30 Prozent. Die Maschinen werden oft die Plackerei übernehmen. Aber auch langweilige Routine heutiger Buchhalter, Sekretärinnen oder Sachbearbeiter.[4]

Der Mensch wird künftig stärker für anderes gebraucht: für seine Kreativität zum Beispiel. Für Urteilsfähigkeit. Für Einfühlsamkeit und psychologisches Geschick gegenüber Mitmenschen. All das werden Maschinen noch lange nicht können, oder nie. Menschen sollten sich schon deshalb auf solche Fertigkeiten und Tätigkeiten konzentrieren, um in der Maschinen-Ära weiter Arbeit zu haben. Das Kreative und Soziale sind aber auch viel interessanter als Plackerei und Büroroutine. Die Menschen werden es lieber machen – und können es im Alter länger machen.

Was die meisten Bürger nicht wissen: Die Deutschen qualifizieren sich längst in die Richtung, die spannendere, anspruchsvollere Tätigkeiten verheißt. Menschen mit niedriger Bildung, höchstens Hauptschulabschluss, stellten zur Jahrtausendwende noch die Mehrheit. Seither schrumpfte ihr Anteil rapide. Heute verfügen 30 Prozent der Bürger über Abitur oder ein Uni-Diplom, fast doppelt so viele wie damals. Diese Entwicklung wird sich fortsetzen.[5]

Auf dem Weg zu einer spannenderen Berufswelt können die Arbeitnehmer von den Künstlern lernen, wie sich lange arbeiten lässt. »Wenn ich arbeite«, bekennt der Schriftsteller Martin Walser, 91, »spielt das Alter keine Rolle.« Vielleicht kein Wunder bei einem, der sich nicht nur an Stift und Tastatur müht. Pünktlich zum Erscheinen seines Romans *Gar alles oder Briefe an eine unbekannte Geliebte* schildert Walser sein Fitnessprogramm so: »Mein Morgen beginnt mit 50 Kniebeugen, das erste Sportprogramm dauert 40 Minuten. Mittags gehe ich eine Stunde im Wald spazieren. Und abends mache ich 40 Minuten selbst ausgedachte Übungen. Ich will wieder wie immer täglich im Bodensee schwimmen, das ist mein großes Ziel. Letztes Jahr spürte ich, dass meine Beine die Kraulbewegungen nicht mehr so mitmachen. Da blieb nur Rückenschwimmen.«

Ähnlich nonchalant reagierte Mick Jagger, als ein Interviewer schon vor zehn Jahren »ungewöhnlich« fand, dass ein Mann in seinem Alter wild auf der Bühne herumspringt. »Finde ich nicht«, sagte der Ober-Stone. »Man muss nur anfangen, Fitness zu machen, wenn man über 30 ist. Und ein wenig Laufen kann auch nicht schaden. Aber alles mit Maß und Ziel.« Wie Walser tut Jagger was für seine Fitness, mit Maß und Ziel.[6]

Tizian 88, Michelangelo 89, Verdi 88, Knut Hamsun 93, George Bernard Shaw 94: Der Schriftsteller (und Arzt) Gottfried Benn zählte bereits kurz nach dem Zweiten Weltkrieg auf, wie erstaunlich alt viele berühmte Künstler wurden. Und das selbst in Jahrhunderten, in denen der Großteil der Bevölkerung keine 40 erreichte. Ihr Schaffensdrang bis ins Methusalemische legt nahe: Sie arbeiten nicht, *obwohl* sie so alt sind. Sie werden so alt, *weil* sie arbeiten.

»Wir brauchen Anregung, Stressreize, das hält uns lebendig und kreativ«, erklärt Bernd Kleine-Gunk. Von Altmeister Goethe lässt sich lernen: Dazu gehören Misserfolge. Goethe wurde sowohl als Jüngling wie als Greis von Angebeteten zurückgewiesen – und wuchs am Schmerz.

Ein Leben lang seine Neugier auf die Welt und ihre Bewohner kultivieren, seinem Körper Gutes tun, damit der Geist gerne in ihm wohnt, kreativ bleiben und Freude daran haben: Das sind Geheimnisse, um nicht gebrechlich früh zu sterben.

Die Energie für Tourneen mit 38 Musikern nahm er aus der Freude. »Das macht mir Spaß«, betonte 2010 der damals 81-jährige Bandleader James Last: »Ich sage ja auch nicht, dass ich arbeite, ich sage: Ich mache Musik.« – »*It's only rock 'n' roll but I like it*«, singen die Stones. Es ist manchmal schwer zu entscheiden, was man erstaunlicher finden soll: die Langlebigkeit in einem Musikergewerbe, das von Reisen, Schlafentzug, Drogen und Alkohol geprägt ist (auch Goethe trank täglich zwei Liter Wein) – oder die ungebrochene Kreativität.[7]

Selbst körperlich drastisch eingeschränkt, geht noch viel. Johann Sebastian Bach war in seinen letzten Lebensjahren schwer krank, erzählt der Altersforscher Andreas Kruse. Diabetes mellitus. Starke Nervenschmerzen. Erblindung. Schlaganfall. Drei Jahre vor seinem Tod 1750 lud ihn Friedrich der Große nach Potsdam. Der Fürst wollte sich mit dem Fugenfürst messen. Bitte sehr, hier ein Stück, mache er eine Fugenimprovisation daraus. Bach konnte es, dreistimmig. Friedrich verlangte: sechsstimmig. Das konnte Bach nicht mehr spielen. Aber schreiben. Später baute er noch die h-Moll-Messe zu einer großen Messe aus. »Daraus spricht eine ungeheure Kraft. Dabei musste er teilweise von Schülern die Noten aufschreiben lassen, weil er es selbst nicht mehr konnte.«[8]

Wie schaffte er das alles? Der Komponist überwand Belastungen aus seiner Biografie wie den frühen Tod seiner Eltern und seiner ersten Frau. Bach wurde resilient, also widerstandsfähig. Er wollte unbedingt etwas an die nächsten Generationen weitergeben. Er wurde 65, für das 18. Jahrhundert sehr alt.

»Man kann von Bach lernen, was man im Alter auch mit Krankheit noch alles kann«, sagt Kruse, der Direktor des Instituts für Gerontologie der Universität Heidelberg ist. Ein Mensch, der körperlich immer weiter eingeschränkt ist, kann dem seelisch-geistig sehr viel entgegensetzen. »Es ist nie zu spät, etwas Neues anzufangen und das Leben bis zum letzten Moment zu gestalten.«

Es geht also einiges im Alter. Auch für normale Arbeitnehmer. Musiker, Politiker und Autoren zeigen, wie wenig Altern an sich Arbeiten verhindert. Selbst wer körperlich schwer eingeschränkt ist, kann noch viel. Das Leben der Künstler zeigt auch: Je interessanter und abwechslungsreicher normale Berufe gestaltet werden, desto lieber und länger werden die Berufsinhaber arbeiten. Die technologische Entwicklung eröffnet dazu gerade Chancen wie nie zu vor. Maschinen, Roboter und Programme übernehmen das Schweißtreibende und Stupide, sie ermöglichen Menschen das Interessante und Abwechslungsreiche.

Aber dazu müssten viele Menschen erst einmal das Stereotyp in ihren Köpfen überwinden, dass der Beruf ab 60 möglichst schnell loszuwerden ist. »Im kulturellen Bereich halten wir das Arbeiten bis ins hohe Alter für selbstverständlich, bei Politikern auch«, sagt Andreas Kruse und verweist auf die einst riesige Popularität des greisen Welterklärers Helmut Schmidt. »Aber bei normalen Berufen halten wir es für völlig exotisch.«

Dabei sind die Alten von heute nicht die Alten von früher: »Die Generation, die momentan in das Rentenalter eintritt, verfügt erstens über eine deutlich bessere Gesundheit. Diese Menschen haben nicht nur eine höhere Lebenserwartung, sondern vor allem eine höhere aktive Lebenserwartung, weil sie in ihrer körperlichen Verfassung sehr viel selbstständiger sind. Krankheiten und funktionelle Beeinträchtigungen verschieben sich immer mehr an das Lebensende. Zweitens profitieren ältere Menschen vom medizinischen Fortschritt, von der Diagnostik ebenso wie von den Behandlungsmöglichkeiten.«

Da sollte es nicht mehr als exotisch gelten, dass Menschen über 65 hinaus arbeiten, jedenfalls eine gewisse Zeit. Nach der Biografie Johann Sebastian Bachs schreibt Kruse an einer über Rembrandt. Auch von dem flämischen Altmeister lässt sich lernen, wie man kreativ altern kann. Rembrandt malte im Alter zahlreiche Selbstbildnisse. »Neben der Verletzlichkeit des Körpers betonte er das seelisch-geistige Potenzial zu tieferer Humanität, zu innerer Einkehr, zu vermehrter Konzentration, zu zunehmender Verdichtung von Erlebnissen, Erfahrungen und Erkenntnissen zu Lebenswissen.«

Okay, das lässt sich auch einfacher ausdrücken. Die Zeit ist kein Gegner, sondern auf unserer Seite. »*Tiiime is on my side, yes it is*«, singen die Stones.

Immer mehr wollen es – oder lassen sich überzeugen

Der Anwalt Wolfgang Conradis steht in seiner Kanzlei im Stadtzentrum von Duisburg. Gäste empfängt er bevorzugt in dem schönen Wintergarten. Er würde das auch heute gerne tun. Es ist allerdings Februar. Conradis, 70, blickt etwas mitleidig auf den Besucher: »Das ist Ihnen fürs Gespräch zu kalt, oder?« Ist es.

Der Anwalt hat sich auf Fälle zu Sozialhilfe und Hartz IV spezialisiert. Die Klienten können herausfordernd sein. Wieso hat er das gemacht, als Wirtschaftsanwalt würde er doch weitaus besser verdienen? »Ich habe in den Sechzigerjahren in Berlin studiert«, erklärt er, »wir wollten die sozial schwachen Menschen vertreten.« Conradis ist ein überzeugter Linker. Dann sagt er etwas, das für manchen nicht zu seiner linken Gesinnung passen mag: »Ich bin für die Rente mit 70.«

Wolfgang Conradis geht regelmäßig in eine Sportgruppe. Da sind mehrere Chefärzte und Richter, die aus ihrem Beruf ausscheiden mussten, weil der Arbeitgeber das wollte – sie aber nicht. Conradis kennt viele solcher Fälle.[1]

Die Deutschen werden älter. Sie können länger arbeiten. Sie sollten es auch, weil die Rente dann eher reicht und weitere Vorteile winken. Solche Erkenntnisse sickern bei immer mehr Menschen ein. Um die Jahrtausendwende plante die Mehrheit einen sehr frühen Ruhestand. Inzwischen wollen mehr als doppelt so viele länger arbeiten. Da hat sich etwas durchgreifend verändert. Je nach Umfrage möchten bis zu 40 Prozent der Bürger sogar über den Moment hinaus tätig bleiben, ab dem sie eine Rente beanspruchen können. Wenn das in Teilzeit möglich ist, steigen die Zustimmungsraten weiter.[2]

Viele dürfen in ihrer Firma nur nicht weitermachen. Mehr und mehr Deutsche suchen sich dann einen neuen Arbeitgeber. Ab 65 sind heute doppelt so viele tätig wie vor einem Jahrzehnt. »Es gab schon immer Leute, die früh in Ruhestand gingen, obwohl sie das gar nicht wollten, das hat die Debatte aber nicht dominiert«, analysiert Simone Scherger. Jetzt werde die Diskussion differenzierter: »Selbst die Gewerkschaften sagen, wer länger arbeiten will, soll das können.«[3]

Wer noch im klassischen Ruhestandsalter tätig ist, so das Vorurteil, der ist es aus Not. Weil die Rente nicht reicht. Diese Menschen gibt es. Ihre Existenz ist ein peinlicher Beleg für Defizite im Alterssystem, die behoben werden müssen. Doch diese Menschen sind unter den Längerarbeitern in der Minderheit. Am wahrscheinlichsten bleiben die im Ruhestand berufstätig, die mehr als 250 000 Euro besitzen. Sozialfälle sind diese Menschen eher nicht. Bekommt jemand eine geringe Rente, geht er genauso häufig arbeiten wie jene mit hoher Rente – nicht häufiger, wie das Vorurteil nahelegt. Bürger mit Hauptschulabschluss, also meist mit geringeren Altersbezügen, sind im Ruhestand nicht besonders oft tätig, sondern besonders selten. »Die mit den niedrigen Renten können im Alter meist körperlich gar nicht mehr arbeiten«, berichtet Simone Scherger.[4]

Wer im Ruhestand weitermacht, hat meist andere Motive als Not. Es sind zum Beispiel oft Akademiker. Auch wer spät in den Beruf einsteigt, macht oft weiter. Klar, wer länger arbeitet, dem geht es schon auch ums Geld. Aber eher, weil er sich weiterhin einiges leisten will. Die Politik kürzt ja wegen des demografischen Wandels seit Langem an der Rente. Den Lebensstandard zu halten, ist deshalb schwieriger geworden. Wer weiter Geld verdient, kann weiter häufiger in Urlaub fahren oder essen gehen. Solche Motive diktieren die Menschen Forschern in den Block.

Eine Dame erwähnte als Motiv den hohen Beitrag für ihren – Golfclub. »Arm im engeren Sinne sind die meisten nicht«, berichtet Simone Scherger. Und so steigt der Anteil jener stetig, die sich eben was zur Rente dazuverdienen. Selbst unter den 69- und 70-Jährigen, sozusagen im fortgesetzten Ruhestand.[5]

Der Reflex liegt nahe, diese Menschen zu bedauern. Es ist psychologisch tief verankert, ein Alter ganz ohne Arbeit als soziale Errungenschaft zu betrachten. Jahrhundertelang arbeiteten die Menschen ja ganz normal weiter, so lange es irgend ging. Sie mussten. Oder sie wollten der Familie nicht zur Last fallen. Der Altbauer im Austragshäusl war eine tragische Figur. Wer nicht weiter mit der Hand anpackte, war finanziell abhängig. Freiwillig lässt sich so eine Tätigkeit kaum nennen.

Erst mit der bismarckschen Altersversicherung Ende des 19. Jahrhunderts begann der Staat, die Senioren abzusichern. Aber nur langsam. Die Bezüge waren zum Leben oft weitaus zu niedrig. Grundsätzlich änderte sich das erst nach dem Zweiten Weltkrieg, als die Regierung Konrad Adenauer die Renten an die Löhne koppelte. Im Wirtschaftswunder erfuhren auch die Renten einen ungeahnten Aufschwung. Und weil die Masse der Deutschen nun deutlich älter wurde als vorher, erlebte sie überhaupt erstmals mehrere Jahre im Ruhestand. Und das finanziell abgesichert. Dieses radikale Novum nach Jahrhunderten der Altersnot prägt die Deutschen bis heute. Es herrscht das Gefühl vor: Man hat sich den Ruhestand völlig ohne Arbeit verdient.

Aus dieser Tradition speist sich auch das Denken: Wer im Alter arbeitet, muss arm sein. Er ist deshalb mit seinem Aktivbleiben arm dran. Diese Deutung ist so verbreitet wie falsch. Es sind auch nicht nur Künstler oder Akademiker, die weitermachen. Zwei Drittel dieser Beschäftigten haben eine normale Berufsausbildung oder einen Abschluss an der Fachschule.

Jürgen Görg schildert, wie er mit 69 ganz normal auf seinem Hof weitermachte, nachdem er die Leitung an den Sohn weitergegeben hatte: »Sporadisch fahre ich mit raus, um die Felder zu bestellen. Aber meistens sitze ich danach im Büro, mache Planungen, widme mich der Buchführung. Ich mache praktisch den ganzen schriftlichen Kram für unseren Betrieb«, so Görg senior. »So reinhauen wie vor 40 Jahren kann ich natürlich nicht mehr. Aber ich bilde mir ein, noch ganz gut dabei zu sein. Wir haben zum Beispiel von Dienstag auf Mittwoch bis nachts um ein Uhr gedroschen. Da fahre ich dann Korn. Das macht mir gar nichts aus. Ich kenne im Übrigen viele 69-Jährige, die noch voll im Saft stehen.«

Die Soziologin Scherger betont, dass ein längeres Arbeiten eben nicht nur als bedauernswerte Ausnahme gesehen werden kann. Sondern ganz anders: »Als willkommene Flexibilisierung des Lebenslaufs, als Ergebnis eines erfolgreichen Kampfes gegen Altersdiskriminierung – und als Lösung gesellschaftlicher Folgeprobleme der Alterung.«

Bereits vor zehn Jahren erklärte nur ein Drittel der Rentner zwischen 60 und 85 ihr längeres Arbeiten mit Geld. Die Hälfte dagegen gab als Grund an, sich weiter eine Aufgabe und den Kontakt zu Menschen zu wünschen. Und 70 Prozent nannten »Spaß an der Arbeit«.[6]

Eine Aufgabe, soziale Kontakte, Spaß – genauer gehe ich auf diese Motive in den Kapiteln *Wie Arbeiten Gesundheit und Kontakte erhält* und *Selbst bestimmen* ein. All diese Motive lassen sich als Teilhabe zusammenfassen. Zwei von drei Befragten begründen ihren Wunsch, länger zu arbeiten, mit diesem Begriff. Genauso oft geht es ihnen darum, körperlich und geistig aktiv zu bleiben. Man muss nicht nur fit sein, um länger arbeiten zu können. Länger arbeiten hält auch fit. Im Kopf wie im restlichen Körper. Wer weitermacht, verbindet damit eine Fülle von Zielen, erkennt der Wirtschaftswissenschaftler Bernd Raffelhüschen: »Die Weiterarbeiter sind mit ihrer Situation zufriedener und leben länger!«

Jeder zweite ältere Beschäftigte bezeichnet sich als hoch motiviert. Das sind doppelt so viele wie bei jungen Leuten. Die Seniorenarbeiter empfinden ihre Tätigkeit nicht als Last. Im Gegenteil: Sie sind glücklicher als andere. Wer spät tätig bleibt, ist insgesamt deutlich zufriedener mit seinem Leben, zeigen Daten aus dem *Glücksatlas*, der einmal im Jahr das Wohlbefinden der Bundesbürger misst. Das ist kein Zufallswert. In der Schweiz und Skandinavien, wo deutlich länger gearbeitet wird als in Deutschland, sind ältere Menschen mit ihrem Leben zufriedener als in Deutschland. Auch Carol Graham, US-Politologin von der Brookings Institution, findet einen eindeutigen Zusammenhang: Längerarbeiter sind glücklicher.[7]

In Deutschland aber regiert die Vorstellung von der Arbeit als Last, die aus der frühen Industriegesellschaft stammt, wie der ehemalige Bundespräsident Joachim Gauck erkannt hat: »In der Wissensgesellschaft mit ihren veränderten Arbeitsbedingungen auch in industriellen Bereichen kennen wir eine Vielzahl von Arbeitsplätzen, die im Alter nicht als Bürde empfunden werden, sondern als gewünschte Fortsetzung eines aktiven, selbstbestimmten Lebens.«

Es gibt allerdings eine große Gruppe von Deutschen, die gesundheitlich länger arbeiten könnte – aber überhaupt nicht daran denkt. Dazu gehören viele Facharbeiter und Büroangestellte, grob geschätzt die Hälfte der Bevölkerung. »Die können von der Gesundheit her länger als bis 67 arbeiten. Sie wollen es sich leisten, rauszugehen – und hören früher auf«, sagt der Altersforscher Moritz Heß von der Technischen Universität Dortmund. Das liegt daran, dass sie häufig in Großbetrieben beschäftigt sind, wo es traditionell großzügige Angebote gibt, früh auszusteigen. Die meisten könnten weiterhin tätig bleiben. »Sie hören aber lange vorher komplett mit dem Arbeiten auf, weil das den Vorgaben der Arbeitgeber entspricht«, beobachtet Loring Sittler, der jahrelang die Altersstudie der Generali-Versicherung verantwortete.[8]

Glücklich macht der frühe Ausstieg nicht unbedingt. Gerade Männer, die ihre Identifikation aus dem Berufsleben ziehen, fallen in ein tiefes Loch. Sittler sieht sie als Gefangene dessen, was er ein defizitorientiertes Altersbild nennt: »Rente ist Ruhestand. Man kann wenig. Beine hochlegen, auf Kreuzfahrt gehen, den Garten pflegen. Aber irgendwann ist der letzte Zaun gestrichen. Und dann haben die Leute noch 20 Jahre Lebenserwartung. Das wissen viele gar nicht.«

Wer früh aufhört und danach von heute auf morgen nur die Beine hochlegt, wird vom Nichtstun leicht krank. Eine zumindest zeitweise Beschäftigung wäre ein Ausweg. Aber darüber machen sich viele keine Gedanken. »Auf jede Lebensphase wird lange hin geplant, auf die Uni genauso wie aufs Berufsleben oder Kinderkriegen«, sagt Sittler. »Auf das Alter wird gar nicht hin geplant. Da will keiner darüber reden. Das Alter ist mit dem Tod assoziiert.«

Wenn das Ziel ist, dass die Deutschen insgesamt länger arbeiten, müssten die gesunden Frühaufhörer vom Weitermachen überzeugt werden. Das ist durchaus realistisch, weiß Andreas Kruse. Er findet, für längeres Arbeiten wird nicht gut genug geworben. »Mir geht es auf den Keks, dass Arbeitgeberfunktionäre in der politischen Debatte das so hinknallen: zack, arbeiten bis 70!« Das ist für ihn schlechtes Marketing. In Dänemark dagegen wird den Menschen geduldig erklärt, welche Veränderungen der demografische Wandel erfordert. Dass man länger arbeiten sollte, um den Lebensstandard zu halten.

Kruse führte bei großen Konzernen Modellprogramme durch, also dort, wo jahrzehntelang die Frühverrentung Programm war. Als Mitarbeitern des Robert-Bosch-Konzerns erklärt wurde, welche Vorteile längeres Arbeiten haben könnte, reagierten sie positiv. »Schön, dass mir das mal jemand gut erklärt. Dann sehe ich, dass das sinnvoll ist«, zitiert Kruse die Beschäftigten.

Wenn mehr Deutsche länger arbeiten, wird das Alterssystem stabil. Und gleichzeitig wird Geld erwirtschaftet, um die weniger Gesunden besserzustellen, die heute im Alter oft in Armut rutschen. Diese logischen Argumente reichen aber nicht. Einfach das Rentenalter zu verlängern, wird kaum funktionieren. Das stellen sich die Arbeitgeber ein bisschen zu einfach vor. Es geht darum, die Voraussetzungen zu schaffen – durch Überzeugen und Verändern der Berufswelt.

Aus den Modellprogrammen in Betrieben lässt sich lernen: Manchmal wollen die Beschäftigten länger arbeiten, wenn man ihnen vor Augen führt, dass sie im Alter mehr können, als sie denken. Bei der Deutschen Bahn nahmen viele an einer Bildungsmaßnahme teil, die unbedingt mit 63 ausscheiden wollten. Nach der Maßnahme sagten sie oft: Wir bleiben bis zum gesetzlichen Rentenalter oder länger.

Die Arbeitgeber müssen also etwas dafür tun. »Einzelne Unternehmen erkennen, dass der Trend der Achtziger- und Neunzigerjahre falsch war, die Jobs Älterer abzubauen«, sagt Kruse. Denn damit ist ein dramatischer Verlust an Potenzial verbunden.

Was müssten Firmen tun, damit die Beschäftigten Weiterarbeiten nicht als Übel wahrnehmen? Sich um sie medizinisch und psychologisch kümmern. Sie durch gute Weiterbildung über die ganze Berufsdauer in die Lage versetzen, Fertigkeiten weiterzuentwickeln und sich für Neues zu qualifizieren, das sie dann im Alter ausüben können.

»Menschen ab 60 müssen das Gefühl bekommen, dass sie ihre körperliche und geistige Entwicklung selbst gestalten können«, sagt Kruse, der die Altenberichtskommission der

Bundesregierung leitet. Das Bild von der Schwäche, wegen der man schnell in Rente fliehen muss, entsteht aus der Überzeugung, selbst keinen Einfluss zu haben. Daher vermittelt er in den Betrieben: Wer Fertigkeiten übt und gezielt einsetzt, beeinflusst seine Leistungsfähigkeit. Und steigert sie gar.

Lokführer können heute lange im Beruf bleiben, weil ihnen Computer viel abnehmen: Anfahren, Bremsen, Tempo. Was sie nach wie vor voll beherrschen müssen, ist, sich zu konzentrieren. Ein Signal deuten, das womöglich nicht zu den Angaben des Computers passt, um einen Crash zu vermeiden. Wer Konzentration und Aufmerksamkeit fördert, hilft Lokführern, im Alter zuverlässig zu bleiben. Also für ihren Job geeignet. Ebenso wichtig ist, den Stress abzubauen, den die hohen Geschwindigkeiten beim ICE genauso verursachen wie Störungen.

In den Modellprogrammen erkennen die Mitarbeiter, was sie für ihre berufliche Leistung tun können. Wird ein Umfeld geschaffen, in dem sie das mit Psychologen und Gleichaltrigen besprechen können, bekommen sie ein ganz anderes Gefühl für ihre Entwicklung. Sie sehen: Alter ist etwas, das sie beeinflussen können. Sie sehen ihre Zukunft anders. Positiver.

So lässt sich die Motivation genauso steigern wie die Leistungsfähigkeit. Die Firma investiert in die Beschäftigten – und erhält etwas zurück. So können Unternehmen den Fachkräftemangel beheben, über den sie ständig klagen.

Ob die Deutschen künftig länger arbeiten, ist eine Frage des Klimas, das wichtige Akteure schaffen. Politiker genauso wie Arbeitgeber. In Dänemark wollen bereits fast 60 Prozent im üblichen Ruhestandsalter weitermachen. In Deutschland herrscht noch ein anderes Klima. Deutschland hat ein starres System. »Die Tarifpartner haben 65 Jahre im Auge«, sagt Kruse, »das ist der Rahmen, in dem sich alles abspielt.«[9]

In seinem Büro im Stadtzentrum von Duisburg steht Wolfgang Conradis, 70. Der Anwalt, der viele Bekannte hat, die weiterarbeiten möchten. Wenn er für die Rente mit 70 eintritt, meint er damit übrigens nicht sich selbst. Wolfgang Conradis will länger im Beruf bleiben.

Mit 65 raustreten, zack!

Im Frühjahr 2018 hatte Wolfgang Heinemann einen Termin bei der Rentenversicherung. Der Rundfunkjournalist sollte diesmal nicht das tun, was ihm seit Jahrzehnten von der Hand geht: seine Sendungen *NDR Info – Das Forum* und *Zwischen Hamburg und Haiti* planen. Mit Autoren und Korrespondenten in aller Welt reden, was die Hörer da draußen interessant finden könnten. Die Sendungen im Studio produzieren und moderieren. Diesmal sollte Heinemann Anträge stellen. Besprechen, was für seinen Ruhestand zu regeln ist. »Ich möchte da nicht hin«, sagte er zwei Tage vor dem Gespräch.

Er möchte nicht im Funkhaus aufhören. Wenn es nach ihm ginge, würde er seine Arbeitszeit halbieren – und dann bis 70 weitermachen. Aber im Herbst 2018 war für Heinemann mit 65 Schluss, so wie es der Sender grundsätzlich vorsieht. Der Redakteur sagte: »Ich empfinde es als Altersdiskriminierung, dass sie mich nach Hause schicken.«[1]

Viele Deutsche würden gerne weiterarbeiten, aber das Deutschland von heute ignoriert das weitgehend. Meine Schwiegermutter Margret Wilhelm musste als Lehrerin an einem Gymnasium in Saarbrücken aufhören, obwohl sie gerne noch eine Weile weitergemacht hätte. So läuft es auch in der freien Wirtschaft. »Wann kriegen die Unternehmen das mal gebacken, dass viele ältere Menschen länger arbeiten können – und wollen?«, fragt Andreas Kruse.

Deutschland hat ein starres System. Mit etwa 65 ist Schluss. Nicht offiziell. Gesetzlich gesehen endet der Arbeitsvertrag nicht automatisch, sobald jemand Anspruch auf eine Altersrente hat. Das Gesetz sieht auch nicht vor, dass jemandem dann gekündigt werden darf. Wer eine Rente bekommt, darf weiterarbeiten, solange er möchte. Und dazuverdienen, wie viel er möchte. Aber faktisch ist eine andere gesetzliche Vorschrift entscheidend: Der Arbeitgeber darf den Vertrag auf den Moment befristen, ab dem jemand eine reguläre Rente erhält. Und das tun die Firmen.[2] Und deshalb ist die Lebensarbeitszeit gesetzlich zwar flexibel. In Wahrheit aber prägen die Tarifverträge, wann jemand in Ruhestand geht. Unternehmen, Politiker und meist auch die Arbeitnehmer orientieren sich an einem festen Rentenalter.

Es funktioniert wie eine soziale Norm: Mit 65 fällt der Hammer.

Arbeitsverträge enden, wenn der Beschäftigte Rente beziehen kann? Simone Scherger hält das für eine »rechtliche Grauzone«. Manche Arbeitnehmer klagen dagegen. Erfolg haben sie selten. Der Pädagoge Hubertus John machte seinen Abschluss in Politik und Sport in den Achtzigerjahren, als es eine Lehrerschwemme gab. John blieb lange arbeitslos. Dann begann er in einem Bremer Förderzentrum für Kinder und Jugendliche, die etwa nach einem Unfall schwer beeinträchtigt sind. John brachte ihnen bei, wieder lesen und schreiben zu lernen. Manche von ihnen ließen sich in den richtigen Arbeitsmarkt integrieren, entgegen den Erwartungen. An der klassischen Ruhestandsgrenze wollte Späteinsteiger John unbedingt weitermachen. Er war voller Hoffnung. Das Land Bremen sucht ja Pädagogen, aus der Lehrerschwemme ist ein Mangel geworden.

Die Behörde lehnte ab.

Hubertus John klagte. Im Verfahren wurde zum Beispiel bemängelt, dass er kein Schriftstück hat, das ihn als Sonderpädagogen ausweist. Er versteht die Bürokratenwelt nicht mehr: »Ich habe doch 14 Jahre als Sonderpädagoge gearbeitet.« Ohnehin hätte der Lehrer auch an einer anderen Schule angefangen, er war da offen. Was ihm nichts half. Nach jahrelangem

Streit klagte John sogar vor dem Europäischen Gerichtshof. Auch der wies ihn ab.[3]

Die SPD-Vorsitzende Andrea Nahles hat recht: *Formal* ist das Ruhestandsalter flexibel. »Wer fit ist und weitermacht, bekommt dafür Rentenpunkte gutgeschrieben«, erklärt die langjährige Sozialministerin, spricht man sie darauf an, ob längeres Arbeiten möglich sei. Ja schon, auf dem Papier ist alles flexibel. Im Alltag nicht.

In Deutschland funktioniert der Ruhestand wie ein Befehl, erkennt der noch viel langjährigere Sozialminister Norbert Blüm: »Mit 65 raustreten! Das ist falsch. Wir müssen es stärker dem Einzelnen überlassen, wann er aussteigt. So neu ist das auch gar nicht. Über Jahrhunderte gab es keine Altersvorgabe. Erst das Industriezeitalter hat diese starren Grenzen gezogen: im Gleichschritt marsch in den Betrieb, im Gleichschritt raus.«[4]

Und das sagt wirklich Norbert Blüm? Für manche steckt der Herz-Jesu-Marxist der konservativen Regierung Helmut Kohl ja in einer Schublade: Auf dem Status quo beharren (»Die Rente ist sicher«) – bis die vermeintlich sichere Rente unsicher wird. In der Tat verzögerte Blüm als Minister von 1982 bis 1998 Reformen, die wegen der Alterung notwendig gewesen wären. Das holte dann erst die rot-grüne Bundesregierung mit Sozialminister Walter Riester nach. Heute sieht Blüm immerhin, dass sich das Land mit der starren Altersgrenze keinen Gefallen tut: »Die Menschen sind erwachsen genug, um selbst zu entscheiden, wann sie in Rente gehen wollen.«

Aber warum hat er dann nicht für ein Gesetz gesorgt, das Flexibilität schafft – er hatte doch als Minister fast zwei Jahrzehnte dafür Zeit? Blüms Antwort klingt bemerkenswert. »Ich habe es versucht, aber ich bin an den Arbeitgebern und der FDP gescheitert. Die reden zwar gern über Flexibilisierung und Freiheit, aber wenn es um die Altersgrenze geht, verstecken sie sich hinter dem Sozialgesetzbuch.«

Selbst wenn man sich fragt, ob ein Sozialminister in 16 Jahren Amtszeit nicht etwas durchsetzen kann, was er wirklich will: Blüm hat einen Punkt. Was die starre Altersgrenze angeht, reicht es nicht, mit dem Finger auf die Politik zu zeigen. Gewerkschaften und Unternehmen sind dafür mindestens genauso verantwortlich. Ihre Tarifverträge zementieren die soziale Norm, wonach mit 65 der Hammer zu fallen hat.

Die Gewerkschaften verstehen sich als Kämpfer für die Beschäftigten. Ihre Logik: Wer länger arbeitet, wird geknechtet. Weil er ja nicht mehr kann. Doch das trifft heute ja nur noch auf eine Minderheit zu. Die anderen können. Ist es in ihrem Interesse, längeres Arbeiten zu verhindern, das die Alterssicherung stabilisiert, also Rentenkürzungen vermeidet?

Und dann sind da noch die Unternehmen. Ihnen ist die starre Altersgrenze bisher ganz recht: als Kostensenker. Ältere Beschäftigte verdienen nach jahrzehntelangen Lohnsteigerungen in der Regel viel mehr als ein Berufseinsteiger. Ersetzt die Firma sie durch jüngere Beschäftigte, spart sie Geld. Teuer raus, günstig rein. Gert Wagner spricht hier von der »dunklen Seite der Senioritätsentlohnung«.

Den Firmen nutzen die Bezahlung nach Alter als Instrument, um die Beschäftigten anzutreiben. Vielfach lässt sich ja schlecht kontrollieren, wie gut jemand arbeitet und wie sehr er sich anstrengt. Deshalb wird Berufseinsteigern in den ersten Jahren wenig gezahlt. Damit sich der Mitarbeiter anstrengt für die Aussicht, später mehr zu verdienen. Wie eine Prämie für treue Dienste. Vor allem Großbetriebe und der Staat zahlen nach Seniorität.

Wird der Mitarbeiter älter, schafft die Treueprämie unterschiedliche Interessen. Die Firma kalkuliert, dass der teure Beschäftigte pünktlich oder vielleicht sogar frühzeitig aufhört. Das spart Kosten. Für den Beschäftigten sind die Senioritätslöhne dagegen ein Anreiz, möglichst lange zu arbeiten. Um das zu verhindern, stehen harte Altersgrenzen in den Tarifverträgen. Die harten Altersgrenzen beweisen, dass sich nicht die Mitarbeiter mit ihren Interessen durchgesetzt haben, sondern die Unternehmen. Sekundiert von den Gewerkschaften, die die gut bezahlten Beschäftigten vermeintlich vor Altersausbeutung schützen.

Die Treueprämie ist nur eines der Motive, warum Unternehmen ältere Arbeitnehmer eher rausdrängen als pflegen. Sie schätzen die Älteren auch generell als unproduktiv, unflexibel ein. Sie halten an einem völlig überholten Bild fest, beklagt Moritz Heß: »Viele Personalchefs pflegen noch Stereotype. Studien zeigen, dass die Produktivität bei Älteren nicht abnimmt. Vor allem, wenn die Firma auf altersgemischte Teams achtet. Klar, ein Fünfzigjähriger kann den Presslufthammer nicht so lange halten wie ein Zwanzigjähriger. Aber bei 80 bis 90 Prozent der Jobs macht das Alter nichts aus.«

Solange die Betriebe Beschäftigte derart falsch einschätzen, behandeln sie sie auch falsch. Und das ist nur einer der Bausteine, die den Weg zum längeren Arbeiten in Deutschland versperren. Altersforscher Heß spricht von einer »Entberuflichung des Alters«.

Das prägt auch die Gesetze, obwohl keine gesetzliche Altersgrenze existiert. Sinnvoll wäre es, dass ein Unternehmen Beschäftigten im Ruhestandsalter eine Verlängerung um ein paar Jahre anbietet. Bis 80 wollen ja die wenigsten in der Firma bleiben. Doch solche Befristungen waren den Unternehmen die längste Zeit verboten. Deshalb machten diese immer gleich mit 65 Schluss. Keiner wollte das Risiko eingehen, eine Seniorin oder einen Senior unbefristet zu beschäftigen, der vielleicht doch mal wegen Krankheit länger ausfällt. Diese Vorsichtshaltung verdammte alle Beschäftigten, an einer normierten Altersgrenze aufzuhören.

Inzwischen ist das Gesetz geändert worden. Betriebe können den Ruhestand eines Beschäftigten mehrfach hinausschieben, also durch eine Befristung ihre Risiken reduzieren. Nun bleibt abzuwarten, ob die Unternehmen das nutzen. Das traditionelle Verbot steckt noch in den Köpfen der Personaler. Früher gab es auch ein Verbot, Ex-Angestellte, die inzwischen im Ruhestand sind, aufs Neue zu beschäftigen. Auch dieses Verbot wirkt nach.

Die Gesetzesänderungen hin zu mehr Flexibilität kamen alle sehr spät. Viel später, als der Trend zu fitten Älteren zu erkennen war. Deshalb wird es dauern, bis sie überhaupt Wirkung zeigen.

Wer heute über den Ruhestand hinaus in der Firma bleiben will, muss einen schriftlichen Antrag stellen. Arbeitnehmervertreter von der Gewerkschaft sind oft dagegen, beobachtet Loring Sittler. Und so kommen viele Faktoren zusammen, die 65 zur Ruhestandsnorm betonieren: Senioritätslöhne, Stereotypen, träge Gesetze und der Kampf gegen vermeintliche Ausbeutung. Zwar finden vier von fünf Deutschen, keiner sollte zum Ruhestand gezwungen werden. Doch in der Realität geschieht genau dies.[5]

Dabei ist das starre Ruhestandsalter für gesunde Ältere willkürlich. Es steht in der Landschaft wie jene Bunkeranlagen aus dem Zweiten Weltkrieg, für die keiner Verwendung hat. Die Willkür lässt sich leicht erkennen. Mein Vater musste seinen Posten als Leiter eines Finanzamts in Oberbayern auf einen Schlag aufgeben, obwohl er gerne weitergemacht hätte. An der klassischen Ruhestandsgrenze rief der Staat: »Stopp!« Meine Mutter dagegen hatte ohnehin nie einen festen Job. Erst war die Sprache für die in Lettland geborene, in Kanada aufgewachsene Ausländerin ein Hindernis. Dann hatte in den Siebzigerjahren eine Mutter zweier kleiner Kinder zu Hause zu bleiben. Sie gab aber jahrzehntelang Kurse und Seminare in Englisch. Als sie 65 wurde, machte sie damit selbstverständlich weiter, als sei nichts gewesen. Es war ja auch nichts: Sie fühlte sich mit 65 genauso fit wie mit 64.

Heute, mit 75, hat sie die Seminare aufgegeben. Die Kurse an der Volkshochschule gibt sie weiter. Ist sie also noch zu ihrem Beruf befähigt – mein Vater aber seit mehr als zehn Jahren nicht mehr?

Ich ziehe bis zum klassischen Ruhestandsalter meine beiden jüngsten Söhne auf. Wenn der heute dreijährige Juri Abitur macht, falls er es macht, bin ich mindestens 66. An diesem Punkt soll ich gleichzeitig Beruf und Erziehung lassen und auf dem Sofa sitzen? Von 200 Prozent auf null?

Schon klar: Das Ruhestandsalter zu erhöhen ist umstritten. Der Zeitpunkt, an dem jemand eine Rente beziehen darf, dient Beschäftigten, Unternehmen, Sozialkassen als Orientierung. Traditionell war damit der Moment verknüpft, an dem ein Mensch gar nicht mehr arbeitet. Künftig wird es aus einer Vielzahl von Gründen darum gehen, den Rentenanspruch leicht nach hinten zu verlegen – und Arbeiten und Rentekriegen zu vereinbaren.

Um das Verständnis fürs längere Arbeiten zu wecken, müssten mehr Positivbeispiele ins öffentliche Bewusstsein gerückt werden. Von jenen, die gerne weitermachen. Weil sie gebraucht werden wollen. Wie jene Selbstständige, die an ihrem kleinen Betrieb oder Laden hängen und den Kontakt mit ihren Kunden mögen.

Eine Buchhändlerin in Göttingen, die Simone Scherger für ihre Recherchen sprach, war über 90. Als ich mit dem Make-up-Unternehmer Arnold Langer sprach, war er 93. »Ich bin von Haus aus Chemiker, die Firma habe ich schon 1945 gegründet, vier Wochen nach der Kriegsgefangenschaft. Sie müssen Kontakt mit den Leuten haben, die Ihre Produkte benutzen, so kamen die Verbindungen zu Theater und Film. Marika Rökk, Hans Albers, damals musste der Schwarz-Weiß-Film auf Farbe umgesattelt werden. Das Arbeiten wurde mir nie zur Last. Mit 65 hätte ich mir überhaupt nicht vorstellen können aufzuhören. Da war ich gerade dabei, die Erfolge jahrzehntelanger Arbeit einzuheimsen. Damals kam der große Kontakt nach Hollywood, wir haben ja zum Beispiel Johnny Depp in diesen Piratenkapitän verwandelt und Kate Winslet in *Titanic* auf alt geschminkt. Da muss die Schminke passen, da können Sie nicht irgendein Blau nehmen. Das muss realistisch aussehen, bis heute, wir haben gerade der Schaubühne für jede Vorstellung 800 Liter Blut geliefert.«[6]

Mehrere Jahre finanziell abgesicherten Ruhestand gibt es erst seit der Nachkriegszeit, bedingt durch ein längeres Leben, bessere Gesundheit und die Kopplung der Rente an die Löhne. Das mit der wachsenden Lebenserwartung auf zwei bis drei Jahrzehnte Ruhestand auszudehnen, ist unbezahlbar. Es passt auch nicht für jene, die aktiv bleiben wollen. Deshalb sollte die starre Grenze aufgeweicht werden, mit der Arbeitgeber und Gewerkschaften den Ruhestand normieren.

Vorerst müssen das ältere Arbeitnehmer selbst besorgen. Wolfgang Heinemann, der Radiojournalist, hat zu akzeptieren, dass ihn der Norddeutsche Rundfunk in die Normform presst und nach Hause schickt. Nie mehr die Sendung *Zwischen Hamburg und Haiti*. Wolfgang Heinemann ist traurig, aber nicht machtlos. Er überlegt sich, wieder seinen ersten Beruf zu ergreifen: Deutschlehrer an einem Gymnasium. Noch mal eine Klasse unterrichten, halbtags.

Wolfgang Heinemann hat schon zwei Angebote.

Generation Frührente – wie der Ruhestand zum Besitzstand wurde

Moritz Heß, der Altersforscher, denkt an seinen Großvater, Jahrgang 1932. Ein klassischer Fabrikarbeiter. Beschäftigt bei einem Zulieferer des Autokonzerns Daimler. Ausgestattet mit einer ordentlichen Betriebsrente, die die gesetzliche aufpeppt. Als Großvater Heß 54 wurde, kam das Angebot, über Arbeitslosigkeit in die Frührente zu gleiten. Hat er gemacht. Moritz Heß fragte Opa Heß einmal, ob er sich damals überlegt hätte, länger im Beruf zu bleiben. Opa Heß schaute seinen Enkel an, als wäre der ein Auto. Mit 60 noch arbeiten? *Alle* Kollegen gingen vorher in Ruhestand. Die Nachbarn auch. Das ist es, was Enkel Heß die »Kultur des frühen Ruhestands« in Deutschland nennt.

Der zweite Heß-Begriff: Die »Entberuflichung des Alters«, die Arbeitgeber mit der Ruhestandsnorm von höchstens 65 betreiben. Diese Entberuflichung lässt es revolutionär erscheinen, das Berufsleben zu verlängern. Und erschwert es damit politisch ungeheuer, obwohl die meisten Bürger gesundheitlich kein Problem hätten.

Die Entberuflichung des Alters regiert das Bewusstsein, in einer Großen Koalition mit der Kultur des frühen Ruhestands. Eine längere Rente gibt es ja, wie beschrieben, erst seit zwei Generationen, nach Jahrhunderten der Altersnot. Diesen neuen Ruhestand, so das allgemeine Gefühl, hat sich ein Beschäftigter nach seinem Arbeitsleben verdient. Er zählt zu den sozialen Errungenschaften der Marktwirtschaft wie der Achtstundentag, freie Wochenenden, Fernreisen und schimmelfreie Wohnungen. Er ist ein Besitzstand geworden: möglichst lange im Ruhestand sein.

Das Wirtschaftswunder nach dem Zweiten Weltkrieg schuf jenes Wachstum, das auskömmliche Altersrenten erst ermöglichte. Das war soziale Marktwirtschaft. Dann flaute das Wunder Ende der Sechzigerjahre ab. Erstmals nahm die Arbeitslosigkeit zu. Jetzt hielt die Politik es für soziale Marktwirtschaft, ältere Beschäftigte in Rente zu schicken, um Platz für Jüngere zu schaffen. Gewerkschaften und Unternehmen waren begeistert dabei. So begannen die Programme zur Frühverrentung.

Fünf Ältere in Rente schieben, um fünf Neue einzustellen, das schien gleich zwei Ziele zu erfüllen. Es verringerte die Arbeitslosigkeit, die die erfolgsverwöhnten Nachkriegsbürger verunsicherte. Und es versprach möglichst langen Ruhestand, wenn einer wie Großvater Heß schon ab Mitte 50 Altersbezüge kassierte. Der möglichst lange Ruhestand war das Ideal, der Besitzstand, der möglichst auszudehnen war. Was völlig ignoriert wurde, waren die enormen Kosten. Genauso wie die verheerende Signalwirkung einer Politik, wonach die Deutschen zwar immer länger lebten, aber immer kürzer arbeiteten. So etablierte sich die Generation Frührente.

Ab 1970 sank der Anteil männlicher Beschäftigter ab 55 drastisch – von 80 Prozent auf unter die Hälfte. Während des Wirtschaftswunders arbeiteten viele länger als bis 65. Bis Ende der Siebzigerjahre fiel ihr Anteil unter zehn Prozent. Die Frühverrentung hatte einen vertretbaren Kern: Beschäftigten, die nach Dekaden in der Fabrik kaputt waren, ein Alter ohne Einbußen zu ermöglichen. Aber als generelles Modell war sie falsch.[1]

Als Großvater Heß wie selbstverständlich ausschied, gab es die ersten Warnungen, die Kosten seien zu hoch. Die Politiker hielten inne. Dann fiel die Mauer. Auf einmal herrschte ein Überangebot an Arbeitskräften. Speziell in Ostdeutschland, wo die volkseigenen Betriebe pleitegingen und manchem Beschäftigten Qualifikationen fehlten. Also wurde die Frühverrentung wieder stark ausgeweitet. Die massenhafte Frühverrentung war höchstens verständlich aus der Perspektive, dass die Politiker Auswege aus der Arbeitslosigkeit suchten. Es hätte bessere Auswege gegeben. Arbeitslosigkeit lässt sich anders reduzieren. Das zeigten ab der Jahrtausendwende die Bündnisse zwischen Unternehmen und Betriebsräten, die deutsche Jobs durch eine Reihe von Flexibilisierungen international wieder konkurrenzfähig werden ließen. Und das zeigten die rot-grünen Reformen für geringere Sozialkosten, bessere Vermittlung von Arbeitslosen und anderes. Zwar waren diese Reformen sozial zu wenig abgefedert. Gleichzeitig wurden auch noch Besserverdiener steuerlich entlastet, eine Kombination, die die Bürger zu Recht wütend machte. Unterm Strich aber waren betriebliche Bündnisse und Agenda 2010 ein Erfolg. Derzeit ist die Beschäftigung so hoch wie noch nie seit der Wiedervereinigung – und die Arbeitslosigkeit geringer denn je. Sie sank bis Ende 2018 unter fünf Prozent, so niedrig war sie in Westdeutschland selbst vor der Wiedervereinigung nicht. Sie lag die ganzen Achtzigerjahre höher.[2]

Die Frühverrentung war ein Irrweg, der dem Alterssystem gigantische Kosten aufbürdete. »Firmen und Arbeitnehmer konnten Deals zulasten der Rentenversicherung abschließen«, schimpft der Altersökonom Bernd Raffelhüschen. Bis 2012 lief diese Maschine noch. Damals schieden die letzten finanziell Geförderten aus dem Beruf aus, ohne gesundheitlich eingeschränkt zu sein.

Generation Frührente ist ein Bewusstseinsstatus, der prägt. So führte in Deutschland auch die Altersteilzeit dazu, dass Beschäftigte eher früh ausstiegen. Das war nicht beabsichtigt. In Skandinavien etwa nutzen Beschäftigte die Altersteilzeit, um länger im Beruf zu bleiben. Sie arbeiten nur weniger Stunden als vorher. In der Bundesrepublik dagegen wählten fast alle Beschäftigten das Blockmodell: Sie arbeiten noch zweieinhalb Jahre voll im Beruf – und dann die letzten zweieinhalb Jahre gar nicht mehr. Ein Vorruhestand, bezuschusst vom Staat und teils von den Unternehmen. Als die klassische Frührente auslief, tat sich hier ein neuer Ausweg aus dem Beruf auf. Die Altersteilzeit wurde zum neuen Vorruhestand. Auch als die Bundesregierung mit der Rente mit 67 die Weichen für ein längeres Arbeiten gestellt hatte, nutzten noch drei Viertel das Blockmodell.[3]

Frührente und Blockteilzeit charakterisieren eine Kultur des frühen Ruhestands, die finanziell immer problematisch war – und heute unbezahlbar ist. Doch nach Jahrzehnten schlägt diese Kultur psychologisch tiefe Wurzeln. Arbeitnehmer akzeptieren blind, wenn in der Firma auf einen Schlag Schluss sein soll. Und manche peilen selbst den frühen Ausstieg an. Gab es in der Firma nicht immer ein Modell dafür? So hören selbst Facharbeiter und Meister früh auf, die noch lange gutes Geld verdienen könnten. »Etwas überraschend«, nennen das die Forscher Laura Romeu Gordo und Heribert Engstler und erklären es damit, dass diese Beschäftigten oft in Großbetrieben werkeln, die den Vorruhestand kultivieren.[4]

So hört einer auf, statt weiter im Beruf zu bleiben, den er ganz gerne mag, der Kontakte liefert und ein schönes Gehalt. Und sitzt dann womöglich zu Hause, ohne etwas mit der unendlichen freien Zeit anfangen zu können. »Die Deutschen sind komisch«, analysiert Bernd Raffelhüschen. »Sie wollen früh in Rente. Und sie sind unglücklich, wenn sie es dann sind. Wir betrachten das Alter immer noch in der Logik der Fabriken von früher: Mit 60 kann ich nicht mehr. Warum eigentlich? Die meisten Deutschen können noch was machen. Alt ist man, wenn man nicht mobil ist.«

Doch die frühe Rente ist eben ein Besitzstand geworden. Deshalb schwoll der Protest an, als die Bundesregierung unter Sozialminister Franz Müntefering in den Nullerjahren beschloss, das Rentenalter auf 67 zu erhöhen. Das erfolgt ganz langsam bis in die 2030er-Jahre. Der Protest gegen die angebliche neoliberale Ausbeutung war trotzdem gewaltig. Dabei wurde das Rentenalter überhaupt zum ersten Mal erhöht. Münteferings Schritt war gerade für einen Sozialdemokraten mutig – und das erste politische Anerkennen, dass länger lebende Deutsche länger arbeiten können. 100 Jahre nach Einführung des Rentenalters 65.

In Deutschland wird anders diskutiert. In Großbritannien oder den USA wird der normierte Ruhestand als Diskriminierung jener eingestuft, die länger möchten. In der Bundesrepublik wird das Anrecht auf einen frühen Ruhestand herausgestellt, selbst wenn das Geld fehlt. Die Kultur des frühen Ruhestands signalisiert, die Deutschen könnten kurz arbeiten, obwohl sie immer länger leben.

Simone Scherger spricht von der »Kehrseite des Frühverrentungsdiskurses«. Auch im Bewusstsein der Personalchefs hat sich eingegraben, dass für die Beschäftigten Schluss ist, lange bevor Schluss sein müsste: »Die Arbeitgeber waren lange nicht darauf vorbereitet, Menschen länger zu beschäftigen. Wer 50 wurde, für den war der Ruhestand nur ein paar Jahre entfernt.«

Denkbar schlechte Voraussetzungen für längeres Arbeiten und ein flexibleres Ruhestandsalter. Axel Börsch-Supan beschreibt die Herausforderungen der Zukunft klar: »So wie das derzeitige Rentenalter nicht von allen erreicht wird, wird auch das zukünftige Rentenalter von 67 Jahren nur eine Marke sein, an der sich sowohl früher in Rente Gehende orientieren als auch hoffentlich zunehmend viele Menschen, die gerne noch länger aktiv bleiben. Ein flexiblerer Renteneintritt ist wichtig, weil Menschen verschieden sind – einige mögen ihre Arbeit, andere nicht; viele sind gesund, aber andere nicht. Der moderne Sozialstaat muss flexibel auf diese Wünsche und Notwendigkeiten eingehen, aber das ist kein Ersatz dafür, dass man im Mittel das Rentenalter anheben muss.«[5]

Es braucht Zeit, um die Kultur des frühen Ruhestands abzulösen. Es dauert bestimmt 25 Jahre, damit die Deutschen sehen, dass länger zu arbeiten nicht so verkehrt ist. Es dauert eine Generation, um die Generation Frührente abzulösen. Wohlan, dann muss mit der Kampagne für längeres Arbeiten machtvoll begonnen werden.

Enkel Moritz Heß erinnert sich noch genau, wie ihn Opa Heß anschaute, als sei er ein Auto. Nur weil der Enkel gefragt hatte, ob der Opa länger arbeiten wollte als 54.

Gleitzeit statt Ruheschlaff

Der Mann lebte für seinen Beruf als Bankdirektor. Jahrzehntelang ging er in das Geldhaus. Dann war mit 65 in der Bank Schluss. Von heute auf morgen, wie es in Deutschland üblich ist. Der Mann saß jeden Tag zu Hause. Erfüllende Hobbys? Neue berufliche Aufgabe? Reisen in alle Welt? Ein zweiter Frühling mit der Ehefrau?

Nein. Der Mann hatte ja für seinen Beruf als Bankdirektor gelebt. Er richtete sich zu Hause ein Büro ein, das sah dem Büro in der Bank verdammt ähnlich. Nur brauchte er so ein Büro gar nicht mehr. Die Möbel waren ein Museum seines verloren gegangenen Lebens. Das deutsche Ideal vom langen Ruhestand sperrte ihn in ein Gefängnis. Nach wenigen Jahren war er tot.

Der Arzt Rüdiger Kuntz, der jahrzehntelang in Oberbayern praktizierte, erlebte mehrere solcher Fälle. Von einem Tag auf den anderen beruflich komplett aufzuhören tut vielen Beschäftigten nicht gut.[1]

In komischer Verzerrung ist das im Loriot-Film *Pappa ante portas* zu sehen. Heinrich Lohse, gespielt von Loriot, amtiert als Einkaufsdirektor der Deutschen Röhren AG. Als er in den Vorruhestand versetzt wird, stürzt er ins Röhrenlose. Der Direktor a. D. treibt seine Familie in den Wahnsinn, weil er den Beruf 1:1 in den Ruhestand überträgt. Er will den häuslichen Einkauf optimieren, indem er Senfgläser gleich palettenweise bestellt.

In der Realität hält sich die Komik in Grenzen. »Man darf das nicht unterschätzen«, sagt der Altersforscher Andreas Kruse, »von 100 um 11 Uhr 59 auf null um 12 Uhr herunterzufahren – das ist für viele Menschen ungesund. Weil es eine abrupte Änderung ist. Plötzlich sollst du keine Leistung mehr bringen, wo du vorher viel leisten solltest, das soziale Umfeld ist auf einen Schlag weg – das sollte man dem Körper nicht zumuten. Die Person musste sich zum Teil erheblich fordern und anpassen, und plötzlich wird sie nicht mehr gebraucht. Das ist psychologisch verheerend.«

Psychologen diagnostizieren Ruhestandsdepression. Beschäftigte arbeiten viel und gern. Und dann sollen sie an einem Montagmorgen schlagartig aufhören. Da fällt so mancher ins Loch.

Klar, es gibt auch andere. Sie haben sich rechtzeitig Gedanken gemacht, wie sie die Zeit erfüllen wollen. Sie bringen endlich den örtlichen Tennisverein auf Vordermann. Sie lesen endlich alle 4000 Seiten von Marcel Prousts Roman *Auf der Suche nach der verlorenen Zeit*. Sie erkunden die Wanderrouten in Vorderasien und Hinterindien. Sie kümmern sich jeden Nachmittag um die Enkel. Doch manche haben das nicht, können das nicht oder wollen das nicht. Für sie wäre es gut, noch eine Weile weiterzuarbeiten – im alten Job oder in einem neuen.

Auch für die anderen gilt: Irgendwann ist der Tennisverein umorganisiert und der Proust ausgelesen. Asien hat vor wie hinter Indien genug Blasen an den Füßen produziert. Die Enkel finden Oma langsam uncool. Da wäre eine Beschäftigung nicht schlecht. Ohnehin: Auch Tennisverein, Proust, Wandern oder Enkel würden sich damit vertragen, noch nebenbei zu arbeiten, was Geld, Bestätigung und soziale Kontakte bringt.

»Entweder voll arbeiten oder gar nicht – warum ist es so starr bei uns?«, fragt der Ökonom Bernd Raffelhüschen. Andreas Kruse rät, die Berufstätigkeit lieber allmählich zu reduzieren, als auf einen Schlag zu beenden. Etwa nach folgendem Programm: Die eigene Tätigkeit betrachten und überlegen, ob es Dinge gibt, die man besser kann als vor zehn Jahren.

Und andere, die man schlechter kann. Und dann seine Tätigkeit umgestalten und langsam herunterfahren.

Oder etwas Neues anfangen. Und später, Stück für Stück, in die Welt jenseits des Berufs gleiten, zu Ehrenamt, Enkel, Familie. »Da gibt es so wenig Kreativität in Deutschland«, seufzt Kruse.

In der *Zeit* schildert die Reporterin Nadine Ahr, wie der Eisenbahner Herr Vahl von heute auf morgen in den Ruhestand geht. Ohne Plan, was er machen will. Herr Vahl notiert über sein neues Leben Sätze wie »Scheißwetter. Man hockt nur drinnen. Nix zu tun. Gewöhnungsbedürftig«[2].

Wenn es ganz schlimm wird, erfindet seine Frau Aufgaben für ihn. Den verrosteten Metallstuhl streichen. »Da waren wieder zwei Tage gerettet – er war beschäftigt. Herr Vahl hat nie gelernt, nichts zu tun, sein ganzes Leben war von Zeitabschnitten bestimmt. Ein Arbeitstag hat acht Stunden, ein Wochenende zwei Tage. Herr Vahl hat Konzepte erarbeitet, um die Pünktlichkeit im Personenverkehr zu verbessern. Stets ging es darum, knappe Zeit bestmöglich zu nutzen. Jetzt hat Herr Vahl auf einmal Zeit im Übermaß. Aber er kann sich nicht einfach in Muße üben, weil Muße nur dann Muße ist, wenn man ansonsten etwas zu tun hat.«

Die Hamburger Wochenzeitung druckte die Reportage über Herrn Vahl als Titelgeschichte: »Der Fluch der frühen Rente«. Fluch? Ja, schon. Früh? Das auch. Er fühlt sich nicht alt. Er ist es ja auch nicht. Herr Vahl, geboren 1949, kommt aus einer ganz anderen Generation als sein Vater, geboren vor 1930. Der Vater starb mit 65. Der 65-jährige Herr Vahl geht dreimal die Woche ins Fitnessstudio.

»Wenn alles gut geht, wird Herr Vahl noch 20, vielleicht 30 Jahre leben. Er gehört zu einer Generation, die auf dem Papier alt ist, sich aber nicht so sieht. Nur, was dann? Wie füllt man 20 oder sogar 30 Jahre?«

Nach einer Weile kommt er darauf, dass es schön wäre, eine richtige Aufgabe zu haben. Nicht nur den Metallstuhl streichen. Vielleicht bei der Armentafel Essen austeilen. Weil er wieder mehr mit Menschen unterschiedlichen Alters zu tun hätte, nicht nur mit Senioren. Als sie ihm beim Fußball ungefragt ein Seniorenticket ausstellen, erschrickt er. »Au Backe«, sagte er sich, »jetzt sieht man es dir schon an.«

Eine neue Aufgabe könnte gut für die Gesundheit sein. Bei einer Fahrradreise mit seinem besten Freund stellt er fest, dass er fitter ist als der gleichaltrige Lothar. »Vahl glaubt, das liege daran, dass er länger gearbeitet hat. Dass er nicht schon, wie Lothar, mit 60 in Altersteilzeit gegangen ist. »Die Arbeit hat mich fit gehalten«, sagt er. »Geistig und körperlich.«

Nach einem langen Berufsleben mal im Liegestuhl auszuspannen, macht glücklich. Ein Ruhestand *nur* im Liegestuhl macht viele unglücklich, weil er sie erschlaffen lässt. Er sollte besser Ruheschlaff heißen. Der Arzt Rüdiger Kuntz hatte nicht nur Patienten wie den Bankdirektor mit seinem Zombiebüro. Sondern auch Architekten oder Anwälte, die im Alter weitermachten: »Sie bleiben dadurch geistig fit.«

Länger arbeiten muss ja nicht Vollzeit heißen. Das Rentensystem und die Senioren selbst profitieren von einem gleitenden Übergang in Teilzeit. Gleitzeit statt Ruheschlaff. Das wäre ein sinnvolles Massenprogramm. Und genau das wollen viele. So wie der siebzigjährige Hartz-IV-Anwalt Wolfgang Conradis, der seit ein paar Jahren halbtags tätig ist. Im Schnitt wollen Ältere gut zwei Tage die Woche beschäftigt bleiben. Sie wollen die Belastung reduzieren und das tun, was Spaß macht. Sie wollen ihre Arbeit freier gestalten, weiß Simone Scherger aus ihrer Forschung. Sie zitiert einen Gärtner: »Super, ich kann entscheiden, wann ich arbeite.« Und eine Physiotherapeutin: »Ich hab irgendwann aufgehört, Männer zu behandeln, weil die zu anstrengend sind. Als Nächstes höre ich mit den Kindern auf. Dann behandle ich nur noch Frauen.«

Mehr als jeder dritte Weiterarbeiter ist mehr als 20 oder sogar mehr als 40 Stunden die Woche tätig. Das Gros allerdings bevorzugt halbtags. Drei von vier Deutschen fänden es attraktiv, nicht auf einen Schlag in Ruhestand zu gehen, sondern eine Teilrente mit einem Teilzeitjob zu kombinieren.[3]

Jetzt müsste es so etwas nur noch in der Realität geben.

Der selbstständige Anwalt Wolfgang Conradis kann seine Arbeitszeit gestalten, wie er will. Angestellte nicht. Nur jedes dritte Unternehmen bietet an, dass Beschäftigte ihre Arbeitszeit schrittweise reduzieren und im Ruhestandsalter weiter tätig sein können. Bei zwei von drei Unternehmen beißen die Beschäftigten also auf Granit. Dabei wünscht sich jeder Zweite einen flexiblen Übergang in den Ruhestand. »Jene Menschen, und das sind gar nicht so wenige, denen ihr Beruf Spaß macht, wollen häufig aus eigenem Antrieb länger arbeiten«, berichtet Bernd Kleine-Gunk. »Allerdings finden sie dafür in Deutschland denkbar schlechte Bedingungen. Flexible Arbeitszeit bedeutet bei uns im Wesentlichen, früher in Rente zu gehen.«[4]

Viele wollen unter der Bedingung länger arbeiten, dass sie etwas kürzertreten. Viele wollen in ihrem alten Job bleiben. Entweder sie dürfen es nicht. Oder sie dürfen es nicht in Teilzeit. So stürzen sie in den Ruheschlaff ab.

Rüdiger Kuntz betreute nicht nur den Bankdirektor mit dem Zombiebüro, sondern auch einen mittleren Angestellten, der bei einem Werkzeugteilehersteller beschäftigt war. »Der sagte immer: ›Ich arbeite so gerne.‹« Als er von heute auf morgen aus dem Beruf ausschied, wurde er depressiv. Er starb am Herzen, kaum hatte er ein paar Rentenzahlungen erlebt.

Kuntz' bekanntester Patient war der Schauspieler Johannes »Jopi« Heesters. Jopi arbeitete bis kurz vor seinem Tod. Dosiert.

Er agierte als Schauspieler in sehr langer Gleitzeit aus dem Beruf heraus. »Das hat ihn mit Sicherheit länger leben lassen, dass er so lange gearbeitet hat«, sagt sein Arzt.

Johannes Heesters wurde 108.

Wie Arbeiten Gesundheit und Kontakte erhält

Ist der beste Ruhestand einer im Liegestuhl? Den Drink in Reichweite, neben der Fernbedienung? Der Arzt Bernd Kleine-Gunk beschäftigt sich damit, wie man möglichst gesund altert. Er würde einem den Liegestuhl nicht verschreiben. »Nichtstun ist ein erheblicher Alterungsfaktor. Ein paar Stunden im Liegestuhl zu sitzen, ist zweifellos entspannend. Dort jedoch sein ganzes Leben zu verbringen, verblödet. Das geht sogar ziemlich schnell. Bereits in den Achtzigerjahren zeigte der Erlanger Psychologe Siegfried Lehrl, dass schon nach wenigen Tagen Faulenzerurlaub – also Essen, Trinken, Schlafen und am Strand liegen – der Intelligenzquotient um mehrere Punkte absinkt. Neurobiologen können dieses Phänomen inzwischen auf einer molekularen Ebene erklären. Ein Gehirn, das nicht mehr gefordert wird, verliert immer mehr jene Kontakte, durch die die Nervenzellen miteinander verknüpft sind. Ganz ähnliche Veränderungen beobachtet man im Übrigen auch im Gehirn von Tieren, die einen Winterschlaf halten. Auch die wachen im Frühjahr leicht verblödet aus ihrer langen Ruhephase auf und müssen sich dann manche Fähigkeiten erst wieder ganz neu aneignen. Man kann sich leicht vorstellen, was passiert, wenn unser Gehirn nicht drei Wochen Faulenzerurlaub oder vier Monate Winterschlaf macht, sondern den Rest des Lebens in Ruhestand geht. Der Alzheimer-Forscher Konrad Beyreuther bringt die Folgen auf einen kurzen Nenner: »Ruhestand ist Verbrechen.«

Verbrechen ist *sehr* zugespitzt. Aber als Provokation nützlich, um die Mär vom sorglosen Ruhestand im Liegestuhl zu zerstören. Es wird Zeit, ein Vorurteil zu korrigieren: Nein, es ist nicht grundsätzlich Aktivität wie Arbeit, die einen alt und krank werden lässt. *Inaktivität* lässt einen alt und krank werden.

»Wenn Sie runterfahren und nix mehr tun, altern Sie«, doziert Dr. Kleine-Gunk. »Nach drei Jahren im Ruhestand sind Sie runtergefahren. Im Liegestuhl sitzen fördert Ihr Gehirn nicht. Wenn Sie arbeiten gehen, das fordert Ihr Gehirn.« Wegen solcher Erkenntnisse wird inzwischen versucht, Menschen selbst im höchsten Alter zu beschäftigen. Im Altersheim animiert man sie, fürs Essen Kartoffeln zu schälen. Wenn schon das wirkt, um wie viel wirksamer ist es, im offiziellen Rentenalter noch eine Weile zu arbeiten?

Natürlich, körperlich schwere Schufterei macht alt, nicht jung. Aber dieser Schufterei werden in der modernen Dienstleistungsgesellschaft immer weniger Deutsche ausgesetzt. Deshalb gilt für immer mehr Bürger: Länger arbeiten hält jünger. Körperlich und geistig.

Arbeit stimuliert das Gehirn. Auch die Auseinandersetzung mit den Kollegen, selbst wenn die, klar, schon mal nerven. »Die geistige Fitness hängt stark davon ab, wie jemand gefordert wird«, berichtet Gert Wagner. »Wer durch Kreuzworträtsel seine geistige Fitness steigert, kann besser Kreuzworträtsel lösen.« Aber auch nur das. »Durch komplexe Tätigkeiten wie Arbeit wird der geistige Abbau, der für den Alltag relevant ist, viel eher gebremst.«

Wer heute in Ruhestand geht, hat häufig noch 25, 30 Jahre vor sich. Eine Zeitspanne, die früher einem ganzen Menschenleben entsprach. »Die Franzosen haben dafür den schönen Begriff: *Le troisième âge*, das dritte Lebensalter. Da brauche ich keine Hobbys, da brauche ich eine Aufgabe«, sagt Kleine-Gunk. »Es ist für Menschen ungeheuer wichtig, dass ihre Existenz einen Sinn hat. Dass man sie für etwas braucht. Das ist ganz entscheidend dafür, gesund zu altern.«

Wie sich gesund altern lässt, demonstrieren christliche Gemeinschaften seit Jahrtausenden. Alte Nonnen und Mönche erledigen alle Aufgaben gemeinsam mit den jüngeren, soweit sie können. Deshalb werden sie so unglaublich alt.

Arbeiten hält nicht nur jung, es erhält auch soziale Kontakte. Soziale Kontakte, das hört sich schnell banal an. Kaffeeklatsch, so was. Es ist viel mehr. Gerade für eine Altersgruppe, die entgegen manchem Vorurteil nicht vor allem ihre Ruhe haben will. Drei Viertel der über 65- bis 85-Jährigen ist das Zusammensein mit anderen wichtig. Sie sind gerne unter Menschen.[1]

Doch viele Kontakte hängen an der Arbeit. Und verschwinden mit ihr. In der *Zeit* beginnt Nadine Ahr ihre Reportage über den frühen Ruhestand des Eisenbahners Herr Vahl mit seinem letzten Arbeitstag. Dem letzten Rundgang zu den Kollegen. »Er lächelt, als sie ›Komm mal wieder vorbei‹ und ›Man sieht sich‹ sagen. Er weiß, nichts davon ist ernst gemeint. Weder sein Dauergrinsen noch die Worte seiner Kollegen sind wahrhaftig. ›Wir sehen uns.‹ Wie oft hat Vahl diesen Satz schon selbst ausgesprochen, wenn ein Kollege in Pension ging. Er kennt die Wahrheit, hat sie zigfach miterlebt. ›Niemand will, dass man ab und zu vorbeischaut‹, sagt er, ›man wird auch nicht mit den Kollegen in Kontakt bleiben. In den meisten Fällen wird man sich nicht mehr wiedersehen.‹ Herr Vahl hat diese Menschen im Büro jeden Tag um sich gehabt, jahrelang. Er hat mit ihnen mehr Zeit verbracht als mit seiner Frau.«

Später sitzt Herr Vahl allein mit dem Fluch der frühen Rente in seinem Arbeitszimmer unterm Dach. Er liest noch einmal die Abschiedskarten der Kollegen. Ihm werden die Augen feucht. »Herr Vahl weint vor Rührung, er weint um die Menschen, die ihm fehlen werden. Er weint um das, was war und nicht mehr sein wird.«

Natürlich gibt es Kollegen, die man nicht mehr sehen will. Natürlich sollten die tiefen Freundschaften es überstehen, wenn man die Firma verlässt. So ist es auch bei Herrn Vahl und seinem Freund Lothar. Doch andere Kontakte schwinden eben, wenn man sich nicht mehr bei der Arbeit sieht. Und es geht ja nicht nur um enge Verbindungen. Sondern auch um täglichen Austausch mit anderen Menschen, den einer nicht organisieren muss – weil er sie bei der Arbeit trifft.

Gerade wer sein Leben stark über den Beruf definiert hat, dessen soziale Kontakte hängen oft stark an ihm. Es ist dann eine Strategie, dabeizubleiben, um die Kontakte zu erhalten. Weiterzuarbeiten erhält die Kontakte und erleichtert den Übergang. Der Beruf ermöglicht ebenso, Menschen zu treffen, die sich nicht in den typischen Zirkeln der Senioren bewegen – etwa Jüngere.

Je mehr das Alter voranschreitet, desto eher gehen Kontakte verloren. Besonders wichtig werden Bekanntschaften, wenn es keinen Partner gibt. Oder der Partner stirbt. Da kann die Arbeit für eine gewisse Zeit einen Ausgleich bieten. Manchmal wird das eine sehr lange Zeit.

2014 interviewte ich die Tanzlehrerin Irene Olk-Blandow für einen Artikel über ältere Weiterarbeiter, die Arne Wesenberg für den (sehr schönen) Bildband *Im UnRuhestand* fotografiert hat. Irene Olk-Blandow führte ihre Lübecker Tanzschule fort, während Gleichaltrige in Ruhestand gingen. »Das Alter ist nichts für Feiglinge, sagt man ja. Und das stimmt. Ich kann nicht mehr in allem über mich bestimmen. Ich kann etwa keine Wanderung mehr machen mit Leuten, die schnell ankommen wollen. Es ist kein schönes Gefühl, nicht zu wissen, wie lange man leben wird. Deshalb bin ich sehr froh, dass ich arbeiten kann«, erklärte sie.[2]

»Wenn Menschen älter werden, sterben im Umfeld Menschen weg«, erlebt Bernd Kleine-Gunk. »Man knüpft nicht mehr so leicht Kontakte. Das nimmt mit der Alterung der Gesellschaft zu. Es gibt keine Großfamilien mehr, man muss sie sich künstlich schaffen.« Er hat Patienten, die sagen, das Leben macht keinen Spaß mehr. Die sagen, meine Freunde sind alle unter der Erde. »Das ist ein Alterungsfaktor. Das Gehirn ist ein soziales Organ. Man altert schneller durch Einsamkeit. Die beste Alzheimerprophylaxe ist nicht, zu Hause Sudoku zu lösen, sondern einen Tanzkurs zu besuchen – oder zu arbeiten.«

Irene Olk-Blandow unterrichtete im Alter weiter Bühnentanz. Und sie leitete ihre Schule für Tanz und Gymnastik. Für Schüler ab vier bis über siebzig. Sie kontrollierte den Unterricht, machte die Organisation, die Buchführung. Das waren vielleicht zwei, drei Stunden Arbeit am Tag, genug, sie wurde schneller müde als früher. Irene Olk-Blandow führte ihre Tanzschule ja schon seit 1945. Bei unserem Gespräch, zwei Jahre vor ihrem Tod, war sie 93.

Verzichten wollte sie auf die Arbeit auf keinen Fall. Sie nahm zuletzt immer wieder Kredite auf, um die Schule am Laufen zu halten. »Die Gesellschaft nimmt einen nicht mehr für voll, wenn man über 90 ist«, sagte sie. »Man wird gleichgültiger behandelt. 2010 ist mein Mann gestorben. Ich leide unter der Einsamkeit. Tanz zu unterrichten ist da wie eine Regeneration. Solange ich meinen Beruf habe, lerne ich jeden Tag dazu.«

»Was die 93-jährige Dame sagte, darf man nicht unterschätzen«, findet Andreas Kruse, als ich ihm von Irene Olk-Blandow erzähle. Es ging ihr um Teilhabe an einer Gesellschaft, die sie als zunehmend gleichgültig ihr gegenüber empfand.

Einsamkeit im Alter ist eine traurige Realität. Sie dürfte künftig noch zunehmen. Nicht nur, weil die Menschen älter werden. Sondern auch, weil die Versingelung der westlichen Gesellschaften zunimmt.

Die Zahl der Singlehaushalte steigt seit Jahrzehnten. Eine neue Studie unter 20 000 Amerikanern zeigt, was das für Einsamkeit bedeutet. Demnach fühlt sich jeder Zweite manchmal oder sogar immer alleine oder ausgeschlossen. Genauso viele haben das Gefühl, dass sie niemand gut kennt. Sie tauschen sich nicht jeden Tag mit anderen aus. Insgesamt, konzedieren die Forscher, wird die Einsamkeit weiter zunehmen.[3]

Selbst bestimmen

Roberto Blanco wird gern als Schlagerheini verachtet. Dabei muss man ihn schon deshalb in Schutz nehmen, weil ihn Bayerns langjähriger Innenminister Joachim Herrmann mal als »wunderbaren Neger« bezeichnete. »Revolutionär und Spaßkanone«, versucht sich der *stern* in seiner Ehrenrettung, »darum muss man Roberto Blanco einfach lieben.« Wie auch immer, 2018 brachte der Sänger ein Comeback-Album heraus – mit 81. »Mein Alter beschäftigt mich nicht«, sagt er. »Wenn man das Temperament noch hat, wenn die Stimme noch da ist und wenn das Publikum einem noch zuhören will, denkt man nicht ans Aufhören. Warum auch?«[1]

Roberto Blanco ist aber nicht nur der Musiker, der durchhält, *time is on my side*. Er hat Bemerkenswertes zum Arbeiten im Alter zu sagen. »Ja, wenn ich auf der Parkbank sitze und Tauben füttere, dann werde ich alt. Aber die Planungen für meine Auftritte, die Reisen, die Shows, das alles hält mich jung. Ich fühle mich wie zweimal 35 und ein bisschen.« Wer ihm eine Weile zuhört, gewinnt den Eindruck, Arbeiten im Alter könnte zuweilen sogar das bessere Arbeiten sein. »Gerade war es 60 Jahre her, dass ich ins Showbiz kam. Ich habe heute so viel Erfahrung, ich weiß alles über meinen Beruf. Zum Beispiel, dass es leicht ist, bekannt zu werden – aber schwer, bekannt zu bleiben. Heute ist der Druck der jungen Jahre weg, unbedingt erfolgreich werden zu müssen. Wenn man jung ist, hofft man und kämpft. Heute bin ich, wie ich bin, und denke positiv.«

Das ist eine ganz neue Sicht. Von wegen gebrechlicher Alter, der um sein Gnadenbrot bittet! Stattdessen: Erfahrener, selbstbewusster, gelöster Alter, der sich nicht mehr am Stress der frühen Jahre kaputt macht. Der den Beruf entspannter angeht.

»Weitgehend befreit von Karriere, Selbstoptimierung und Konkurrenz, können sich die aktiven Alten den Luxus erlauben, bei aller nötigen Wertschätzung von Arbeitgebern oder Kunden, niemandem als sich selbst zu gefallen«, schreibt der Journalist Steffen Uhlmann. Ältere haben weniger Angst, sich zu blamieren. Sie kümmern sich weniger um das Urteil anderer. Sie befolgen soziale Normen nicht mehr so sklavisch. Dadurch arbeiten sie entspannter. Und sie finden dadurch mutigere und kreativere Lösungen als jüngere Arbeitnehmer.[2]

Natürlich sollte man nicht behaupten, Arbeiten im Alter finde in rosa Wolken statt. Es wird oft genug nervige, aufreibende, enttäuschende Momente haben. Wie Arbeiten *vor* dem Alter halt auch. Die Botschaft, die sich von Blanco und Co. mitnehmen lässt, ist simpel. Sie heißt: Arbeiten im Alter bedeutet Selbstbestimmung. Weil hier jemand selbst entscheidet, ob er noch eine Weile weitermacht, vielleicht in Teilzeit, wie auch immer. Statt dass Arbeitgeber, Politiker oder Gewerkschafter für ihn den normierten Ruhestand festlegen.

Ältere sollten selbst entscheiden können. Erst dann lässt sich erkennen, wie viele Arbeitnehmer länger tätig sein wollen – und wie viele heute aufgrund gesellschaftlicher Konventionen aufhören oder mangels Möglichkeiten.

Es ist kein Zufall, dass Selbstständige und Freiberufler besonders oft im Alter weitermachen. Sie können selbst entscheiden, tätig zu bleiben, und zwar akzeptabel bezahlt. Angestellte dagegen sind davon abhängig, dass eine Firma sie beschäftigen will. Was wegen Ruhestandsnorm und Jugendwahn häufig nicht der Fall ist. Wenn sie jemand beschäftigt, dann oft nur zu schlechten Bedingungen – schlecht bezahlt oder in einfachen Tätigkeiten, die ihre Qualifikation verhöhnen.

Es lohnt sich, die Motive jener zu erkunden, die selbst entscheiden weiterzumachen. Gelöst die Erfahrung ausspielen wie Roberto Blanco, das ist eines davon. Es gibt viele andere. Die Volkswirte Christian Pfarr und Christian Maier postulieren, dass Ältere nicht aus Not arbeiten, sondern um ihre Bedürfnisse zu befriedigen. Ein wichtiges: gebraucht zu werden. Die Älteren wollen nicht ihre Rolle verlieren, Teil der arbeitenden Gesellschaft zu sein.[3]

»Zu einer Gemeinschaft dazuzugehören, gebraucht und geschätzt zu werden ist eines der zentralen Bedürfnisse von uns Menschen, und dies ganz unabhängig vom Alter«, erkennt Loring Sittler. »Der Arbeitsplatz ist für viele ein Schlüsselort, an dem wir uns mit unserer Persönlichkeit, unseren individuellen Talenten, Fähigkeiten und Erfahrungen einbringen, er bietet dazu ideale Möglichkeiten.«

Ältere Menschen schätzen ihren Beruf, der ja anders als früher oft genug keine große körperliche Plage mehr bedeutet. »Sie möchten ihre jahrzehntelangen Erfahrungen gerne weiter nutzen und weitergeben. Mit dem Erreichen des Rentenalters stürzen viele Menschen jedoch in ein emotionales, soziales Vakuum, das sie nicht zu füllen wissen.« Warum zwingt ihnen ein normierter Ruhestand auf, nicht mehr gebraucht zu werden?

In dem Buch *Geht's noch?* von Loring Sittler und Caitrin Lynch erzählt die Anthropologin Lynch von der erfolgreichen amerikanischen Nadelfabrik Vita Needle, quasi eine »Rentner AG«. Jahrelang hat sie das Unternehmen begleitet. Ältere und teils sehr Alte werkeln da, in flexibler Teilzeit. Sie bewahren ihre Fitness, aufgehoben in einer Gemeinschaft – so wird Arbeit zu gesellschaftlicher Teilhabe und hält gesund.

In Deutschland lässt sich das Bedürfnis, gebraucht zu werden, oft nicht verwirklichen. Arbeiten im Alter gilt als Ausbeutung körperlich Hinfälliger. Viele Beschäftigte glauben das auch selbst. Dieses Vorurteil kriecht als Selbstverzwergung in die Köpfe alternder Menschen. Sie unterschätzen ihre Möglichkeiten – und werden unterschätzt.

Joachim Gauck ruft immer wieder zu einer Wende auf: »Es fehlt eine ausgewogene Vorstellung davon, dass ältere Menschen nicht nur Konsumenten, sondern auch Produzenten in unserer Gesellschaft sein können – und sein wollen! Es fehlt der Gedanke, dass es den meisten ein großes Bedürfnis ist, gebraucht zu werden, tätig zu sein, etwas beizutragen. Es fehlen die unzähligen Erfahrungen derer, die im vorgerückten Alter erfüllenden Aktivitäten nachgehen. Alter bietet die Freiheit, genau das zu tun! Familien, Nachbarschaften und Ehrenämter können von dieser Freiheit profitieren, und sie tun es bereits in großer Zahl. Warum nicht auch unsere Unternehmen?«

Es geht den länger Arbeitenden darum, im weitesten Sinne produktiv zu sein, etwas Sinnvolles zu tun, eine Aufgabe zu haben. Sie genießen die Anerkennung, die sie dafür bekommen. Auch den Status, der damit verbunden sein kann. Will sich jemand darüber erheben und von außen urteilen, diese Menschen müssten doch etwas Besseres in ihrem Leben haben als Arbeit? Haben sie vielleicht auch – und sehen die Arbeit als willkommene Ergänzung.

Selbst das Alter ist mit Kreativität verbunden, betont Andreas Kruse. Es ist nie zu spät, etwas Neues anzufangen und das Leben bis zum letzten Moment zu gestalten. »Es geht dabei um Selbstgestaltung: Was kann man für die eigene Entwicklung tun? Und um Weltgestaltung: Vielleicht kannst du Expertise weitergeben. Wenn man den Menschen von heute auf morgen die Tür zuschlägt, fühlen sie sich nicht mehr gebraucht. Es ist ein psychologisch verheerendes Signal, wenn Leuten mit 65 demonstriert wird, sie sind auf einen Schlag zu nix zu gebrauchen.«

Besonders verheerend ist das, weil der Wunsch, gebraucht

zu werden, im Alter eher intensiver wird. Vielleicht, weil manches ja tatsächlich beschwerlicher wird. Und das vorherrschende Zerrbild einem suggeriert, man sei zu nichts mehr zu gebrauchen. Die Tätigkeit dient dann als Selbstvergewisserung. Vielleicht ist da der Wunsch, zu beweisen, dass man auch in dieser neuen digitalen Ära mithalten kann, die so vieles verändert. Zu beweisen, dass all die eigene Erfahrung kein Abfall auf einer Floppy Disk eines untergegangenen Zeitalters ist, sondern einen Wert darstellt.

Daneben existiert das Kümmernwollen. Etwas für andere Menschen tun. Die Lage anderer verbessern. Etwas für andere zu tun kann für einen selbst im Alter wichtiger werden als vorher.

Ob Selbstbehauptung oder Kümmernwollen: Die Älteren wollen das Gefühl haben, die Welt mitzugestalten. Das Gefühl, zur Gesellschaft dazuzugehören, ist eine Voraussetzung dafür, positiv zu altern. Kruse hat aus seiner Forschung gelernt, dass es Menschen bis ins hohe Alter wichtig ist, sich als Teil von sozialen Beziehungen zu begreifen. Und in Strukturen integriert zu sein, in denen es um Sorge geht. Nicht nur, dass sich um einen gesorgt wird. Sondern auch sich selbst um andere zu sorgen. Mit einem gleitenden Übergang von Vollzeit in etwas Arbeiten bleibt man dabei.

»Firmen müssten die Arbeitswelt so ändern, dass die Erfahrung der Alten geschätzt wird«, verlangt Kruse. So wie der Ex-Mitarbeiter, den der Bosch-Konzern immer wieder zurück ins Unternehmen holt, um bestimmte Projekte umzusetzen. »Die Wertschätzung ist zentral.« Nicht mehr gebraucht zu werden, berichtet Loring Sittler aus der Generali-Altersstudie, macht viele Senioren regelrecht krank.

Länger arbeiten kann ein Ausweg daraus sein, wie Menschen in Deutschland schematisch mit einem Schlag aufs Abstellgleis geschoben werden – oder sich zumindest geschoben fühlen. Moritz Heß von der TU Dortmund berichtet aus seiner Forschung von einer ganzen Reihe Gründen, die Ältere bewegen, tätig zu bleiben. Klar: das Gefühl, gebraucht zu werden. Der Wunsch, etwas Sinnvolles zu tun. Aber auch Spaß an der Arbeit. Soziale Kontakte halten. Deshalb wäre längeres Arbeiten für viele Deutsche sinnstiftend, glaubt er.

Sinnstiftend ist kein zu großes Wort. Auch wenn die heutigen Senioren so viel mobiler sind: Das Alter ist eine Zeit, in der Gewissheiten abnehmen. Das Gefühl, über den eigenen Körper verfügen zu können wie über eine Maschine. Das Gefühl, für andere Menschen attraktiv zu sein. Das Gefühl, dass alle Bekannten, Freunde oder Familienmitglieder wie selbstverständlich neben einem leben. Das Gefühl, der Tod ist unendlich entfernt. Alle diese vermeintlichen Gewissheiten können auch mit 30 oder 40 schwinden, doch im Alter ist es wahrscheinlicher. Und da kann, wie Beziehungen oder Lieblingsbeschäftigungen, auch das Arbeiten einen Ausgleich bieten. Sinn auffüllen, wo anderer verloren geht.

In diesem Licht gewinnt die Bezahlung eine andere Bedeutung. Wie schon gezeigt, drängt ja nur wenige wirkliche Not zum Weiterarbeiten. Für die große Mehrheit spielt das Geld auch eine Rolle, nur anders. Es ermöglicht Ausgaben. Es signalisiert eine Anerkennung für das Geleistete. Es steigert den Selbstwert, auch, indem es die finanzielle Autonomie vergrößert.

Junge, nicht so ernst, würde Dieter Hallervorden jetzt vielleicht rufen: Es geht doch um den Spaß. Ihm jedenfalls. Wer den Schauspieler nach dem späten Arbeiten fragt, so wie ich es vor einigen Jahren tat, mit dem möchte Hallervorden nicht reden. Er hat einfach zu viel zu tun. Er bereitet eine Premiere vor. Vielleicht hat er auch keine Lust, er hat ja genug Journalistenfragen erduldet, jahrzehntelang. Statt sich interviewen zu lassen, schickt der damals fast Achtzigjährige nach einer Weile folgenden Text: »Was mich innerlich feixen lässt, sind die verwunderten Anfragen, warum ich in meinem fortgeschrittenen Alter denn noch arbeite. Eigentlich ist das ganz einfach zu beantworten: Mein Beruf ist aus einem Hobby entstanden – und wer gibt schon gern sein Hobby aus freien Stücken auf? Und was wäre denn die Alternative? Ich verspüre beispielsweise keinerlei Lust, mithilfe einer Nagelschere als pedantischer Pingelfritze Rasenrabatten zu begradigen. Es würde mich auch tierisch langweilen, kleine Segelboote in Weinflaschen zu stopfen! In mir wohnt einfach ein ausgeprägter Aktionsdrang. Ich habe eine unbändige Lust, etwas Neues auszuprobieren, ich liebe Herausforderungen – noch mehr natürlich deren Bewältigung! Mit 64 Jahren habe ich zum Beispiel dem von mir 1960 gegründeten Kabarett ›Die Wühlmäuse‹ ein neues Zuhause gegeben, indem ich einen Theatersaal komplett mit eigenen Mitteln restaurierte. 2009 habe ich im Alter von 74 Jahren das traditionsreiche Berliner Schlosspark Theater – wiederum aus eigener Tasche – aus dem Dornröschenschlaf erweckt. Mittlerweile gehen wir erfolgreich in die sechste Spielzeit. Seit 56 Jahren stehe ich nun schon auf der Bühne, und wenn einem die Zuschauer über eine so lange Zeit die Treue halten, motiviert das natürlich zusätzlich. Gut, manchmal packe ich mir tatsächlich zu viel auf die Schultern, aber dann halte ich mich an den Rat von Abraham Lincoln. Der meinte: ›Halte dir jeden Tag dreißig Minuten für deine Sorgen frei und mache in dieser Zeit ein Nickerchen!‹«[4]

Es gibt also viele Motive, länger zu arbeiten. Deshalb sollten jene, die es möchten, es auch dürfen. Als Teil ihrer Selbstbestimmung. Aber vielen wird das verwehrt. Die Debatte darüber, was sie daran hindert und wie diese Schranken überwunden werden, findet allerdings woanders statt – nicht in der Bundesrepublik.

In Deutschland wird früher Ruhestand als Errungenschaft betrachtet. In angelsächsischen Ländern wird er oft als Altersdiskriminierung eingestuft. »In den USA wird das Rentenalter aus der Perspektive gesehen, dass niemand wegen seines Alters diskriminiert werden darf«, sagt Simone Scherger. Ein normierter Ruhestand mit 65 bedeutet demnach, dass Menschen wegen ihres Alters abgestempelt werden. Jeder soll so lange arbeiten können, wie er will. Diese Perspektive erklärt sich auch daraus, dass die soziale Absicherung in den Vereinigten Staaten schlechter ist. Länger tätig sein ist hier für mehr Menschen finanziell notwendig. Aber es geht nicht nur um diese Bürger. Sondern auch um mehr Selbstbestimmung für die anderen. Die USA hatten schon in den Achtzigerjahren ein Gesetz, wonach niemand wegen seines Alters gezwungen werden darf, aufzuhören.

Viele Amerikaner haben eine andere Einstellung als die Deutschen, so erlebt es der Deutsch-Amerikaner Loring Sittler. »Sie sagen: Ich möchte im Alter etwas tun. Das ist für mein Selbstwertgefühl wichtig. Bei den Deutschen heißt es gleich: Ich werde ausgebeutet.« Sittler stellt sich deshalb vor, dass in Deutschland der Arbeitsbegriff wesentlich positiver aufgeladen werden müsste.

Mit dem Wandel von mehrheitlich körperlicher Schufterei zu mehrheitlich angenehmeren Jobs verändert sich alles. Arbeiten bis zu einem gewissen Alter verliert den Schrecken. Dann sollten die Menschen auch wirklich selbst bestimmen, wann sie aufhören wollen. Und nicht Unternehmen, die gerne jeden über einen Ruhestandskamm scheren, weil das für sie bequem ist. Auch nicht Gewerkschaften, die die Minderheit der körperlich Ausgelaugten auf alle projizieren und einen deshalb vor vermeintlicher Ausbeutung schützen wollen, die angeblich mit 65 Jahren und einem Tag beginnt.

Natürlich gehört zur Selbstbestimmung, dass man nicht mehr arbeiten muss, wenn man nicht mehr kann. (Dazu mehr im Kapitel *Angebote an Belastete.*) Selbstbestimmung bedeutet auch, dass jene aufhören können, die länger arbeiten können, aber nicht wollen. Mit moderaten Abzügen von der Rente, weil es sonst unfinanzierbar wird. (Dazu mehr im Kapitel *Wie länger arbeiten funktioniert.*)

Für die vielen anderen, die länger arbeiten können und wollen, bedeutet Selbstbestimmung: länger arbeiten dürfen. Die Unternehmen müssten aufhören, die Ruhestandsnorm zu exekutieren – und Arbeitnehmern bieten, was sie immer von ihnen verlangen: Flexibilität. Weiterbeschäftigung auf Wunsch statt Einheitsbehandlung, bei dem alle zum selben Datum ausscheiden. Angesichts schrumpfender Bevölkerung und Fachkräftemangels haben die Firmen selbst großes Interesse daran, ihren Kurs zu ändern. Die Politik müsste die Arbeitnehmer bei der Selbstbestimmung unterstützen und die Unternehmen drängen, Beschäftigung im Alter anzubieten. Denn viele ältere Beschäftigte sind darauf angewiesen. Sie können nicht einfach weitersingen wie Roberto Blanco.

Der Wahnsinn der mittleren Jahre

Statt zu schlafen, liegt Marie Berg wach und denkt an morgen. Sie war vorhin zu faul, noch das Schwimmzeug für den Fünfjährigen zu packen. Eine Sache mehr, wenn es morgen früh sowieso hektisch wird. Ihr Mann wird bereits unterwegs zum Flughafen sein, sie muss die Kinder ohne ihn auf den Weg bringen. Die Kita hat schon dreimal neue Windeln für die Zweijährige angemahnt. Um neun Uhr ist die Konferenz mit dem Oberlogistiker. Die Folien ihres Kollegen waren gestern noch nix, die will sie vor dem Meeting unbedingt kontrollieren. Aber reicht die Zeit dafür, falls die Kinder beim Anziehen trödeln, gerade *weil* es schnell gehen soll? Was ist, falls sie morgen auch auf der neuen Ausweichroute im Stau stehen? Warum schnarcht der Ehemann friedlich, während sie sich diese Gedanken schon wieder alleine macht? Und überhaupt, wann waren sie das letzte Mal zusammen essen, nur sie beide?[1]

Moderne Paare wollen alles, verständlicherweise: einen Beruf für ihn, einen Beruf für sie, Kinder – und eine romantische Beziehung. Häufig sind schon die ersten drei Dinge kaum unter einen Hut zu kriegen. Dann fühlt sich das Leben an wie eine Verfolgungsjagd auf der Überholspur. Eine Rushhour, die sieben Tage die Woche anhält. Der Wahnsinn der mittleren Jahre zwischen 30 und 50.

Morgen will Marie Berg ihre Kinder spätestens um fünf aus der Kita abholen, weil sie findet, dass es sonst für die Zweijährige zu lang ist. Aber einer jener männlichen Vorgesetzten, die ihre Arbeitswut nicht von dem Nachwuchs tangieren lassen, der von den silbergerahmten Fotos auf dem Schreibtisch lächelt, hat eine Besprechung für halb fünf angesetzt. Das wird also nichts.

Schafft sie es, was mit Gemüse zu kochen statt der ewigen

Nudeln – und um 18 Uhr beim Elternabend zu sein? Da geht es um Lerntechniken für die bald beginnende Schule. Sie sorgt sich, dass der Fünfjährige bei jedem Spiel nach einer Minute aufspringt. Dass er sich generell schlecht konzentriert, dass er Probleme haben wird. Wird sie sich nachmittags mit ihm hinsetzen können? Sollte sie nicht doch auf Teilzeit gehen? Andererseits weiß sie, wie die Karrieren der Teilzeitkolleginnen versanden.

In Deutschland ist es neu, dass beide Eltern arbeiten. Jahrzehntelang dominierte die konservative Alleinverdienerehe, die Trennung zwischen Beruf (er) und Haushalt & Kinder (sie). Die Frau muss doch nicht arbeiten gehen, hieß es. *Sie muss ihm doch den Rücken freihalten.*

1980 war nicht einmal jede zweite westdeutsche Frau berufstätig. Inzwischen sind es mehr als 70 Prozent. Die Bundesrepublik vollzieht damit nur nach, was in Frankreich, Belgien oder Skandinavien längst normal ist. Der Wandel schafft jede Menge Herausforderungen. Wie in diesem Kapitel erklärt werden soll, lassen die sich leichter bewältigen, wenn die Lebensarbeitszeit über 65 gestreckt wird. Denn moderne Paare gehen oft im Wahnsinn der mittleren Jahre unter. Gerade wenn die Frau nicht nur ein paar Stunden in der Parfümerie um die Ecke aushilft, sondern völlig zu Recht berufliche Entwicklung, ein ernsthaftes Gehalt und eine entsprechende Rente anstrebt. Dies alles erfordert in Deutschland – entgegen aller politischen Lippenbekenntnisse – meist immer noch, Vollzeit zu arbeiten. Und nötigt dann Mutter und Vater, Beruf, Kinder und alles andere miteinander zu vereinbaren.

»Vereinbarkeit ist ein beschönigendes Wort für etwas, das sich in Wirklichkeit oft anfühlt wie Zerrissenheit«, analysiert die Autorin Eva Corino. »Heute fällt die Zeit der Familiengründung mit der beruflichen Profilierung beider Eltern zusammen. Zeitnot und das ständige Gefühl von Überforderung sind die Folge. Kinder, Partnerschaft: ein logistisches Problem statt ein Glücksversprechen! Am Arbeitsplatz muss man so funktionieren, als hätte man keine familiären Aufgaben.«[2]

Die Alleinverdienerehe lebt in den Köpfen von Vätern und Personalchefs weiter. Männer nehmen Elternzeit, aber nur kurz. Um beruflich aufzusteigen, überlassen sie Haushalt und Kinder immer noch stark ihrer Frau, selbst wenn diese ebenso viel arbeitet. So wird aus der modernen Doppelverdienerehe für die Mutter ein Doppelschichtleben: erst der Beruf, ab spätem Nachmittag der ganze Rest. Vielleicht noch mit Kindern, die nach langer Fremdbetreuung besonders bockig oder bedürftig sind, was meist dasselbe ist.

Die faire Alternative wäre, dass der Mann sich zu Hause ebenso engagiert. Dann geraten leicht beide Partner an den Rand der Erschöpfung. Und streiten sich, wer dran ist, die Kinder zur Geburtstagsparty zu fahren oder zu waschen – und ob diese Dienstreise auch noch sein muss. Der Streit nagt an der Beziehung, sagt Marie Berg. Manchmal wünscht sie sich die klaren Verhältnisse von früher zurück. Gleichzeitig fühlt sie, dass sie unglücklich wäre als eine, die ihm den Rücken freihält. »Was für eine Vorstellung!« Sie schaudert.

Also Modell Nummer drei: Aufgaben auslagern. An Babysitter, Kitas, Putzfrauen, Lieferservice, Au-pairs, Tagesmütter. Das kostet. Und Deutschland bestraft ja Zweitverdiener in der Ehe. Weil Vorteile wie Ehegattensplitting und kostenlose Mitversicherung in der Krankenkasse wegfallen, die der Geist der Fünfzigerjahre auch noch heute für die Alleinverdienerehe reservieren darf. Deshalb zehren die Ausgaben fürs Auslagern schnell das Gehalt des Zweitverdieners auf. Und der konservative Mann fragt: »Lohnt es, dass du arbeitest?« Wo doch Marie Berg nur Referentin ist, obwohl sie BWL studiert hat.[3]

Das mit dem Elternabend morgen klappt nur, wenn der Mann rechtzeitig von der Dienstreise zurückkehrt, um auf die Kinder aufzupassen. Weniger stressig für beide Eltern wäre es, wenn ein Babysitter sie von der Kita abholt und später ins Bett bringt. Die Schülerin, die normalerweise aufpasst, hat aber wieder abgesagt. Jemand Zuverlässigeres wäre teurer. Da stellt sich erneut die Geldfrage.

Auslagern wirft noch andere Fragen auf als nur das Geld, schildert die amerikanische Soziologin Arlie Russell Hochschild in ihrem Buch *The Outsourced Self*. »Was passiert, wenn wir andere Leute dafür bezahlen, dass sie unser Leben leben? Das Kleinkind? Zack, zur Tagesmutter. Der demente Opa? Zack, ins Altenheim. Die kriselnde Ehe? Zack, zum Therapeuten. Das warme Mittagessen? Wird in verschiedenen Kantinen eingenommen. Die Herbstferien? Gestaltet der Trainer im Fußballcamp. Bedeutet Familienmanagement dann nicht, dass immer weniger Familie und immer mehr Management stattfindet? Sehr viel Organisation rings um eine leere Mitte? Und wenn die Kinder flügge werden und aus dem Nest hüpfen, sind die Eltern plötzlich traurig. Weil sie nicht richtig satt geworden sind als Mütter oder Väter. Weil sie die Erfahrung, für Kinder zu sorgen, doch gerne mehr ausgekostet hätten.«[4]

Alle drei Modelle haben ihre Probleme, genau wie eine Kombination. Im Wahnsinn der mittleren Jahre ballt sich vieles, womöglich noch ein Hausbau. In einer alternden Gesellschaft wird es künftig noch mehr sein. Mit 40 beginnen die Sorgen um die eigenen Eltern, um Alter und Pflege.

Moderne Paare würden ungemein profitieren, wenn ihr Leben entschleunigt würde, indem ihr Berufsweg flexibler wird. Während die Kinder kleiner sind, ein paar Jahre weniger arbeiten, ohne gleich auf eine Karriere verzichten zu müssen. Unternehmen und Politiker sind gefordert, modernen Paaren zu helfen, bevor sie in der Rushhour des Lebens aufgerieben werden. Was noch gar nicht diskutiert wird: Dabei könnte längeres Arbeiten einen Beitrag leisten.

Im Moment stehen meist nur problematische Alternativen zur Wahl. Wer Kinder hat und gern Zeit mit ihnen verbringt, muss sich beruflich bremsen und landet finanziell auf dem Abstellgleis. Oder man hat zu wenig Zeit für die Kinder. Oder entscheidet sich ganz gegen Kinder und bereut das später womöglich schwer. Oder entscheidet sich ganz gegen den Beruf, hängt finanziell vom Partner ab und ist nach einer Trennung arm.

Warum geht nicht Beruf *und* Kinder, ohne eines davon vernachlässigen zu müssen? »Warum soll es nicht beiden Eltern möglich sein, eine Reihe von Jahren mit halber Kraft zu arbeiten, dafür aber deutlich länger als bis zum 63. oder 65. oder 67. Lebensjahr?«, fragt der Autor Werner van Bebber.[5]

Eltern könnten in den Jahren mehr mit ihren Kindern sein, in denen beide Seiten besonders viel davon haben. Die Kinder, die ihre Eltern lieben und brauchen. Und die Eltern, denen die Kinder Sinn vermitteln in einer materialistischen Tempowelt. »Das kindliche Zeitempfinden ist wie ein langsamer, ruhiger Fluss«, schreibt Eva Corino. »Es ist schön, wenn Eltern die Gelegenheit haben, mit offenen Augen an seinem Ufer entlangzugehen – und wartend zu sehen, wie lange ihre Kinder spielen, streunen, staunen, toben, trödeln und träumen wollen. Aber wenn alles gleichzeitig stattfinden muss, die Familiengründung und die berufliche Profilierung von beiden Eltern, dann heißt das auch, dass sie diese Gelegenheit nicht mehr haben. Und dass die Kindheit ihren freien und fließenden Charakter verliert. Wenn Vater und Mutter zu jedem Zeitpunkt ihres Lebens Erwerbstätigkeit und Erziehungsleistung kombinieren wollen, dann kombinieren sie auch den Stress aus beiden Bereichen: den Stress der durchwachten Nächte, der streitenden Geschwister, der Trotzanfälle und der umgestoßenen Gläser. Den Stress der Deadlines, der ständigen Meetings, der Telefonate in überfüllten Zugabteilen, der hastig verschlungenen Brötchenhälften.«

Mehr mit den Kindern, in entspannter Form: was für eine schöne Vorstellung. Was für ein besserer Plan als das aktuelle Gehetze zwischen Vollzeit und Kindern oder späte Reue, die Kinder nicht erlebt zu haben. Wenn die Eltern ein paar Jahre mit halber Kraft arbeiten, fehlt ihnen aber Gehalt und Rente. Genau das lässt sich ausgleichen, wenn sie später länger arbeiten.

Wenn Eltern ihren Berufsweg so planen können, vermeiden sie die Rushhour. Länger arbeiten hilft all die finanziellen Fragen entspannen, die sich im Alter zwischen 30 und 50 auftürmen. Soll Marie Berg einen Master of Business Administration (MBA) machen, um Gehalt und Karriere auf die Sprünge zu verhelfen? Aber was ist mit dem Verdienstausfall? Und sie wollen doch eine Wohnung kaufen, wie die meisten Deutschen, um nicht Opfer steigender Mieten zu werden.[6]

Wer planen kann, dass er später länger arbeitet, kann all die Finanzfragen entspannter angehen. Das Berufsleben strecken wäre oft der bessere Lebensplan. Doch der normierte Ruhestand verhindert das. Beruf, Karriere, Kinder, Wohnungsfinanzierung, Elternsorge: Alles muss in den 35 bis 45 Jahren bis zum normierten Ruhestand stattfinden. Erst durchschuften, dann Ruheschlaff. Der Ausweg wäre mehr Flexibilität im Berufsleben, ein paar Jahre entschleunigen, Teilzeit ohne Karriereknick. Dafür müssten die Firmen mehr tun als heute – und von der Politik sowie den Gewerkschaften dazu gedrängt werden.

Kitaausbau, Elternzeit, das gesetzliche Rückkehrrecht von Teil- in Vollzeit, die befristete 28-Stunden-Woche im Tarifabschluss der IG Metall 2018: Das sind erste Schritte. Das müsste ausgebaut werden – und durch die Möglichkeit ergänzt, über den normierten Ruhestand hinaus zu arbeiten. Dann wird klar: Länger arbeiten ist keine neoliberale Ausbeutung. Sondern ein Weg zu einem zufriedenen Leben. Durch ein gestrecktes Berufsleben, das einen aus der Rushhour steuert.

In der Realität stecken die Eltern noch mittendrin. Eva Corino erzählt von einer Schulfreundin, 36, aufstrebende Ingenieurin wie ihr Mann. Sie managt einen Bahnhof, beaufsichtigt 230 Leute. »Sie hetzt früh los, um ihre beiden Kinder in die Krippe zu bringen, dann gleich ins Büro. Dort muss sie als Erstes die Gleisarbeiter beschwichtigen, denn für den kommenden Tag ist ein Streik angekündigt. Es folgt ein Meeting nach dem anderen. Um 17 Uhr hetzt sie zurück zur Krippe, um die Kinder abzuholen. Sie bugsiert die Babyschale in den Van, lässt ihre Aktentasche auf dem Autodach liegen und merkt erst zu Hause, dass sie fehlt. Sie kehrt um, findet sie, macht noch ein paar Einkäufe, kocht ein warmes Abendessen, badet die Kinder, schläft beim Vorlesen in Kleidern ein, wacht um Mitternacht wieder auf und spült die schmutzigen Töpfe ab.«

Corino, Mutter von vier Kindern, warnt vor dem Gleichzeitigkeitswahn, zu glauben, dass moderne Mütter all das gleichzeitig leisten könnten, was sie leisten sollen. Für das Scheitern jeder zweiten Ehe macht sie auch die Druckzustände in der Rushhour verantwortlich. Und die unrealistischen Vorstellungen von Vereinbarkeit, denen nur Superfrauen gerecht werden könnten – was alle echten Frauen zu Versagerinnen stempelt. Die Kinderlosen, weil sie das Rentensystem gefährden. Die hauptberuflichen Mütter, weil sie nichts in die Rentenkasse einzahlen. Die Berufstätigen, weil sie im Büro weniger verfügbar sind als andere und gleichzeitig ihren Kindern weniger Aufmerksamkeit schenken als andere.

Die Belastungen sind heute über das Lebensalter seltsam ungleich verteilt. Die mit wenig Verpflichtungen einhergehende Pubertät wird in die Länge gezogen. Genauso die entspannte Zeit, bevor Paare Kinder kriegen. Vielleicht erklärt sich dieses Zögern aus dem Stress, den dann der Wahnsinn der mittleren Jahre bringt.

Und danach kommt die übermäßige Entspannung des Ruheschlaffs. »Im Alter haben die meisten Menschen weniger Verantwortung, als gut für sie wäre«, erkennt Eva Corino.

Ein starkes Argument, das Berufsleben zu strecken. Nicht alles in die Jahre zwischen 30 und 50 zu packen. Sich durch späteres längeres Arbeiten Zeit zu schaffen. Zum Beispiel für Sport, der einen fit hält und glücklicher altern lässt. Oder für längere Reisen mit den Kindern, in denen die Familie zusammenwächst. Oder dafür, Freundschaften zu pflegen, kulturelle Interessen, Hobbys. Dinge, die die späteren Lebensphasen verschönern, in denen man mehr Freizeit hat. Der Fantasie sind keine Grenzen gesetzt – außer jenen, die wir ihr bisher selbst setzen.

»Auch die Verteilung von Arbeitszeit im Lebenslauf und tradierte Beförderungsmuster sind grundsätzlich zu überdenken«, fordert Joachim Gauck. »Es muss nicht dabei bleiben, dass 40 als magisches Alter für den Aufstieg gilt. Motto: Wer es bis dahin nicht geschafft hat, kann einpacken. Es muss auch nicht dabei bleiben, dass junge Eltern in der Rushhour des Lebens, zwischen 30 und 40, mit Kindern und Karriere systematisch überfordert werden. Auch mit 50 oder 60 kann man aufsteigen und Führungspositionen erreichen. Eine der wichtigsten Botschaften des demografischen Wandels heißt doch: Wir gewinnen Lebenszeit. Es geht darum, diese Zeit sinnvoll zu nutzen und zu verteilen.«

Eva Corino wirbt in ihrem neuen Buch *Vom gelasseneren Umgang mit Familie und Beruf* für ein Nacheinander-Prinzip:

die Kinder in Ruhe begleiten, ohne dafür komplett auf den Beruf zu verzichten und mit zwei Jahrzehnten der Langeweile zu büßen. Und dann eben länger im Beruf bleiben. »Viele Arbeitnehmer können und wollen länger arbeiten und gesellschaftliche Verantwortung übernehmen. Deshalb sollte man das Alter für den Renteneintritt hochsetzen und zugleich flexibilisieren. Das höhere Renteneintrittsalter ist gut für das Nacheinander-Prinzip, weil es sich dann noch mehr lohnt, in den Wiedereinstieg nach Familienphasen zu investieren. Es lohnt sich für die Mütter, die Väter, den Staat und die Unternehmen.«[7]

Marie Bach ist noch im Wahnsinn der mittleren Jahre gefangen. Teilzeit und Karriereknick? Oder weiter der ganze Stress plus das schlechte Gewissen, den Kindern nicht gerecht zu werden? Ich selbst habe vier Kinder, sie sind drei, fünf, siebzehn und neunzehn. Als die ersten beiden klein waren, Anfang der Nullerjahre, existierte noch nicht mal Elternzeit – Väter hatten im Beruf zu funktionieren, Punkt. Eine Vollzeit-Kinderfrau deckte die Vollzeiten der Eltern ab. Mehr Zeit mit den Kleinen wäre schön gewesen. Heute ist es mit dem Drei- und Fünfjährigen leichter. Wegen der Kinder hin und wieder früher zu gehen ist kein Sakrileg wie damals; die Teilzeit meiner neuen Frau ist nicht mehr automatisch ein Karriereknick wie damals. Trotzdem bleiben Zeit für die Kinder und zwei anspruchsvolle Jobs schwer zu vereinbaren.

Modernen Paaren fehlt politische Unterstützung. Noch immer fehlt finanzielle Hilfe, wenn Eltern ein paar Jahre den Beruf herunterschrauben. Noch immer kann eine Teilzeit einen Karriereknick bedeuten. Noch immer kosten Kitas viel. Und längeres Arbeiten lehnen die Parteien sowieso ab. Dabei lässt sich das Berufsleben ja erst jetzt nach individuellen Bedürfnissen strecken, da die Deutschen über 80 werden.[8]

Stattdessen werden moderne Paare in die Rushhour gedrängt. Oder in andere schlechte Alternativen, die nicht nur ihnen Nachteil bescheren, sondern auch der Volkswirtschaft. Wenn Mütter ohne Beruf bleiben, wird ihre Qualifikation verschwendet und das Bruttoinlandsprodukt reduziert – und sie benötigen nach einer Trennung Sozialleistungen. Wenn Mütter (oder Väter) in Teilzeitjobs versanden, tragen sie ebenfalls weniger zur Wirtschaftsleistung bei. Verzichten Paare lieber auf Kinder, wird ihr Leben grauer und die Rentenkasse leerer.

Es wird Zeit, modernen Paaren zu helfen, bevor sie der Wahnsinn der mittleren Jahre zerreibt.

Sechs Schritte an den Abgrund des Rentensystems

Länger zu arbeiten hilft, ein Rentensystem zu stabilisieren, das angegriffen ist. Die Alterung erschwert, die Renten mit dem allgemeinen Lebensstandard der Deutschen steigen zu lassen. Das liegt an einer höheren Lebenserwartung und zu wenig Babys. Deutschland altert mit den geburtenstarken Jahrgängen, die demnächst in den Ruhestand gehen. Aber das ist nicht die einzige Schwierigkeit.

Weitere Entwicklungen und Defizite gefährden, dass Menschen künftig anständige Renten bekommen. Vor allem bestimmte Risikogruppen. Manches davon ist politisch verschuldet, manches gesellschaftlich, anderes hängt mit der Globalisierung zusammen. Um diese Belastungen, die die Probleme des Rentensystems verschärfen, geht es hier. Im Kapitel *Umsteuern* skizziere ich dann, wie sich im Kern auf die Alterungsprobleme antworten lässt. Und das letzte Kapitel liefert einen 7-Punkte-Plan, um das Alterssystem insgesamt zu reparieren. Gerade die nun folgenden Defizite:

1. Geschenke an gut versorgte Senioren

Vergangenes Jahr konnten sich Deutschlands über 20 Millionen Ruheständler freuen: Ihre Renten nahmen um mehr als drei Prozent zu. Auch dieses Jahr werden sie um mehr als drei Prozent steigen. So ein Lohnplus hätten viele Arbeitnehmer auch gerne. In den vergangenen fünf Jahren stiegen die Altersbezüge meist um zwei Prozent, positiv nach mancher Nullrunde in den wirtschaftlich schwierigen Nullerjahren.

Ein früherer Durchschnittsverdiener bekommt heute jeden Monat über 1400 Euro Standardrente. Jahrhundertelang war Armut im Alter eine große Sorge. Heute beantragen nur drei Prozent der Ruheständler Sozialhilfe. Altersarmut könnte zwar in Zukunft ein größeres Problem werden, heute aber sind deutlich weniger Senioren arm als Bürger in anderen Altersgruppen. Kinder etwa leben viel öfter prekär. In der Gesamtbevölkerung sind 16 Prozent von Armut gefährdet.

Das alles belegt, dass die meisten heutigen Senioren gut versorgt sind. Sie werden es auch die nächste Zeit sein. Wenn die Löhne weiter steigen wie in der Vergangenheit, können sich die Ruheständler auf etwa 2,5 Prozent mehr im Jahr freuen – wahrhaft gute Aussichten.[1]

Für die nächsten Generationen sind die Aussichten weniger gut. »Wir glauben, dass die Welle der reichen Rentner nur noch etwa 15 Jahre anhält«, warnt Andreas Kruse. »Die nachfolgenden Jahrgänge werden im Durchschnitt nicht mehr diese hohen Mittel haben. Natürlich wird es auch dann noch gut ausgestattete Generationen geben. Aber wir beobachten eben auch die finanziellen Risikofälle, die ins Rentenalter kommen. Wir rechnen in Zukunft also mit deutlich höheren sozialen Ungleichheiten.«[2]

Die Senioren von heute erlebten meist noch einen durchgehend guten Arbeitsmarkt, sie begannen ihr Berufsleben im Wirtschaftswunder. Die nach ihnen erlebten öfter Arbeitslosigkeit. Ab Mitte der Siebzigerjahre hinterließen Rezessionen ihren Stempel auf der Volkswirtschaft. Nach der Wiedervereinigung verloren Millionen Ostdeutsche ihren Job.

Wer mal arbeitslos war oder wessen Lohn mager ausfällt, muss mit weniger Altersbezügen auskommen. Ein guter Teil der Rentner von morgen wird weniger haben als die Rentner von heute. Gleichzeitig sinken wegen der Alterung für alle die

Ruhestandsbezüge im Vergleich zur Lohnentwicklung, wie sich am sinkenden Rentenniveau ablesen lässt. Die Ruheständler werden von der Verbesserung des Lebensstandards abgehängt.

Das spricht dafür, die Alterskassen aufzufüllen, um den Rentnern von morgen zu helfen. Stattdessen tun die Politiker genau das Gegenteil. Sie greifen in die Kasse: Sie spendieren den im Regelfall gut versorgten Senioren von heute Wohltaten, die das Rentensystem aushöhlen.

So beschloss die Große Koalition 2013 auf Wunsch der SPD, langjährigen Arbeitnehmern einen Ruhestand schon ab 63 zu bescheren – bei vollen Altersbezügen. Das kostet bis 2030 etwa 40 Milliarden Euro. Auf Wunsch der CSU wurde Müttern älterer Kinder ein Rentenaufschlag gewährt, was zusätzlich sieben Milliarden Euro kostet – pro Jahr. Zusammen sind das etwa 150, nach manchen Schätzungen sogar mehr als 200 Milliarden Euro.

Die neue Große Koalition macht so weiter. Wiederum auf Wunsch der CSU mit einer Mütterrente II, die allein bis 2025 zusätzlich 26 Milliarden Euro kosten wird. Weshalb den Arbeitnehmern dieses Jahr gleich mal verweigert wird, ihren Rentenbeitrag zu reduzieren, was sonst möglich gewesen wäre.

Rente mit 63 und Mütterrente: Bezahlen müssen diese Wohltaten für eine gut versorgte Seniorengeneration Arbeitnehmer, Steuerzahler und künftige Generationen – die es im Alter häufig nicht so bequem haben werden.[3]

Warum SPD und Union so etwas tun, liegt auf der Hand. Die 20 Millionen aktuellen Ruheständler sind eine wichtige Wählergruppe. Während andere Altersgruppen bei ihrer Wahlentscheidung viele Themen bedenken, spielt für Ruheständler die Rente eine entscheidende Rolle dafür, wo sie ihr Kreuzchen machen.

Was SPD und Union da tun, ist billiger Wählerfang – und eine Ohrfeige für alle jungen und mittelalten Deutschen.

2. Privilegien für Selbstständige und Beamte

Zwischen den Deutschen gibt es im Alter sehr große Unterschiede. Normale Arbeitnehmer, die große Mehrheit, haben keine Wahl. Sie müssen in die Umlage der Rentenversicherung einzahlen. Also darauf vertrauen, dass die Politik die Alterung in den Griff bekommt und die Beschäftigten von morgen ihnen anständige Altersbezüge finanzieren. Viele Selbstständige dagegen dürfen selbst entscheiden. Sie können in die Rentenversicherung. Oder sie entziehen sich der Umlage und setzen stattdessen auf den Kapitalmarkt, wo Aktien oder Immobilien gute Erträge versprechen. Ärzte, Anwälte oder Architekten zahlen pflichtmäßig in Versorgungswerke ein, die teils deutlich höhere Altersbezüge bringen als die gesetzlichen Renten (sie nutzen auch den Kapitalmarkt). Und dann sind da noch knapp zwei Millionen Beamte, die für ihr Alter selbst wenig einzahlen – aber später deutlich mehr bekommen als normale Ruheständler.

Das sind seltsame Privilegien in einer Zeit, da das Alterssystem dringend reformiert werden muss. Da haben sich Ungerechtigkeiten herausgebildet, die sich nicht rechtfertigen lassen. Die Gutverdiener unter den Selbstständigen sorgen privat vor und haben im Alter viel. Oder sie nutzen Versorgungswerke voller anderer Gutverdiener, die der Masse der Arbeitnehmer versperrt bleiben. Wegen ihrer Sonderrechte leisten sie keinen Beitrag gegen die Alterungsprobleme der ganzen Gesellschaft.

Wer als Selbstständiger dagegen nicht vorsorgt oder in finanzielle Not gerät, erhält im Alter eine Art Sozialhilfe. Die Allgemeinheit kommt also für ihn auf.

Dieses Problem wächst seit Jahren, weil die Zahl der Selbstständigen wächst. Häufig findet jemand keine Anstellung und macht dann als Einzelkämpfer einen kleinen Handwerksbetrieb auf, einen Friseursalon, ein Nagelstudio. Häufig erleiden die Einzelkämpfer Schiffbruch. Oder sie werden als scheinselbstständige Kurierfahrer oder Klickarbeiter schlecht bezahlt. Die Zahl dieser Einzelkämpfer verdoppelte sich auf fast 2,5 Millionen, einen besonderen Schub gab es nach den Hartz-Reformen. »Diese Gruppe hat oft im Alter nicht genug Geld«, berichtet der Wirtschaftsforscher Johannes Geyer. »Die sorgen nicht fürs Alter vor und landen am Ende in der Grundsicherung, die die Allgemeinheit bezahlt. Es ist ja auch ein Wettbewerbsvorteil zur Konkurrenz, wenn man ein Geschäft startet ohne die Kosten einer Vorsorge.« Mehr als die Hälfte der Einzelkämpfer scheint nicht fürs Alter abgesichert zu sein.[4]

Genauso fragwürdig sind die Sonderrechte der Beamten. Ihre Pensionen fallen weit höher aus als die gesetzlichen Renten, rechnet der Verband der Jungen Unternehmer in einer Analyse vor. Wer als Beamter das deutsche Durchschnittsgehalt verdiente, hat demnach 2200 Euro Pension im Monat – ein Arbeitnehmer in der freien Wirtschaft nur 1400 Euro. Über Altersbezüge von mehr als 1800 Euro verfügen mehr als 90 Prozent der Beamten, aber nur sieben Prozent der männlichen Arbeitnehmer in der freien Wirtschaft. Und 0,4 Prozent der Frauen. Dafür gehen die Beamten des Bundes im Schnitt eineinhalb Jahre früher in den Ruhestand als normale Arbeitnehmer.[5]

Ökonomen warnen seit Langem, dass hier eine Zeitbombe tickt. Denn Beamte zahlen kaum für ihre künftigen Pensionen ein. Auf den Staat rollt eine Kostenlawine zu. Allein für die

Beamten des Bundes summieren sich die absehbaren Pensionsausgaben auf mehr als 600 Milliarden Euro. Bisher hat die Bundesregierung dafür kaum etwas auf die hohe Kante gelegt. Bei den Bundesländern, die den Großteil der Beamten beschäftigen, ist die Situation noch brisanter. Zahlen wird der Steuerzahler. Also Millionen normale Arbeitnehmer, die von den Pensionen der Beamten nur träumen.[6]

Schon vor der Bundestagswahl 2013 forderte der damalige SPD-Spitzenkandidat Peer Steinbrück, die Pensionen an die Renten zu koppeln. Ökonomen lobten den Vorstoß. Er ging im Protest der Beamtenlobby unter.

Schon damals rechnete der Ökonom Bernd Raffelhüschen vor, die staatlichen Ausgaben für Ruhestandsgehälter würden binnen zehn Jahren von gut 30 auf gut 50 Milliarden Euro explodieren. Zahlbar jedes Jahr. Das ist mehr, als der Staat heute für die Kinder- und Jugendhilfe ausgibt.[7]

Raffelhüschen verweist auch auf die Nachteile, die Beamte haben. Sie dürfen nicht streiken, sie können jederzeit versetzt werden. Sie erhalten keine Betriebsrente. Außerdem fallen ihre Gehälter häufig niedriger aus als bei vergleichbarer Position in Unternehmen. Trotzdem hält er Reformen für dringend nötig. Seit Längerem bremst ein Nachhaltigkeitsfaktor den Anstieg der Renten, um die Kosten der Alterung der Gesellschaft zwischen Jung und Alt zu verteilen. Dies fordert Raffelhüschen auch für Pensionen, die so viel höher ausfallen als die normalen Renten.

Passiert ist seit Peer Steinbrücks Weckruf 2013: nichts.

3. Das Riester-Desaster

Nein, sagte Bundeskanzler Gerhard Schröder (SPD) damals 2002. Er wolle sich nicht gleich mit Reichskanzler Otto von Bismarck vergleichen, der den Deutschen das erste Mal überhaupt eine Alters- und Krankenversicherung bescherte. Nicht gleich Bismarck also. Aber große Worte fand Schröder dann schon für Schröder: »Was wir mit der Rente gemacht haben, ist für Deutschland wirklich eine gewaltige Leistung.« Später ergänzte er: »Mit der Einführung der kapitalgedeckten privaten Vorsorge als zweiter Säule der Alterssicherung haben wir eine Reform von historischer Dimension durchgesetzt.«[8]

Etwa 35 Millionen Deutsche dürfen Zuschüsse für eine Vorsorge per Riester-Rente in Anspruch nehmen. 2017 schlossen sie genau 23 neue Verträge ab. Quote 0,00007 Prozent. Wie das so ist mit historischen Reformen: Die Mühen der Ebene können ein Killer sein.[9]

Freundlicher ließe sich formulieren, dass da eine gute Idee in den Seilen hängt. Die rot-grüne Schröder-Regierung führte die Riester-Vorsorge ja ein, um Kürzungen bei den Renten zu kompensieren. Diese Kürzungen, politisch schwer umstritten, waren wegen der rapiden Alterung der Gesellschaft notwendig. Durch die Kürzungen sanken die Beiträge in die Rentenkasse, die ohne sie bis 2030 auf 26 Prozent des Bruttolohns steigen würden – das wäre für die Arbeitnehmer sehr teuer. Der erste Teil von Schröders Rentenpaket ist also ein Erfolg. Der zweite, Vorsorge gefördert durch staatliche Zuschüsse, ist es bislang nicht. Schröders zweite Säule der Alterssicherung steht noch nicht.

Dabei überzeugt die Idee, die Umlage von Arbeitnehmern an Senioren zu ergänzen, die in einer alternden Gesellschaft wankt. Die Geldanlage am Kapitalmarkt, vor allem in Aktien oder Immobilien, verspricht gute Erträge, auch über sehr lange Zeit. Internationale Ökonomen belegen, dass Aktien und Immobilien über 150 Jahre im Schnitt sieben Prozent Wertsteigerung abwarfen – pro Jahr. Solche Erträge würden das Alterssystem in schweren Zeiten stabilisieren.

Aber um die Rentenkürzungen auszugleichen, müssen die Bundesbürger eben auch vorsorgen. Doch nur jeder Dritte, der staatliche Zuschüsse zu einem Riester-Vertrag bekäme, hat einen abgeschlossen. Und nur wenige zahlen so viel in den Vertrag ein, dass sie den vollen Zuschuss erhalten. Das heißt: Nur jeder fünfte berechtigte Bürger spart hier so viel an, dass er damit später die Lücke in der gesetzlichen Rente ausgleichen kann. Auch sonst sorgen viele Bürger nicht fürs Alter vor.[10]

Das Riester-Desaster ist ein Lehrstück darüber, wie eine gute Idee durch eine finanzkräftige Lobby kaputt gemacht wird. Die Deutschen sind skeptisch gegenüber Riester geworden, weil die private Vorsorge in der Realität wenig Geld bringt. Das ist auch kein Wunder, denn ausgerechnet besonders lohnende Anlagen wie Aktien und Immobilien bleiben bei Riester meist außen vor. Aktuell sind etwa 900 Milliarden Euro in Lebensversicherungen angelegt. Der Anteil, der in Aktien fließt, ist verschwindend gering.[11]

Dabei werfen Aktien, wie beschrieben, langfristig sieben Prozent im Jahr ab. Viel mehr als Zinsanlagen, in denen Lebensversicherer traditionell das Geld der Kunden versanden lassen: Anleihen bringen langfristig nur ein bis zwei Prozent, Bankeinlagen noch viel weniger. Und die vermeintlich sicheren Zinsanlagen schwanken oft ähnlich wie Aktien, die drei- bis zwanzigmal so viel abwerfen. Sicher, an der Börse gibt es immer wieder Crashs. Doch langfristig, auf Sicht einiger Jahre, zahlen sich Aktien aus. Man ist versucht zu sagen: *Natürlich* wird mit Unternehmensanteilen besser verdient als mit Zinspapieren. Das Eigentum an Firmen bildet das Herzstück des Kapitalismus. Was versuchen die Kapitalisten, wenn nicht Geld zu verdienen?

Schuld am Riester-Desaster ist vor allem der Einfluss der Versicherer. Sie legen traditionell wenig in Aktien und Immobilien an – und sehen Riester als Gelegenheit, den Kunden Produkte mit hohen Gebühren unterzujubeln. Diese Gebühren sind der zweite Grund, warum Riester-Verträge so wenig bringen. Die Kosten sind im Extremfall fünffach höher, als die Regierung vorhersagt.[12]

»Eines sollten Sie ganz zu Beginn begreifen«, warnt der Finanzexperte Hermann-Josef Tenhagen, »als Sie damals den Vertrag unterschrieben haben, stimmten Sie zu, dass ein großer Teil Ihrer eigentlichen Sparsumme abgezweigt wird: Da ist zunächst einmal der Versicherungsvertrieb, der sein Geld bekommt. Dann deckt der Versicherer seine Kosten für die Verwaltung.«

»Privat bei der Rente vorsorgen – dieser Plan der Politik ist schiefgegangen«, analysiert Niels Nauhauser, Finanzexperte bei der Verbraucherzentrale Baden-Württemberg. »Riester & Co. bringen den Sparern kaum Rendite.« Nauhauser, Verbraucherschützer seit 20 Jahren, hat den Einfluss der Versicherer-Lobby schon oft beobachtet.[13]

Bei der Geburt der Riester-Rente zur Jahrtausendwende wollte die Bundesregierung den Finanzkonzernen gar nicht zu Willen sein. Sie plante kostengünstige Standardprodukte. Da drohten die Finanzkonzerne dem damaligen Sozialminister Walter Riester, dem Namensgeber der Vorsorge: In diesem Fall bieten wir keine Riester-Produkte an. Das hätte den Plan torpediert, eine zweite Säule der Alterssicherung als Kompensation für die Rentenkürzungen aufzubauen. Die Bundesregierung gab nach, die Versicherer eroberten den Markt mit ihrem Vertreterheer.

Das Ganze wird schlimmer, seit die Europäische Zentralbank die Leitzinsen auf null senkte, um Euro-Krisenstaaten zu helfen. Lebensversicherungen werfen noch weniger ab, die eingezahlten Beiträge verzinsen sich kaum.[14]

Um später im Alter den gewohnten Lebensstandard zu halten, muss ein dreißigjähriger Normalverdiener doppelt so viel Geld auf die hohe Kante legen wie Mitte der Nullerjahre. Fachleute schätzen, dass man im Ruhestand bis zu 80 Prozent seines früheren Nettogehalts braucht, um seinen Lebensstandard zu halten – manche Kosten fallen ja weg. Aber um inklusive Rente auf diese 80 Prozent zu kommen, müssten heute Dreißigjährige etwa ein Viertel bis die Hälfte ihres Nettogehalts ansparen, je nachdem, ob sie heute mit der Vorsorge anfangen oder später. Das erscheint in vielen Fällen illusorisch. Woher sollen sie das Geld nehmen, angesichts von Kindern und steigenden Mieten? Doch ohne Vorsorge werden einem Gutverdiener später mehr als 2000 Euro im Monat fehlen, einem Normalverdiener 1400 Euro.[15]

Besonders prekär ist die Lage von Schlechtverdienern, die oft von Altersarmut bedroht sind. Die Mehrheit von ihnen hat keinen Riester. Aber auch viele andere Arbeitnehmer sind nicht ausreichend abgesichert. So verfügen in kleineren Firmen zwei von drei Beschäftigten nicht über eine Betriebsrente, die hilft, Rentenlücken auszugleichen.

Viele Deutsche werden im Alter weniger Geld haben, als sie denken – und als sie bräuchten. Während andere in ihrer Villa sitzen und nicht wissen werden, wohin mit dem Geld. Die Ungleichheiten, die Deutschland in Arm und Reich gespalten haben, verstärken sich auch hier. Nirgends in der Eurozone ist das Vermögen so ungleich verteilt wie in der Bundesrepublik.[16]

Es wird höchste Zeit, das Riester-System zu reparieren. Wie das gehen könnte, steht im *7-Punkte-Plan – Riester reparieren.*

Die Zeit drängt. Das Problem verschärft sich. Wer heute in der Nähe des Ruhestands ist, erhält im Schnitt noch eine gesetzliche Rente von 64 Prozent des letzten Bruttoeinkommens. Wer dagegen am Anfang des Berufs steht, muss mit weniger als 40 Prozent rechnen.[17]

4. Gebremste Mütter und schlechte Jobs

Als Herta Berger ihr Diplom in Ernährungswissenschaften hatte, war sie stolz. »Ich wollte mich nach meinem Uni-Studium nicht nur um Kinder und Küche kümmern«, betont sie. Auf Kinder wollte sie aber auch nicht verzichten. Sie bekam drei. Ihr Mann half bei der Betreuung kaum, im Haushalt war es nicht anders. Kinder, Küche *und* Beruf: Die Augsburgerin stand vor einem Dilemma, vor dem Millionen deutsche Mütter stehen. Herta Berger entschied sich, in Teilzeit zu gehen. Das war, das wusste sie damals nicht, eine Entscheidung gegen eine gute Karriere und eine gute Rente. So wie bei Millionen deutscher Mütter.

Inzwischen arbeiten hierzulande zwar fast genauso viele Frauen wie Männer. Aber auf Männer entfallen zwei Drittel der Einkommen – ein riesiger Unterschied. Frauen verdienen im Schnitt ein Fünftel weniger als Männer. Sehr viele haben einen Teilzeitjob. Kaum irgendwo anders in Europa klaffen die Arbeitszeiten der Geschlechter so auseinander wie in Deutschland, ein Grand Canyon. Obwohl viele länger arbeiten wollen, sind deutsche Mütter oft unter 20 Stunden die Woche berufstätig.[18]

Teilzeit wirkt wie eine Lösung, aber es ist oft eine Falle. Frauen werden in B-Jobs abgeschoben und von Fortbildungen abgeschnitten. Herta Berger hat es erlebt. Der Chef plante Besprechungen genau dann, wenn sie die Kinder vom Kindergarten abholen musste. Als sie später wieder in Vollzeit wechseln wollte, sperrte sich die Firma – sechs Jahre lang. Befördert wurde sie nur ein einziges Mal. Die Teilzeit war insgesamt beruflich von Nachteil. Was ihren Ruhestand angeht, der in wenigen Jahren beginnt, hat sie es schriftlich: Ihr werden monatlich über 1000 Euro Rente fehlen.

Paare nehmen sich heute oft vor, sich Beruf und Kinder stärker zu teilen als früher. Im Alltag kommt es anders, weiß die Sozialwissenschaftlerin Ute Klammer: »Nach dem ersten Kind kommt der Knick.« Der Mann arbeitet nach der Geburt einfach weiter, als sei nichts. Die Frau tut es auch dann nicht, wenn das Kind etwas älter ist. Hürden türmen sich auf: Die Kita bietet keinen Platz an – oder zu wenige Stunden. Wenn die Familie wegen der Kinder ins Grüne zieht, wird das Pendeln zu lang. Der Staat bestraft es zudem finanziell, wenn die Frau wieder arbeiten geht. Die kostenlose Mitversicherung beim Mann in der Krankenkasse fällt genauso weg wie die Steuervorteile des Ehegattensplittings.[19]

Die Behörden nehmen einem Zweitverdiener in Deutschland mehr vom Gehalt ab als in 30 vergleichbaren Industriestaaten. Sie ketten Mütter an den Herd. Das Ehegattensplitting stammt von 1958, als Mütter nach politisch dominierender Auffassung am Herd bleiben sollten. Allein das Splitting führt dazu, dass Frauen im Schnitt zwei Monate im Jahr weniger arbeiten.[20]

So werden Mütter am Arbeiten gehindert. Vom Partner, von der Firma, vom Staat. »Am Ende spielt sich alles in einem Modell ein, das ursprünglich keiner der Ehepartner wollte«, erlebt Ute Klammer. Am Ende kehrt die Mutter gar nicht in den Beruf zurück. Oder nur in ein paar Stunden Teilzeit – und wird vom Mann abhängig. Wer keinen Beruf hat, für den ist auch eine Scheidung besonders bitter.

»Die Schlechterstellung von Frauen in so vielen Bereichen«, kritisiert Marcel Fratzscher, Chef des Deutschen Instituts für Wirtschaftsforschung (DIW), »ist einer modernen Gesellschaft nicht würdig.« Und sie wirkt sich im Alter dramatisch aus. Im Ergebnis haben deutsche Frauen im Schnitt halb so viel Rente wie die Männer – in Dänemark sind es drei Viertel. Zwei von drei deutschen Frauen bekommen monatlich weniger als 800 Euro Rente.[21]

Die niedrigen Renten sind auch eine Folge davon, dass Frauen weit häufiger in Niedriglohn- und anderen prekären Jobs stecken bleiben. Aber sie sind nicht die Einzigen, denen das so geht. In den vergangenen 25 Jahren wurde der deutsche Arbeitsmarkt von einem Erdbeben namens Globalisierung erschüttert.

Die Konkurrenz wurde immer schärfer. Die rot-grüne Bundesregierung unter Gerhard Schröder reagierte auf hohe Arbeitslosigkeit, indem sie Beschäftigungsverhältnisse flexibilisierte und Sozialleistungen reduzierte. Das war hart, half der Volkswirtschaft aber durchaus. Zusammen mit anderen Reformen der Agenda 2010 und betrieblichen Bündnissen für Arbeit befreite es Deutschland aus einem tiefen wirtschaftlichen Tal. Inzwischen haben 45 Millionen Bürger Arbeit – so viele wie noch nie.

Doch Millionen Stellen entstanden als befristete Verträge, Teilzeit oder Wenigverdiener-Selbstständigkeit. Viele dieser Arbeitsplätze sind unsicher und nicht besonders gut bezahlt. Zeitweise arbeitete ein Fünftel der Beschäftigten für weniger als elf Euro, mehr Niedriglöhner gab es nur in Osteuropa.[22]

Dazu kommen weitere Faktoren, die auf die Löhne drücken – und damit auf die späteren Renten. Die Gewerkschaften sind geschwächt. In Dienstleistungsbranchen, die inzwischen die meisten Arbeitsplätze stellen, misslingt es ihnen oft, gute Bezahlung durchzusetzen. Das Ergebnis all dessen: Die Hälfte der deutschen Arbeitnehmer verdient heute real weniger oder zumindest nicht mehr als vor 20 Jahren.

Das wird sich im Ruhestand stark auswirken. »Entwicklung und Struktur des Arbeitsmarktes schränken zumindest Teile der Bevölkerung stark darin ein, stabile Rentenanwartschaften zu erwerben«, schreibt die Gesellschaftswissenschaftlerin Jutta Schmitz. »Insbesondere diejenigen, die Niedriglöhne beziehen, in atypischen Arbeitsverhältnissen beschäftigt sind oder Phasen der Arbeitslosigkeit überbrücken müssen, sind kaum in der Lage, ausreichend Vorsorge zu treffen – und ihr Anteil an allen Beschäftigten nimmt im Zeitverlauf zu.[23]

Politiker versteifen die Diskussion über das Alterssystem gern auf das Rentenniveau. Das zeigt an, was der sogenannte Eckrentner erhält, ein Durchschnittsverdiener, der 45 Jahre in die Alterskasse einzahlte. Er bekommt monatlich etwa 1400 Euro vor Steuern. Doch dieser Eckrentner zeigt nur einen kleinen Ausschnitt der Wirklichkeit. Im *Durchschnitt* werden weniger als 1000 Euro Rente gezahlt. Das liegt daran, dass viele Arbeitnehmer viel kürzer Beiträge einzahlen als 45 Jahre. Wer studiert, schafft so eine Spanne nicht. Ebenso wenig Mütter, die wegen Kindern beruflich aussetzen. Oder Beschäftigte, die ihren Job verlieren.[24]

Es wird Zeit, dass sich die politische Diskussion von den Eckrentnern löst und sich mit den Sorgen realer Menschen beschäftigt. Gebremste Mütter und schlechte Jobs mindern die Renten von morgen.

5. Gefahren der Altersarmut

Sie hatte es zu ihrem Beruf gemacht, alten Menschen zu helfen. Jetzt ist die frühere leitende Altenpflegerin selbst im Ruhestand. Gehbehindert. Sie sucht eine Wohnung mit Aufzug, aber so eine kann sie in München nicht bezahlen. Dafür reicht ihre Rente trotz früherer Leitungsfunktion nicht. Also wohnt sie seit Jahren bei ihrer Tochter, sie schläft auf einem Klappbett im Gang.[25]

Altersarmut: Da entsteht vor dem Auge das Bild grauhaariger Menschen, für die es eng wird, wenn sie ihr Brot nicht mehr selbst verdienen können. Auf Bauernhöfen wurden die unproduktiven Esser früher misstrauisch beäugt. Eskimos ließen Alte auf einer Eisscholle zurück. Buschmänner in der Wüste. Der Wohlstandsrepublik Deutschland gelang es, die Altersarmut zu verbannen. Vor 15 Jahren beantragten weniger als zwei Prozent der Senioren die Grundsicherung, Geld vom Sozialamt. Alleinstehende oder Kinder waren viel öfter arm.

Inzwischen nehmen mehr ältere Menschen die Grundsicherung von 800 Euro in Anspruch. Inzwischen hat sich etwas gedreht. Altersarmut ist noch kein großes Problem, aber das könnte es werden. Wissenschaftler schätzen, dass sich der Anteil jener verdoppeln wird, die im Alter Sozialhilfe beziehen. Ohnehin erfasst diese Grundsicherung nicht die ganze Altersarmut. Schon heute verzichten Hunderttausende aus Scham auf die Sozialhilfe. Sie wollen ihre karge Situation trotz eines langen Berufslebens nicht auf dem Amt ausbreiten. In keiner Statistik taucht auf, wer sich wie die frühere Altenpflegerin in München keine passende Wohnung leisten kann. Oder wie eine andere Rentnerin in ihrem Zuhause nur einen Raum beheizt.[26]

Und die Jahre, in denen staatliche Rentenkürzungen und

schlechte Jobs voll auf die Altersbezüge durchschlagen, kommen ja noch. Kürzungen und Lohnverluste pressen die Renten zusammen wie die zwei Seiten einer Zange. Kehrt also die Altersarmut als massives Problem zurück? Es gibt zumindest Gefahrenzeichen.

Im internationalen Vergleich fallen die Renten in Deutschland in Relation zum letzten Einkommen eher niedrig aus. Vor allem bestimmte Risikogruppen sind schlechter versorgt als in anderen Industriestaaten. Eine große Studie im Auftrag der Bertelsmann Stiftung sagt voraus, dass das Armutsrisiko in den nächsten 20 Jahren stark zunehmen wird. Es betrifft dann jeden fünften Senior.[27]

Forscher sorgen sich vor allem um fünf Gruppen, denen im Alter besonders der Absturz droht. Da ist die rasant gewachsene Zahl der Einzelkämpfer-Selbstständigen, deren Geschäft schlechter läuft als gedacht. Da sind Migranten. Oder Ostdeutsche: Weil viele von ihnen nach der Wiedervereinigung lange keine Arbeit fanden, wird jeder Dritte von Armut gefährdet sein.[28]

Und dann begegnen uns hier die beiden Risikogruppen aus dem letzten Abschnitt. Da sind zum einen die Opfer des Erdbebens, das die Globalisierung auf dem deutschen Arbeitsmarkt hinterließ. All die Geringverdiener, die öfter arbeitslos waren oder in prekären Jobs versanden. Für sie tut der deutsche Staat wenig, kritisiert die Organisation für wirtschaftliche Zusammenarbeit und Entwicklung (OECD), die Denkfabrik der Industriestaaten. Wer nur den halben Durchschnittslohn verdient, wird später nur gut die Hälfte davon als Rente haben – im Schnitt der Industriestaaten bekommen Geringverdiener drei Viertel.

Und dann sind da die Mütter, die wegen der Kinder lange Auszeiten nehmen, keinen richtigen Einstieg in den Beruf mehr finden – oder in Teilzeit hängen bleiben. Die durchschnittliche Rente der Frauen fällt schon heute mit gut 600 Euro gering aus. Leben sie mit einem Partner zusammen und teilen sich zwei Renten, ist das meist kein Problem. Sonst schon.

Zusammen könnten all diese Menschen ein neues Seniorenprekariat bilden. Die frühere Altenpflegerin auf dem Klappbett im Gang bei ihrer Tochter lässt ahnen, wie das aussieht. Jeder vierte Deutsche hat Angst vor Altersarmut.

Leider zu Recht.[29]

6. Zusätzliche Lasten der Alterung

Die rapide Alterung der Gesellschaft fordert nicht nur das Rentensystem heraus, sondern auch die Gesundheitsversorgung. Dazu kommt, dass deutlich mehr Senioren deutlich mehr Jahre gepflegt werden müssen als früher. Wie können sich Doppelverdiener-Paare um ihre Eltern kümmern, die länger Zuwendung brauchen als frühere Generationen? Woher nimmt eine schrumpfende Gesellschaft die Pflegekräfte, zumal weder auf ihre Belastung noch ihre Bezahlung achtgegeben wird?

Auch bei der Infrastruktur wird die Bundesrepublik von ihrer Methusalemisierung unvorbereitet getroffen. Es fehlt an Wohnungen für Menschen, die sich nicht mehr bewegen wie mit 20. Es fehlt an Mobilitätskonzepten für Menschen, die nicht mehr Autofahren wollen oder sollten, aber auch nicht den ganzen Tag zu Hause herumsitzen wollen und sollten.

All das kostet. Wenn die Mehrheit 90 wird statt 70, muss die Allgemeinheit für Gesundheit und Pflege wesentlich mehr aufbringen. Die EU-Kommission erwartet, dass sich allein die jährlichen Ausgaben für Rente, Gesundheit und Pflege bis 2060 verdoppeln – auf mehr als eine Billion Euro. Das wäre ein Drittel der heutigen deutschen Wirtschaftsleistung nur dafür. Was altersgerechte Wohnungen, Mobilität und anderes kosten, bleibt dabei außen vor.[30]

Auch wenn es in diesem Buch vorrangig um die Rente geht, ist es zentral, an die übrigen Folgen der Alterung zu denken. Ihre Mehrkosten reduzieren die finanziellen Spielräume für die Rente. Sie treffen den Staat, weil der Steuerzuschuss für die Alterskasse wackelt, wenn auch Gesundheit, Pflege und Infrastruktur in Zukunft viel mehr verschlingen. Sie treffen die Arbeitnehmer, die letztlich die Mehrkosten für Rente und alles andere über Steuern und Sozialbeiträge bezahlen müssen.

Was das bedeutet, rechnet der Bochumer Sozialökonom Martin Werding immer wieder aus. Zum Start der Rentenkommission der Bundesregierung ermittelte Werding erneut, wie sich der demografische Wandel auf alle auswirkt. Sein Urteil: Die Ausgaben werden »regelrecht explodieren«. Ohne weitere Reformen geht es nicht.

Denn ohne weitere Reformen steigen die Sozialbeiträge dramatisch, die Arbeitnehmer von ihrem Lohn vor allem für Rente, Gesundheit und Pflege zahlen: Von heute 40 bis 2040 auf 50 Prozent – und zehn Jahre später auf 55. Beschäftigten würde viel weniger zum Leben bleiben. Ähnlich einschneidend wirkt sich die Alterung ohne Reformen auf den Staatsetat aus. Schon 2020 rutscht der Haushalt ins Minus. Die Schulden, in den vergangenen Jahren mühsam auf die EU-Grenze von 60 Prozent der Wirtschaftsleistung reduziert, lägen 2060 über 200 Prozent. Damit stünde die Bundesrepublik tiefer in der Kreide als heute Griechenland, Europas ewiger Rekordschuldner.[31]

»Die öffentlichen Finanzen sind aufgrund des ausgeprägten demografischen Wandels unter dem geltenden Recht langfristig nicht tragfähig«, warnt Werding. »Längerfristig sind trotz des sinkenden Rentenniveaus deutliche Steigerungen von Ausgaben und Beitragssätzen absehbar. Diese werden aktuell aus dem Blick verloren.« Damit die Rente langfristig finanzierbar bleibe, müssten die Deutschen mehr privat vorsorgen – und länger arbeiten als heute. Die Bundesregierung tut nichts dafür, dass dies passiert.[32]

Die Bundesregierung sorgt nicht für die Zukunft vor. Sie verzögert auch außerhalb der Rente notwendige Reformen, etwa in der Krankenversicherung. Eine Forschergruppe erstellt regelmäßig eine Bilanz zwischen den Generationen. Zwischen den Senioren, die viele Leistungen empfangen, und den Arbeitnehmern, die Steuern und Beiträge zahlen, gibt es eine gewaltige Schieflage. Weil der Staat nicht vorsorgt, addieren die Zukunftslasten zur sichtbaren Staatsschuld eine unsichtbare dazu. Sie ist doppelt so hoch. Zusammen ergeben sich schon heute Schulden von 220 Prozent der Wirtschaftsleistung. Also zweimal so viel, wie die Bundesrepublik jedes Jahr erwirtschaftet.[33]

Statt sich darum zu kümmern, beschließt die Bundesregierung neue Wohltaten für heutige Senioren.

TEIL II

Umsteuern: Länger arbeiten plus

Das Alters- und Gesundheitssystem ist unter Druck, weil die Deutschen immer länger leben und weniger Kinder kriegen. Gleichzeitig mindern andere Faktoren die Renten von morgen. Unnötige Privilegien für heutige Senioren, Beamte und Selbstständige genauso wie Mängel der Riester-Vorsorge. Schlecht bezahlte Jobs genauso wie Hindernisse für Mütter im Berufsleben. Zu vielen Bürgern droht künftig nach einem anstrengenden Arbeitsleben Armut. Deshalb bedarf es einer großen Reform, um allen Deutschen künftig einen Ruhestand in Wohlstand und Würde zu sichern.

Die Menschen spüren den Druck und sind verunsichert. Jeder Dritte glaubt, er werde nur eine Rente in Höhe der Sozialhilfe bekommen. Nichtstun ist keine Option. Zwar haben frühere Regierungen bereits die Altersbezüge gekürzt. Doch in den nächsten Jahren verschärft sich die Situation dramatisch, weil die geburtenstarken Jahrgänge aus dem Beruf ausscheiden. Wird nichts getan, sinkt das Niveau der Altersbezüge deutlich. Und ebenso deutlich steigt der Beitrag in die Rentenkasse. Arbeitnehmer und Unternehmen werden also stärker belastet.[1]

Die SPD verspricht den Bürgern einen Ausweg. Auf ihren Druck hin hat die neue Bundesregierung beschlossen, das Rentenniveau[2] erst mal auf den heutigen 48 Prozent des Durchschnittslohns zu stabilisieren. Stabile Altersbezüge, das klingt gut. Inzwischen hat die SPD klargemacht, dass sie das Rentenniveau sogar viel länger stabilisieren will: bis zum Jahr 2040, mindestens. Um das zu schaffen, braucht es enorm viel Geld. Und hier wird es spannend. SPD-Finanzminister Olaf Scholz spricht nur vage von einem Konzept, um das Ganze zu finanzieren.

Die Regierung setzte eine Kommission von Experten ein, die die Zukunft der Rente konzipieren soll. Gleichzeitig legen SPD und Union diese Experten in Fesseln, weil sie ihnen gedankliche Freiheit verweigern. SPD und Union lehnen zumindest bisher kategorisch ab, dass die Deutschen länger als 67 arbeiten sollen – anders als die meisten Altersökonomen, die dies als einen Ausweg aus dem Demografie-Drama sehen. Einzelne Spitzenpolitiker der Union wie Wolfgang Schäuble oder Jens Spahn denken zwar an ein späteres Ruhestandsalter, doch Kanzlerin Angela Merkel pfiff sie im TV-Duell vor der Bundestagswahl 2017 öffentlichkeitswirksam zurück: »Bei der Rente zu behaupten, wir wollten die Leute bis 70 arbeiten lassen – das ist einfach falsch.«

Aber wie wird die Alterung dann finanziert? Erst recht bei einem Rentenniveau von dauerhaft 48 Prozent? Fachleute antworten eindeutig: Der Beitrag der Arbeitnehmer an die Alterskasse wird drastisch teurer. Schon bei Nichtstun steigt er von heute unter 19 Prozent bis 2040 deutlich. Und bei dauerhaft 48 Prozent Rentenniveau steigt er sogar auf bis zu 30 Prozent des Gehalts. Statt weniger als einem Fünftel würde fast ein Drittel des Bruttolohns in die Alterskasse fließen.[3]

»Dies würde den Grundkonsens sprengen, Generationen in etwa prozentual gleich an den Auswirkungen des demografischen Wandels zu beteiligen«, kritisiert Axel Börsch-Supan, Mitglied der Rentenkommission der Regierung. »Das ist unfinanzierbar und unfair gegenüber den jüngeren Arbeitnehmern«, kritisiert Bernd Raffelhüschen. »Sie würden noch mehr geschröpft.«

Die Belastungen wären bald enorm. In zehn Jahren wäre der Rentenbeitrag bei 27 Prozent angekommen. Das merkt jeder sofort auf dem Konto. Ein Single, der 1900 Euro im Monat netto verdient, hat den deutschen Durchschnittslohn. Er müsste

1200 Euro mehr im Jahr bezahlen – zwei Drittel eines Monatslohns. Miete, Auto, Lebensmittel, Versicherungen und alles andere werden dabei aber nicht billiger. Er hätte einfach viel weniger Geld.[4]

Alle Arbeitnehmer müssten deutlich mehr für die Rente einzahlen, zusätzlich zu dem, was sie heute einzahlen. Dabei schrumpfen Steuern und Sozialabgaben für Rente, Gesundheit oder Pflege schon heute den Lohn stark. Der deutsche Staat nimmt Arbeitnehmern mehr ab als andere Länder. Bei Alleinerziehenden geht im Schnitt jeder zweite Euro des Gehalts für Steuern und Abgaben drauf, doppelt so viel wie im Schnitt aller Industriestaaten. Bei kinderlosen Singles und Ehepaaren mit Kindern wird ebenfalls messbar mehr abgezogen.

Die Explosion des Rentenbeitrags käme, obwohl viele Normalverdiener ihr Einkommen seit Langem stagnieren sehen. Es bewegt sich trotz Wirtschaftsbooms nicht vom Fleck. Anders als früher. Nach dem Zweiten Weltkrieg wuchsen die Reallöhne dekadenlang stark. Mehr Geld war selbstverständlich. Doch in den vergangenen zwei Dekaden nahm das Einkommen bei jedem zweiten Beschäftigten nicht mehr zu – oder wurde sogar weniger. Globalisierung, moderne Technologien und die schwindende Macht der Gewerkschaften befeuern die Gewinne – und drücken auf die Löhne.[5]

Die Explosion des Rentenbeitrags würde diese Situation verschärfen. Arbeitnehmer, ohnehin hoch belastet, würden durch eine einseitige Rentenreform noch viel höher belastet. Dabei sind die enormen Zusatzkosten, die die Alterung bei Gesundheit und Pflege verursacht, noch gar nicht eingerechnet. Wer das tut, kommt auf spürbar mehr als 50 Prozent Sozialbeitrag, die vom Lohn abgehen – plus die ganzen Steuern. Mehr als jeder zweite Euro weg nur für Sozialabgaben, das gab es bislang nie. Das überschreitet eine Grenze, was vom Gehalt weggenommen und an ältere Generationen transferiert wird: für hohe Renten der heutigen Ruheständler und Bald-Ruheständler der geburtenstarken Jahrgänge.[6]

Die Skepsis, was ein derart belasteter Arbeitnehmer selbst im Alter erwarten darf, macht diesen Lohnraub noch schlimmer. »Man würde gut versorgten älteren Deutschen eine höhere Rente auf Kosten der Jüngeren spendieren – die diese selbst nicht bekommen, weil sie nicht mehr finanzierbar sein wird«, sagt Bernd Raffelhüschen.

Mein ältester Sohn Janis, 19, geht planmäßig 2066 in Ruhestand. Er würde bis dahin sehr hohe Kosten für die Finanzierung der Rentner tragen. Ob er im Gegenzug eine anständige Rente bekommt, wäre völlig ungewiss – es könnte einen Aufstand der Arbeitnehmer geben, der ihm dies verweigert. Für meinen jüngsten Sohn Juri, drei, gilt dies verschärft.

Hohe Sozialbeiträge erschweren es auch Unternehmen, im internationalen Wettbewerb zu bestehen. Sie würden mehr Beschäftigte durch Computer, Roboter und Algorithmen ersetzen. Was sich kaum jemand wünschen kann, schon gar nicht die SPD. Lohnraub, Jobabbau, Überlastung der Jüngeren: Die Renten einer alternden Gesellschaft einseitig über die Sozialbeiträge zu finanzieren kommt nicht infrage.

Man kann der SPD nur eines zugutehalten: dass sie ihre Versprechen angeblich nicht vorrangig über den Rentenbeitrag finanzieren will. Aber woher soll das Geld dann kommen? Olaf Scholz will in die Kasse greifen. Er träumt von einem gigantischen Bundesetat. Dabei verschweigt Scholz, wer das bezahlen müsste. Schon heute bezuschussen die Steuerzahler die Rentenversicherung jedes Jahr mit knapp 100 Milliarden Euro. Ein Drittel dessen, was die Bundesregierung insgesamt ausgibt.[7]

Es wäre zwar richtig, Unternehmen und Besserverdiener

stärker heranzuziehen, wie ich noch im Kapitel *7-Punkte-Plan* genauer ausführen werde. Aber die SPD-Versprechen einfach nur allen Steuerzahlern aufzubürden trifft Millionen Arbeitnehmer, die ohnehin viel zahlen. Und die Kosten wären gewaltig. Man bräuchte im Jahr 2040 zusätzlich mehr als 100 Milliarden Euro Steuermittel. Also insgesamt 250 Milliarden Euro Steuermittel – pro Jahr.

Wie lässt sich das bezahlen? Etwa, indem die Mehrwertsteuer, die die Bürger auf die meisten Käufe zahlen, auf über 25 Prozent steigt? Für jeden Deutschen würden die Steuern auf die täglichen Lebensmittel um ein Drittel teurer, ebenso auf Möbel, Computer, ein Auto und alles andere. Deshalb gilt die Mehrwertsteuer als besonders unsozial. Sie schröpft Normalverdiener stärker als Besserverdiener, die einen geringeren Teil ihres Einkommens für Konsum ausgeben (weil sie eben mehr verdienen). Auch wenn andere Steuern steigen, bleibt das Ganze grob unfair.[8] »Leichtfertig ein stabiles Rentenniveau zu versprechen, als käme das zum Nulltarif, fördert eher den Populismus«, kritisiert Axel Börsch-Supan.

Also, einfach Beiträge und Steuern zu erhöhen, würde alle ausbeuten, die heute 30, 40 oder 50 sind. Dieser Vorwurf geht an die SPD: Sie bevorzugt Alt gegenüber Jung.

Eine faire Reform sieht deshalb anders aus. Sie verteilt die Belastungen auf Alt *und* Jung. Indem sie die Defizite behebt, die das Alterssystem belasten. Eine faire Reform schafft Privilegien für Beamte und teure Geschenke für die heutigen Senioren wie die Frührente mit 63 ab. Außerdem sorgt sie dafür, dass besser bezahlte Jobs entstehen und mehr Frauen arbeiten. Und sie erneuert die private Altersvorsorge via Riester, damit die wirklich hilft, im Ruhestand mehr Geld zu haben. Wie sich das alles umsetzen lässt, erläutert das Kapitel *7-Punkte-Plan* am Ende des Buchs. Zu all diesen Maßnahmen kommt ein entscheidender Schritt zu einer fairen Reform: ein Finanzmix gegen die Alterung. Dabei steigen Rentenbeiträge und Steuern für Arbeitnehmer nur moderat – und die Deutschen arbeiten länger.

Längeres Arbeiten ist für eine faire Reform zentral. Dabei arbeiten jene länger, die es können, all die Beschäftigten, die noch fit sind und oft gar nicht aufhören wollen. Ohne Zwang. Wer früher aufhören will, kann dies tun, wenn er Abschläge von der Rente hinnimmt. Und wer nicht mehr kann, für den muss es spezielle Angebote geben. Wie das alles zu gestalten ist, steht in den nächsten Kapiteln.

Längeres Arbeiten hat enorme finanzielle Effekte, die helfen, die Alterung zu bewältigen. Heute scheidet etwa jeder Vierte frühzeitig aus dem Beruf aus. Ließe sich erreichen, dass alle bis zum offiziellen Ruhestandsalter arbeiten, würde allein das nach manchen Schätzungen das Rentenniveau stabilisieren. Ohne drastisch steigende Beiträge und Steuern. Nun erscheint dieses Ziel wegen Krankheiten et cetera unrealistisch. Aber selbst wenn mehr Menschen als heute zum Arbeiten bis zum offiziellen Ruhestandsalter bewegt würden, wäre das eine große Hilfe.[9] Genauso profitiert das Alterssystem, wenn man das Ruhestandsalter mit der Lebenserwartung leicht anhebt – etwa bis 2045 von 67 auf 68 und bis 2060 auf 69.[10]

Bernd Raffelhüschen will das Ruhestandsalter schneller anheben. Das würde sogar den größeren Teil der gesellschaftlichen Alterung finanzieren. Der Beitrag in die Rentenkasse bleibt relativ stabil, die Arbeitnehmer werden geschont. Das Rentenniveau sinkt allerdings. Der Ökonom, der das Freiburger Forschungszentrum Generationenverträge leitet, verteidigt das offensiv. Das Rentenniveau auf dem heutigen Niveau zu belassen, belaste die Jüngeren zu stark. Er will die Babyboomer, die jetzt aus dem Beruf ausscheiden, die Fünfziger- und

Sechzigerjahrgänge, durch ein sinkendes Rentenniveau mit für die Alterung zahlen lassen.

Tatsächlich bedeutet ein sinkendes Renten*niveau* nicht, dass die ausgezahlten Altersbezüge sinken. Auch wenn das Rentenniveau bis 2040 von heute 48 auf gut 42 Prozent des Durchschnittslohns fällt, steigen die Altersbezüge immer noch – um ein Prozent pro Jahr, nach Abzug der Inflation. Die Ruheständler hätten also jedes Jahr mehr Geld, rechnet Axel Börsch-Supan vor: »Die Diskussion ist von Panikmache geprägt.«[11]

Deshalb klingt es wie eine gute Idee: Sinkt das Rentenniveau etwas, leisten aktuelle Senioren und Babyboomer ihren Beitrag, um die Alterung zu finanzieren. Zusätzlich zum Abbau der Wahlgeschenke und Privilegien. Anders, als suggeriert wird, sagt das Rentenniveau wenig darüber aus, ob die Altersarmut bekämpft wird. Die Größe gilt ja nur für einen Standardrentner, der sehr lange Beiträge eingezahlt hat. Arm im Alter aber sind jene, die zu wenig gearbeitet haben, weil sie arbeitslos waren oder als Mütter aussetzten. Ihnen kann die Politik nur durch spezielle Maßnahmen helfen (siehe *Angebote an Belastete* und den *7-Punkte-Plan*).

Andere Experten machen sich trotzdem dafür stark, das Rentenniveau etwa auf dem heutigen Niveau zu halten. »Es sollte stabilisiert werden, um den Menschen Sicherheit zu geben«, fordert Johannes Geyer. Die gesetzliche Rente müsse aus Sicht breiter Schichten annähernd den Lebensstandard sichern. »Wenn man bei halbwegs normalen Erwerbsbiografien in die Nähe der Grundsicherung rutscht, ist das ein Problem. Wenn das Rentenniveau jetzt noch 10 bis 15 Prozent fällt, wird es problematisch.«[12]

Aber auch diese Fachleute wollen nicht alle unter 50 überlasten, indem Beiträge oder Steuern stark erhöht werden. Auch sie fordern, länger zu arbeiten. Ein Modell zeigt, wie das geht: Das Rentenniveau bleibt wie heute, die Steuerzuschüsse steigen moderat, ebenso der Rentenbeitrag – wenn 2040 knapp 68 Jahre und 2050 69 Jahre gearbeitet wird.[13]

Dagegen lässt sich einwenden, dass zum Beispiel der Rentenbeitrag bei diesem Modell immerhin auf 24 Prozent steigt. Diese Belastung ließe sich mit den eingangs beschriebenen anderen Reformschritten reduzieren. Etwa mit dem Streichen der Privilegien heutiger Beamter und Senioren, mit besser bezahlten Jobs und mehr Frauen im Beruf. Je nachdem, wie gut diese Reformschritte gelingen, wird die Finanzlage des Alterssystems viel freundlicher.

Für einen dieser Schritte legt Martin Werding schon eine Modellrechnung vor: für eine Riester-Reparatur, mit dem Ergebnis niedrigerer Gebühren, höherer Erträge und mehr Sparer. Dadurch lässt sich der Anstieg von Rentenbeitrag und Steuern bremsen.[14]

Alle diese Überlegungen zeigen: Es ist möglich, der rapiden Alterung der Gesellschaft zu begegnen, *ohne* die Arbeitnehmer von heute und morgen mit Beiträgen und Steuern zu überlasten. Ohne sie so zu schröpfen, dass sie zu einem Aufstand getrieben werden – und das ganze Rentensystem hinwegfegen. Dann müsste sich jeder vor seinem Alter fürchten. Dann zerbricht die Gesellschaft.

Eine faire Rentenreform ist der einzig akzeptable Weg: Sie versöhnt die Generationen, statt wie die SPD Alt gegenüber Jung zu bevorzugen.

Doch ist es auch wahrscheinlich, dass politisch eine faire Lösung herauskommt?

Alt gegen Jung – das politische Spiel

Der 24. September 2017 war für Union und SPD ein Tag des Grauens. Die Deutschen straften ihre Große Koalition ab, zusammen verloren sie bei der Bundestagswahl jede fünfte Stimme. Martin Schulz, der die SPD erstmals seit dem Zweiten Weltkrieg auf 20 Prozent stürzen ließ, meldete seine Partei sofort in die Opposition ab. Angela Merkel, seit der Flüchtlingskrise und dem CSU-Dauerfeuer angezählt, versuchte ein Bündnis mit den Grünen und der FDP. Und scheiterte. Aber das Land braucht ja eine Regierung. Erst recht Deutschland, Führungsmacht einer EU, die mit der Aggression Donald Trumps umgehen muss, dem Austritt der Briten und Rechtspopulisten in Polen oder Italien. So fanden Union und SPD doch noch für eine neue Regierung zueinander. Sie taumelten da rein wie zwei angeschlagene Boxer.

Diesen Hintergrund muss man berücksichtigen, um die Chancen für eine faire Rentenreform zu beurteilen.

Eine solche erfordert einen echten Kurswechsel. Die Politiker müssten die Privilegien der aktuellen Senioren und Beamten infrage stellen. Sie müssten die Riester-Vorsorge den Versicherern entreißen. Sie müssten Unternehmen bewegen, Müttern bessere Chancen einzuräumen und viele Beschäftigte besser zu bezahlen. Und sich für längeres Arbeiten einsetzen, das eben kein neoliberales Ausbeutungsprogramm ist, sondern in vielen Fällen das Leben verbessert.

Die Frage ist, ob die angeschlagenen Boxer für einen solchen Kurswechsel überhaupt die Kraft haben. Zweifelhaft.

Die nächste Frage ist, ob eine faire Reform überhaupt zu den Positionen von Union und SPD passt. Sehr zweifelhaft.

Die Privilegien der aktuellen Senioren und Beamten stellt keine der Parteien zur Diskussion. An die Riester-Vorsorge wagt sich keiner richtig heran. Die SPD setzt sich für arbeitende Mütter und Geringverdiener ein – kommt aber damit bei der Union nur teilweise durch, wie das neue Rückkehrrecht in Vollzeit zeigt, das fast jede zweite Frau ausschließt. Noch schlechter sieht es beim längeren Arbeiten aus. Gerade in SPD-Köpfen dominiert der Geist der Frühverrentung, mit der einst die Arbeitslosigkeit bekämpft werden sollte. Beim Stichwort »länger arbeiten« geht ein rotes Warnlicht an. Zwar zeigen einzelne CDU-Politiker Sympathien. So setzte sich Jens Spahn für eine Erhöhung des Rentenalters ab 2030 ein. Und Wolfgang Schäuble erklärte: »Wenn die Lebenserwartung weiter steigt, wird die Lebensarbeitszeit auf Dauer nicht unverändert bleiben können. Alles andere ist der durchsichtige Versuch, den Wähler zu verdummen.« Doch die Kanzlerin bürstete das so ab: »Ich fange auch nicht an, wenn irgendeine Einzeläußerung in der SPD gemacht wurde, das Martin Schulz anzulasten.«[1]

Nach einem Kurswechsel, der eine faire Rentenreform ermöglicht, sieht das eher nicht aus.

Deshalb droht eine große Gefahr: Dass die Politik die Kosten der Alterung eben doch einseitig auf alle Deutschen abwälzt, die heute jünger als 50, 55 sind. Durch absurd hohe Sozialbeiträge und Steuern, die hohe Renten und Geschenke für heutige Senioren und rentennahe Jahrgänge finanzieren – von denen die nächsten Generationen nur träumen können.

Es spricht manches dafür, dass dies dem aktuellen Kalkül von SPD und Union entspricht. Noch in den Nullerjahren reagierte die rot-grüne Regierung Gerhard Schröder auf die gesellschaftliche Alterung mit Einschnitten, die auch die Senioren betrafen. Das galt auch für die Verlängerung des Ruhestandsalters auf 67. Doch spätestens seit der Großen Koalition 2013 gibt es einen Schwenk – hin zu Geschenken für die aktuell gut versorgten Senioren wie die Frührente mit 63 und die Mütterrenten.

Die Volksparteien stehen seit Langem unter Druck. Wie dies der Journalist Gabor Steingart auf seine pointierte Art ausdrückt, hat die SPD zwischen der Kanzlerwahl von Gerhard Schröder und der Nicht-Kanzlerwahl von Martin Schulz 2017 zehn Millionen Wähler verloren. In manchen Landtagswahlen wird sie von der AfD überholt. Die Erosion begann schon früher: In den Siebzigerjahren vereinnahmten die beiden Volksparteien bei Bundestagswahlen 90 Prozent, heute sind es halb so viel.[2]

Da suchen beide Parteien stabile Wählerschaften zu sichern, mit aller Macht. Die Senioren und die Bürger nahe am Ruhestand bieten sich dafür an. Denn sie stellen inzwischen die Hälfte aller Wähler. Sie gehen häufiger zur Wahl als früher, während die Jüngeren sich neuerdings zurückhalten. Und während für Jüngere viele Themen eine Rolle spielen, ist für aktuelle oder baldige Ruheständler die Rente besonders wichtig für die Entscheidung, wo sie ihr Kreuzchen machen. Dieser Logik folgten die Wohltaten der vergangenen Legislaturperiode wie die Frührente mit 63, die Union und SPD mit festem Blick auf 55-plus-Wähler verteilten.[3]

Nach der Wahlschlappe 2017 suchen die angeknockten Boxer erst recht nach sicheren Wählern. Dieser Logik folgt die Mütterrente II, die die CSU nun durchsetzt. Sie hilft besonders konservativen Familien, in denen die Frau nicht arbeiten ging. Dieser Logik folgt auch der Vorstoß der SPD, sich als Schutzmacht der aktuellen Senioren zu etablieren – und das Rentenniveau sogar bis 2040 bei 48 Prozent zu garantieren. Davon würden auch die geburtenstarken Jahrgänge profitieren, die jetzt aus dem Beruf ausscheiden. Das sind insgesamt sehr viele Wähler.

Als die Regierung Schröder zur Jahrtausendwende Einschnitte für aktuelle Rentner durchsetzte, stellten die bis 45-jährigen Bürger noch die absolute Mehrheit der Wahlberechtigten. Politik einseitig gegen die Jüngeren zu machen wäre da nicht nur inhaltlich, sondern auch taktisch falsch gewesen.

Heute dagegen gibt es weniger Arbeitnehmer bis 45 als Deutsche 60 plus. Das könnte die Regierung bewegen, die Lasten der alternden Gesellschaft auf die Jüngeren abzuwälzen. Und die Union zögern lassen, die einseitigen Versprechen der SPD zugunsten der Älteren zu stoppen. So missbraucht Klientelpolitik den Bevölkerungswandel. Und beutet statt einer fairen Reform die Jüngeren zugunsten der Älteren aus.

Auch der 14. Oktober 2018 war für Union und SPD ein Tag des Grauens. Die CSU, früher mal bei 60 Prozent, stürzte bei der Bayernwahl unter 40. Und die SPD unter zehn. Nur bei einer Wählergruppe behaupteten sich die beiden: bei jenen über 60. Das wirkt, als ob ihnen zwar insgesamt nichts gelingt – aber wenigstens ihr Spiel Alt gegen Jung aufgeht.

»Olaf Scholz will das Rentenniveau bis 2040 garantieren. Wie das finanziert werden soll, sagt er nicht«, kritisiert die Autorin Madeleine Hofmann. »Um seine Partei aus dem Umfragetief zu holen, braucht er nur: die Alten. Die freuen sich nämlich über Rentengeschenke. Wenn der Zahltag kommt, hat sich Scholz selbst längst in seiner Altersresidenz zurückgelehnt. Den Kopf hinhalten können dann: die Jungen. Wir.«[4]

Da hilft nur Widerstand. Aktivistische Autoren wie Hofmann, die Anfang 30 ist und die ihr Buch über das Platzhirschentum Älterer *Macht Platz!* betitelte, machen den Anfang. In mehreren Parteien begehren jüngere Abgeordnete gegen den offiziellen Senioren-First-Kurs auf, etwa die Junge Gruppe in der Union. Es wird nun darauf ankommen, dass die Deutschen unter 50 nicht zusehen, wie sie abkassiert werden.

Grundsätzlich Hoffnung macht die Regierungskommission, die bis 2020 ein Zukunftskonzept für die Rente entwickeln soll. Darin befinden sich drei Wissenschaftler. Mit allen, Axel Börsch-Supan, Gert Wagner und Simone Scherger, habe ich für dieses Buch gesprochen, bevor sie von ihrer Berufung wussten. Alle drei sind undogmatisch und ließen mehr oder minder große Sympathien für längeres Arbeiten erkennen – als ein Element für ein stabiles Alterssystem.[5] Es gibt Hoffnungen, dass die Kommission eine faire Reform vorschlägt.

Es gibt auch Zweifel an der Kommission. Zum einen wegen der großen Zahl an Politikern unter ihren Mitgliedern. Zum anderen wegen des Durchschnittsalters von etwa 60. Es wirkt ein wenig seltsam, wenn das Gremium einen fairen Vertrag zwischen den Generationen konzipieren soll – und auf dem Gruppenbild lauter Grauhaarige lächeln. Der Altersgruppe bis 45, die in Deutschland in die Minderheit geraten ist, gehört unter den zehn Kommissionsmitgliedern genau niemand an. Die Leitung des Gremiums haben Union und SPD, die längeres Arbeiten so vehement ablehnen, ausgerechnet zwei ausgeschiedenen Politikern übertragen – die dürfen offenbar länger als 67 arbeiten.[6]

Trotzdem bleibt zu hoffen, dass es ungeachtet der politischen Warnzeichen zu einer fairen Reform kommt. Nach dieser Wahlperiode werden ja noch weitere folgen. Vielleicht hilft der Appell, dass die Volksparteien eine nationale Aufgabe haben, die sich nicht durch Wahlkalkül ersetzen lässt.

Vielleicht hilft auch die Warnung, wie gefährlich eine einseitige Politik wäre. Einfach die Jüngeren für die Alten zahlen zu lassen könnte das Rentensystem sprengen. Es ist keineswegs selbstverständlich, dass die Arbeitnehmer heute bereits knapp 20 Prozent ihres Gehalts an die Rentenkasse überweisen. 1950 war der Beitrag nur halb so hoch. Woher nehmen Politiker die

Selbstverständlichkeit, von Arbeitnehmern einen noch viel höheren Beitrag zu verlangen als heute?[7]

Es steigen ja nicht nur die Kosten für die Altersbezüge, sondern auch für Gesundheit und Pflege. Wie gezeigt, drohen bald Sozialbeiträge von mehr als 50 Prozent. »Da rebellieren die Leute«, ist Bernd Raffelhüschen überzeugt. »Die Akzeptanz des Alterssystems wird schwinden. Deutsche werden massiv versuchen, den Beiträgen auszuweichen. Es ist keineswegs sicher, dass all die Jüngeren auch zu Beitragszahlern werden. Sie können Beamte werden. Sie können den Generationenvertrag kündigen durch Selbstständigkeit. Im Zuge der Digitalisierung der Wirtschaft wird sich ohnehin die Arbeitswelt völlig verändern. In vielen Berufen wird man arbeiten, ohne an einen bestimmten Ort gebunden zu sein. Den Sozialversicherungen rutscht durch das Internet ein wachsender Teil der Jobs weg. Alle diese Möglichkeiten, den Generationenvertrag zu kündigen, werden genutzt werden.«

Beschäftigte können ins Ausland gehen und dort arbeiten, um den Beiträgen zu entgehen. Oder ihre Arbeit zumindest auf dem Papier ins Ausland verlagern. Auch eine Finanzierung der Alterung einseitig über höhere Steuern dürfte die Bürger bewegen, den Steuern massiv auszuweichen.

Als in den Fünfzigerjahren erstmals die Renten an die Löhne gekoppelt wurden, überzeugte das die Deutschen von den Vorteilen der Marktwirtschaft. Das Rentensystem bildet mit seinen verlässlichen Altersbezügen ein Fundament unserer Demokratie.

Das dürfen die Volksparteien, so verunsichert sie verständlicherweise sind, nicht aufs Spiel setzen.

Wie länger arbeiten funktioniert

Längeres Arbeiten ist zentral für eine faire Rentenreform, die das System rettet. Aber wie funktioniert es praktisch? Es bedarf eines Bewusstseinswandels, dass alt eben nicht dasselbe bedeutet wie nutzlos. »Wir müssen zunächst einmal ganz andere Bilder verbreiten«, sagt Andreas Kruse. »Deutschland ist kein altersfreundliches Land. Alter wird nur thematisiert als Belastung der sozialen Sicherungssysteme. Alte seien nicht innovationsfähig, nicht kreativ, heißt es, was ja alles nicht stimmt. Die Alten müssen begreifen, dass die Gesellschaft ein Interesse daran hat, ihr Wissen zu nutzen.«[1]

Da muss sich vieles ändern, in den Köpfen der Arbeitnehmer genau wie bei den Unternehmen, die Ältere lange aufs Abstellgleis schoben. Sie müssen Flexibilität schaffen statt der Ruhestandsnorm. Und es braucht Angebote an jene, die nicht so lange arbeiten können. Dazu später mehr. Doch wie genau soll die Mechanik längeren Arbeitens aussehen?

Wer nach internationalen Vorbildern sucht, findet rasch welche. Die Skandinavier begannen generell früh, sich auf die Alterung einzustellen. Schweden hat das Standard-Ruhestandsalter schon vor Jahren abgeschafft. Man kann mit 61 eine Rente beantragen, mit 64, mit 67. Je nachdem fällt sie niedriger oder höher aus. Wer länger als 67 arbeitet, erhält entsprechend mehr Altersbezüge. Solch eine Flexibilität könnte die Ruhestandsnorm in Deutschland aufbrechen, wo normale Arbeitsverträge exakt mit dem Tag enden, an dem man eine volle Rente bekommt. Unternehmen sind bisher zu wenig darauf eingestellt, jemanden weiterzubeschäftigen. Wer in Teilzeit weitermachen will, steht vor verschlossenen Türen.

Flexibilität kommt den Bedürfnissen der Arbeitnehmer entgegen. Die Dänen verbieten es Firmen deshalb, den Arbeitsvertrag automatisch mit dem Ruhestandsalter enden zu lassen. Das ist ein Vorbild für die Bundesrepublik.[2]

»Wir brauchen keine starre Altersgrenze, die den Menschen vorschreibt, wann das Erwerbsleben endet«, kritisiert Ex-Arbeitsminister Norbert Blüm. Fällt die Ruhestandsnorm in den Arbeitsverträgen, müsste jedes Unternehmen mit dem Beschäftigten reden und langfristig planen. »Es geht um eine Umkehrung der Beweislast«, sagt Blüm. »Bis jetzt muss die Weiterarbeit vereinbart werden. Andernfalls ist mit 65 Jahren Schluss, und zwar ohne Kündigungsschutz. Umgekehrt ginge es weiter, und zwar mit Kündigungsschutz.«

Die Hälfte aller Industriestaaten erhöht in nächster Zeit das Ruhestandsalter. Mehrere Staaten knüpfen es explizit an die gestiegene Lebenserwartung, die die beste Begründung liefert. So wird das normale Ruhestandsalter in Dänemark in den nächsten zehn Jahren auf 68 steigen. In Schweden und Norwegen sieht es so aus: Sobald jemand in den Ruhestand gehen möchte, wird beziffert, wie lange sein Jahrgang im Schnitt zu leben hat. Wenn jemand aufhören möchte, obwohl er fit ist, kann er das ohne Probleme. Wer schon mit 60 aufhört, kriegt weniger Rente als jemand, der mit 65 aufhört – und etwa die Hälfte der Altersbezüge von einem, der sogar bis 70 tätig bleibt. Damit schiebt einen das System sanft in die Richtung, sein Potenzial auszunutzen.

Flexibilität und Rente nach Lebenserwartung, damit lässt sich das deutsche System umgestalten. Erst die Arbeitsverträge mit der Ruhestandsnorm abschaffen und so jenen das Weitermachen ermöglichen, die es wollen. Und ihnen dann durch deutliche Rentenaufschläge einen Anreiz geben, über den Moment hinaus tätig zu bleiben, an dem es die vollen Altersbezüge gibt – aktuell kommt dieser Zeitpunkt bei gut 65, 2030 bei 67, danach später.

Damit würden alle jetzt Gebremsten ihr Potenzial ausschöpfen. Mein Vater, der Finanzbeamte, genau wie der Lehrer Hubertus John und unzählige Ingenieure, Sozialarbeiter oder Chemiker. Wer nur Teilzeit weitermacht, wie es sich viele wünschen, könnte schon partiell Rente erhalten.

Wer früh ganz aus dem Beruf ausscheidet, obwohl er weiterarbeiten könnte, kann das nach dieser Reform. Er muss das eben mit Abzügen von der Rente bezahlen. Diese Abzüge fallen umso moderater aus, je geringer der Abstand zum Alter voller Ruhestandsbezüge wird. Eine Forschergruppe um den Wirtschaftswissenschaftler Timm Bönke zeigt, dass sich das Ruhestandsalter nur nach hinten schieben lässt, wenn es Abschläge gibt. Und dass diese viel schonender wirken als allgemeine Rentenkürzungen. Höhere Abschläge werden dazu führen, dass die Deutschen länger arbeiten.[3]

Solche Abschläge sind sozial gerecht. Denn warum sollten jene, die weiterarbeiten können, aber aufhören, genauso hohe Altersbezüge bekommen wie jene, die weitermachen? In Deutschland durfte man bis 1992 einfach ohne Einbußen früher aufhören – ein seltsames Verständnis von Fairness.

Aber was ist mit jenen, die wirklich nicht mehr arbeiten können? Die Schweden fangen sie durch eine Mindestrente auf. Auch Deutschland muss sie besser auffangen, wie ich im Kapitel *Angebote an Belastete* vorschlage. Dann wird eine Rentenreform mit längerem Arbeiten insgesamt sozial gerecht. Das Hauptargument der Kritiker wird hinfällig.

Die Schweden steigerten durch ihre Reformen das tatsächliche Ruhestandsalter schon vor fünf Jahren auf fast 65. In Deutschland lag es da noch unter 63. Jeder sechste Schwede arbeitet länger als 65. Das sind doppelt so viele wie im EU-Schnitt. So festigt man ein Alterssystem für die Zukunft, ohne einseitig Jüngere zahlen zu lassen.[4]

Dabei sollte allen eine Absage erteilt werden, die den demografischen Wandel *nur* über längeres Arbeiten lösen wollen. Wer Rentenbeitrag und -niveau allein dadurch konstant halten will, müsste das allgemeine Ruhestandsalter je nach Rechnung schon bis 2040 auf 70 bis 73 erhöhen. Es gibt keine Daten, die nahelegen, dass dies von genug Arbeitnehmern geleistet werden könnte. Oder sollte. Deshalb ist eine faire Rentenreform ja ein Mix, der die Privilegien aktueller Senioren und Beamter kippt, die Riester-Vorsorge repariert und die Löhne steigert (siehe den *7-Punkte-Plan*).[5]

Deshalb kann das Ruhestandsalter, ab dem einer volle Altersbezüge bekommt, weit langsamer steigen. Am besten orientiert man sich daran, dass die Deutschen länger leben. Bisher bedeutete die längere Lebenszeit fast ausschließlich, dass sie eben länger Rente erhalten. Seit dem Zweiten Weltkrieg hat sich dieser Zeitraum mehr als verdoppelt – auf zwanzig Jahre. Ohne Maßnahmen steigt er bis 2045 auf mehr als 27 Jahre. Bei oft nur 35 Berufsjahren. Jeder wird einsehen, dass dies schwer finanzierbar ist.

Fair finanzierbar ist dagegen, das aktuelle Verhältnis von Berufsleben und Ruhestand festzuschreiben, also im Schnitt 40 Jahre Arbeit, 20 Jahre Ruhestand. 2:1. Die steigende Lebenserwartung wird dann in diesem Verhältnis in Arbeit und Ruhestand aufgeteilt. Das Ruhestandsalter sollte ab 2030 alle zehn Jahre um ein knappes Jahr steigen, bis 2040 auf 68 und so weiter.[6]

Länger arbeiten entlastet das Alterssystem rasch. Die länger Beschäftigten erhalten im Extrajahr noch keine Rente. Sie verdienen zusätzliches Gehalt, von dem Beiträge an die Alterskasse fließen (und den Beschäftigten später höhere Renten sichern). Ein Ruhestandsalter von 68 steigert die Beschäftigtenzahl um eine halbe Million – da kommt einiges Geld zusammen.[7]

Gut wäre es, eine Steigerung des Ruhestandsalters rasch zu beschließen. Die Bürger brauchen Zeit, sich darauf einzustellen. Am besten wäre es, die Koppelung an die Lebenserwartung – wie in Schweden – dauerhaft festzuschreiben. Dann schlägt nicht immer wieder die Stunde von Populisten, die Senioren Bonbons schenken. Dann werden die Kosten dauerhaft fair zwischen den Generationen verteilt. Für die Arbeitnehmer bleibt es auf längere Zeit bei einem stabilen Beitrag, der von ihrem Lohn abgeht. »Die Logik muss doch bleiben: Warum mehr als ein Fünftel des Einkommens für Rentner aufwenden?«, sagt Bernd Raffelhüschen.[8]

Der Freiburger Forscher rechnet auch vor, was ein längeres Arbeiten gegen Altersarmut leistet. Ohne Reformen, kalkuliert er, verdoppelt sich die Altersarmut bis Mitte der 2030er-Jahre auf sieben Prozent. Dazu zählt er jene, die die Hälfte des Durchschnittslohns verdient haben und dann unter 800 Euro Rente kriegen. Arbeiten jene länger, die es gesundheitlich können, lässt sich die Altersarmut halbieren. Das ist nur einer der Schritte, die Menschen mit wenig Einkommen helfen (siehe sonst *Angebote an Belastete* und *7-Punkte-Plan*). Aber kein unwichtiger. Gegen längeres Arbeiten wird ja gern argumentiert, es sei unsozial. Das lässt sich nicht halten, wenn man das Ganze sozial balanciert.

Und was ist mit dem Schlagwort Rente mit 70, das Gegner gern als Schreckgespenst an die Wand malen? Ein generelles Ruhestandsalter 70 ist bei den meisten aktuellen Modellen noch eine Weile entfernt. Es kommt oft erst um das Jahr 2060, wenn Lebenserwartung und Gesundheit noch besser sein werden als heute. Deshalb ist die Rente mit 70 überhaupt kein Schreckgespenst.

Andere Staaten haben die steigende Lebenserwartung konsequent in ihr Alterssystem integriert und rechnen heute schon vor, was das bedeutet. Wer 25 ist, wird nach den aktuellen Gesetzen in den Niederlanden im Schnitt mit 71 in den Ruhestand gehen. Das ist ehrlich. Die deutschen Parteien jedoch tun so, als könnten wir immer länger Rente beziehen, ohne länger zu arbeiten. Das Geld dafür soll wohl einfach vom Himmel fallen.[9]

Was Beschäftigte selbst tun können

Als Klemens Wittig beim Frankfurt-Marathon durchs Ziel lief, zeigte die Uhr 3 Stunden 39 Minuten. Damit brauchte er für die Strecke fast doppelt so lang wie der aktuelle Weltrekordler. Auf der anderen Seite hatte Klemens Wittig am Abend vor dem Lauf ja einen Hexenschuss. Außerdem stürzte er ein paar Kilometer vor Schluss und brach sich das Schlüsselbein. Er kam trotzdem ins Ziel, seine Zeit war Europarekord in seiner Altersklasse. Klemens Wittig ist 81.

Als ich knapp über 30 Jahre war, wechselte ich im Fußballclub in eine Mannschaft, die traditionell »Alte Herren« heißt. Ab Mitte 30 gilt einer in den meisten Sportarten nach wie vor als *Senior.* Diese Titulierungen fallen kilometerweit hinter das zurück, was heute Senioren leisten, die ein halbes Jahrhundert älter sind.

Beim Frankfurt-Marathon starteten 700 Läufer ab 60. Der Kanadier Ed Whitlock pflegte täglich um einen Friedhof zu rennen. Mit über 70 beendete er einen Marathon unter drei Stunden, wovon ehrgeizige dreißigjährige *Alte Herren* in dieser Disziplin nur träumen.[1]

Damit die Deutschen länger arbeiten, muss sich viel ändern. In den Unternehmen, in Tarifverhandlungen, in der Politik. Um länger fit zu bleiben, können sie aber auch selbst etwas tun. Es muss ja kein Marathon sein. Klemens Wittig und andere zeigen nur, was heute alles noch geht beziehungsweise läuft, wenn man das Fehlbild vom gebrechlichen Alten hinter sich lässt.

Selbst etwas tun, das mag für manchen nach Ausbeutung klingen, nach Verzichtsrhetorik. Soll ich etwa selbst etwas tun, nur um länger für die Firma schuften zu können? Wer so fragt, sollte die Alternative betrachten: Wenn die Beschäftigten nicht länger arbeiten, müssen sie die Renten durch drastisch höhere Beiträge und Steuern finanzieren. Und vor allem sollte er überlegen: Was Beschäftigte selbst tun können, nutzt ihnen selbst. Sie leben dadurch länger und gesünder. Was sie selbst tun können ist nämlich, auf ihre Gesundheit und geistige Wachheit zu achten.

»Das sind die ganz banalen Dinge, die einem die Oma gesagt hat: Hör auf zu rauchen, iss dein Gemüse auf und beweg dich«, verschreibt einem der Arzt Bernd Kleine-Gunk, der ohnehin eine positive Entwicklung beobachtet: »Rauchen ist nicht mehr chic. Gucken Sie sich alte französische Filme an, da wurde nur geraucht. Die Rauchverbote waren richtig, Passivrauchen schadet. Gesundes Leben ist sogar eine Mode geworden. Früher gab es an Autobahnraststätten nur eine fette Wurst mit Pommes. Heute gibt es dort einen Frischemarkt. Auch die Kantinen sind besser. In den Achtzigerjahren war es toll zu berichten, dass man die Nacht durchgesoffen hat und danach Auto gefahren ist. Heute ist es eher chic, dass man den Stadtmarathon gelaufen ist.«

Man muss gar nicht ab 30 gesund leben. Klemens Wittig lief früher nicht. Er rauchte. Manchmal fuhr der Stahlingenieur auf kirchlichen Freizeiten mit. Beim Frühsport mit den Kindern merkte er, dass die ihn abhängten. Das fand Wittig blöd. Er drückte seine letzte Kippe aus und begann zu joggen. Als er seinen ersten Marathon lief, war er schon 49. Forscher kalkulierten früher, dass der Körper alle zehn Jahre automatisch langsamer und schwächer wird. Inzwischen heißt es, gezieltes Training kann das verhindern.

Um gesund zu bleiben, sind Höchstleistungen überhaupt nicht wichtig. »Gut ist Sport, der Spaß macht. Laufen, Schwimmen, Fußball«, diagnostiziert Dr. Kleine-Gunk. In meinem Fußballteam bei der *Süddeutschen Zeitung* kickt Wolfgang

Böhm, 71, der fürs Dribbling gegen die Mittdreißiger schon mal einen Sprint anzieht.

Mannschaftssport hat zusätzliche positive Effekte. Die Gemeinschaft, die sozialen Kontakte wirken dem Altern entgegen. Deshalb ist auch das Weißbier nach dem Kicken okay. »In meinem Tennisclub gilt die Devise: ›Tennis wird durch Bier erst schön‹«, berichtet Kleine-Gunk, der – ja, Arzt –, dieses Jahr 60 wird.

Das Wissen darüber, was besonders guttut, hat sich verändert. Empfohlen wird nicht mehr wie vor 20 Jahren, nur gemütlich durch den Stadtpark zu joggen. Empfohlen wird Intensität, den Körper immer mal wieder an die Grenze zu bringen. Ihn Stressreizen auszusetzen, weil er darauf eine positive Reaktion gibt: Er fährt Reparatur- und Schutzmechanismen hoch, die langfristig positiv wirken und den Alterungsprozess aufhalten.[2]

Stressreize setzt, wer eine Sauna besucht. Wer Sex hat. Wer auch mal Scharfes isst. Und beim Essen mal eine Pause einlegt, um den Körper in eine kleine Hungersituation zu drängen. Nicht immer Detox, das schadet. Aber zum Beispiel mal ab 17 Uhr nichts mehr essen. Das hilft auch abzunehmen, was für die Gesundheit angesichts so vieler Übergewichtiger enorme Bedeutung hat.

Positive Stressreize setzt ebenfalls das Arbeiten. Wenn einer mit Ende 60 noch ein paar Jahre in Teilzeit tätig ist. »Mach dein Leben nicht zu einem Wellnessurlaub«, warnt Kleine-Gunk. So hilft nicht nur gesünder leben dabei, länger zu arbeiten – arbeiten hilft auch, länger zu leben. Und zwar in Gesundheit, damit man es genießen kann.

Nun ist körperliche Gesundheit das eine. Zum Arbeiten im Alter muss man aber auch geistig beweglich sein. Und das Alter wird ja mit eingerostetem Verstand assoziiert. Doch der rostet nur, wenn man ihn lässt.

»Manche sind mit 50 Jahren uralt, andere mit 90 Jahren taufrisch. Wir sind zur Aktivität geradezu eingeladen«, wirbt der Hirnforscher Ernst Pöppel, früher Direktor des Instituts für Medizinische Psychologie an der Uni München. »Wenn ich nur in Trägheit versinke, verfällt nicht nur meine Muskulatur, sondern auch mein Gehirn.« Wissenschaftler wissen längst, dass das Gehirn lebenslang zum Lernen fähig ist. Pöppel, 78, erzählt von seinem aktuellen Briefwechsel mit dem Philosophen Mario Bunge, 99.[3]

Wer fürs Lernen offen ist, lernt, ob mit 15, 50 oder 70. Wenn die Deutschen sich von der Vorstellung verabschieden, sie hätten mit der Ausbildung ausgelernt, um dann ihren Beruf auszuüben – dann lernen sie auch im Beruf weiter. Und wer mit 50 noch lernt, kann mit 70 leichter arbeiten.

Man darf es sich nur nicht zu einfach machen. Man muss etwas so lange üben, bis die Leistung nachlässt – dann ist das Gehirn am Limit und baut in dieser Not neue Verbindungen auf. Es lernt dazu. Wenn man dann erschöpft eine Pause macht, arbeitet es weiter. Sogar im Schlaf.

Pöppel empfiehlt, täglich einige Gedichtzeilen auswendig zu lernen. »Ich werde deshalb belächelt, doch gibt es dafür gute Gründe. Gedichtzeilen haben eine zeitliche Struktur, und wenn man zeitliche Strukturen anwendet, dann wird die zeitliche Informationsverarbeitung im Gehirn trainiert.« Aber im Grunde ist es egal, was man lernt. Hauptsache, man tut es.

Wenn ihn jemand fragt, ob man so etwas wie einen Trainingsplan entwickeln soll, um das Gehirn beweglich zu halten, zögert Pöppel. Ja, vermutlich, und den Plan dann auch einhalten. »Aber nicht sklavisch. Manchmal muss man über die Stränge schlagen. Man sollte nicht Sklave seiner selbst werden und jeder Freude aus dem Weg gehen, um damit einen Tag vielleicht länger zu leben.«

Geistig beweglich bleibt, wer sich regelmäßig auf etwas Neues einlässt, neue Musik, Literatur, Sprachen, Bekanntschaften oder Urlaubsziele. Pöppel beteiligt sich momentan daran, eine Universität in Myanmar aufzubauen. »Von Singapur ausgehend, entwickle ich mit Kollegen ein eurasisches Projekt, um neue Wege in der Forschung zu gehen. Aber hauptsächlich bin ich noch Wissenschaftler, der in der Grundlagenforschung über das Gehirn Neues erkunden will.«

Die Forschung zeigt, dass körperliche Fitness die geistige steigert. Wer Sport treibt, dessen Hirn altert langsamer. Und beim Sport lassen sich geistige Prozesse wie Koordination, Schnelligkeit oder Entscheidungsfreude üben. »Man sollte mindestens dreimal die Woche richtig ins Schwitzen kommen«, rät Ernst Pöppel, »das empfiehlt jeder gute Arzt. Sport ist auch das beste Antidepressivum.«

Klemens Wittig will so lange laufen, wie seine Beine ihn tragen, vertraute er dem SZ-Journalisten Titus Arnu an. Er wohnt neben einem Friedhof, auf dem er sich schon ein Grab reserviert hat. Hin will er da möglichst spät. Schwedische Forscher ermittelten, dass einen Sport im Alter bis zu vier Jahre länger leben lässt. »Wenn ich 100 Jahre alt werde«, sagt Wittig, »dann laufen meine Enkeltöchter gemeinsam einen Marathon mit mir. Das haben sie mir versprochen.«

Bisher laufen die Enkel langsamer.

Eine neue Arbeitswelt

Amrai Bolkow steht unter Druck. Sie arbeitet in einem Verkehrsbetrieb an den Fahrplänen von Bussen und Bahnen – und an den ewigen Verspätungen. Oft muss sie schnell fertig sein. Oder die Abgabe für ein Projekt wird verschoben und etwas anderes vorgezogen, das dann schnell fertig sein muss. Das sorgt für Stress, bei ihr wie bei ihren Kollegen.

Amrai Bolkow denkt manchmal, ihre Belastung wäre geringer, wenn die Koordination besser wäre. Oder wenn die Firma Yogakurse anbieten würde, oder Gymnastik. Vor Kurzem kam tatsächlich erstmals eine E-Mail mit einem solchen Angebot. Der Kurs findet allerdings erst um 17 Uhr statt. Da muss sie längst ihre Töchter vom Hort abholen.[1]

Simone Scherger artikuliert Zweifel, ob ein längeres Arbeiten in großem Stil realistisch ist. Wer dies heute schon tut, ist oft gebildeter und gesünder als viele andere. Die Werte dieser Weitermacher ließen sich nicht verallgemeinern. Viele andere Bürger müssten erst befähigt werden, wirklich länger arbeiten zu können.

Ebenso argumentiert Gert Wagner, ebenso wie Scherger Mitglied der Rentenkommission der Regierung. »Eine Verlängerung des Rentenalters macht es leichter, das Alterssystem so zu finanzieren, dass vernünftige Renten rauskommen.« Wegen zunehmender Bildung und zunehmender Lebenserwartung spreche viel dafür. Immer mehr Deutsche wollten es auch. Doch »für die jetzige Politikergeneration ist eine Rente mit 70 ein rotes Tuch«, weiß Wagner aus zahllosen Gesprächen. »Sachlich wie politisch entscheidend wäre es, das Thema darüber anzugehen, dass man die Gesundheit der Arbeitnehmer verbessert«, wirbt er. »Wenn die Altersgrenze nach 2030 erhöht werden soll, dann müssen dafür die Grundlagen bei der

Gesundheit geschaffen werden – vorher macht es keinen Sinn, darüber zu diskutieren.«[2]

Scherger und Wagner haben recht: Für längeres Arbeiten bedarf es einer neuen Arbeitswelt. Mit Gesundheitsmanagement. Mit schonenderen und anregenderen Jobs. Und mehr Augenmerk auf die neuen Alten in den Betrieben.

Dafür müssen die Unternehmen realisieren, wie zentral Gesundheit ist. Es geht darum, die körperlichen Einschränkungen in spätere Lebensjahre zu verschieben. Manche Firmen kümmern sich darum ernsthafter als Amrai Bolkows Verkehrsbetrieb. In der Zentrale der Pharmafirma Boehringer in Ingelheim steht seit zehn Jahren ein Gesundheitszentrum, Schwerpunkt Prävention. Die mehr als 8000 Mitarbeiter können an Geräten trainieren, Kurse besuchen, gemeinsam klettern oder Volleyball spielen – und das Betriebsrestaurant veranstaltet Kochkurse. So etwas geht nicht nur bei Konzernen. Der Heizungshersteller Viessmann offeriert Workshops wie »Gemüse selbst anbauen«, der Autozulieferer Hera kostenlos 20 Sportarten von Karate bis Mountainbiking, der Pumpenfabrikant Sera Zuschüsse zur Massage.

Auch mittlere und kleine Firmen können umfassendes Gesundheitsmanagement, argumentiert die Hamburger Körber-Stiftung, die sich in zahlreichen Projekten mit der Demografie beschäftigt. Die Betriebe sollen ihre Belegschaft befragen, um die speziellen gesundheitlichen Herausforderungen zu erfahren. »Prävention, Kuration und Rehabilitation« erhöhen die Zahl der Arbeitenden dauerhaft, argumentiert der Sozialbeirat der Bundesregierung, den Gert Wagner leitet. Jeder Euro, den ein Unternehmen in die Gesundheit seiner Mitarbeiter steckt, spart Kosten von 16 bis 18 Euro, zeigen Studien.[3]

Entscheidend wirkt sich die persönliche Lebensweise aus. Sie wird seit Dekaden generell gesünder, doch es gibt Warnzeichen. Übergewicht und Fettsucht nehmen deutlich zu. Neuerdings rauchen Frauen wieder mehr.

Dem zu begegnen, ist eine politische Aufgabe. Es geht nur nachrangig darum, dass die Bürger dann auch länger im Beruf bleiben können. Ein gesünderer Lebensstil hilft ihnen vor allem, länger zu leben – und länger ohne Einschränkungen. Das ist kein Spaßbremsentum. Tabak und Alkohol zählen noch immer zu den Hauptgründen, warum jemand vorzeitig stirbt. Während Wein in Maßen sogar positive Effekte hat, tötet zu viel, genau wie beim Fleisch. Die Deutschen sind wegen Übergewichts öfter herzkrank als Schweizer oder Österreicher und sterben früher.

Ob die Lebenserwartung in Deutschland weiter steigt, hängt von zwei Dingen ab, sagen die Wissenschaftler Domantas Jasilionis und Pavel Grigoriev vom Max-Planck-Institut für demografische Forschung in Rostock. Zum einen hängt es vom medizinischen Fortschritt ab. Investiert das Land weiter das nötige Geld, um die zunehmenden alterstypischen Krankheiten wie Alzheimer oder Demenz zu bekämpfen? Dazu braucht es eine faire Rentenreform, die die Kosten auf Alt und Jung verteilt, damit auch künftig Geld für die Gesundheit da ist. Zum anderen hängt die Lebenserwartung davon ab, wie sich Nahrungs- und Rauschmittelkonsum entwickeln. Hier ist ebenfalls der Staat gefordert. Zum Beispiel, indem er Tabak, Alkohol, Softdrinks und Fleisch konsequent durch Steuern verteuert – und die Werbung für diese Produkte verbietet. Indem er in Schulen frühzeitig über gesunde Lebensweise aufklärt – und bildungsfernen Schichten spezielle Angebote macht.[4]

Fit bleiben Arbeitnehmer aber nicht nur durch weniger Zigaretten und mehr Betriebssport, erklärt Bernd Kleine-Gunk. Zentral ist der Arbeitsplatz selbst. »Wer unzufrieden ist oder sich gemobbt fühlt, der wird krank. Das Wichtigste, um Menschen in der Arbeit gesund zu halten, ist Spaß an der Arbeit. Firmen sollten dafür sorgen, dass der Job interessant ist.«

Klingt nach reinem Wunschkonzert? Nicht unbedingt. Firmen haben immer mehr Interesse daran, dass die Mitarbeiter lange auf ihrer Stelle bleiben. Gute Arbeitsbedingungen sind die Voraussetzung, um das attraktiv zu machen. »Für die Unternehmen kann dies ein maßgeblicher Beitrag zur Sicherung ihrer Fachkräfte, zu höherer Produktivität und verbesserter Wettbewerbsfähigkeit sein«, so der Sozialbeirat.

Aktuelle wirtschaftliche Trends bieten Chancen, dass Arbeit erfüllter wird denn je. Roboter und Computer übernehmen Schweres und Stupides. Der Mensch kann sich auf seine Stärken wie Kreativität, Empathie oder Urteilsvermögen konzentrieren (und muss es langfristig wahrscheinlich, um seine Stellung gegen die Maschinen zu verteidigen).[5]

Ebenso positiv wirkt sich aus, wenn Firmen Beschäftigten in Teams mehr Verantwortung geben, also die Berufswelt demokratisieren. Und sich mehr Wertschätzung auf die Fahnen schreiben, weil Zufriedenere mehr leisten. Natürlich muss man abwarten, was wirklich aus diesen Trends wird.

Clemens Tesch-Römer, Leiter des Deutschen Zentrums für Altersfragen, fordert eine Rückbesinnung auf die Siebzigerjahre-Idee von der Humanisierung der Berufswelt. Dazu gehört eine Personalpolitik, die die Beschäftigten mitnimmt. Ein Firmenklima, in dem etwa Deadlines korrigiert werden, um Stress wie bei Amrai Bolkow zu reduzieren. Und eine Umgestaltung von Arbeitsplätzen, um körperliche Anstrengung zu reduzieren. Stehpulte, Kurse für richtiges Heben, Roboterhandschuhe für Krankenschwestern.

BMW startete schon vor 15 Jahren das Programm »Heute für morgen«, weil bald jeder Zweite am Fließband über 50 sein wird. Da fahren Werktische per Knopfdruck in die richtige

Höhe, alle wichtigen Punkte sind gut zu greifen, in der Nähe hängt ein Plakat mit Entspannungsübungen.

Stressabbau ist eminent wichtig, weil es Anzeichen gibt, dass die Arbeit stressiger wird: Durch strengere Leistungsvorgaben und elektronische Geräte, mit denen Beschäftigte rund um die Uhr erreichbar sind. Krankschreibungen aufgrund psychischer Probleme nehmen zu. Im Extremfall droht die Frührente wegen Burn-out oder Depressionen.[6]

Simone Scherger warnt davor, die Gesundheitsmaßnahmen auf Ältere zu konzentrieren. »Das frühe Ausscheiden hat seine Ursachen in Dingen, die vor 20 bis 30 Jahren geschahen. Altersgerechtes Arbeiten muss früh anfangen.« Dazu braucht es Angebote für jene, die schon bald alt sein werden.

Ein Modellprojekt der Deutschen Bahn versucht Beschäftigten zu vermitteln, was sie im Alter noch können – und welche Fähigkeiten sie brauchen. Die werden dann gezielt trainiert. Zugbegleiter etwa bekommen viele Fragen und Klagen von Fahrgästen zu hören. Um den Job im Alter noch machen zu können, müssen sie resilient werden. Also lernen sie, mit dem Stress umzugehen. Sie erhalten Anleitungen für Übungen in der Pause. Und kognitives Training, um den Überblick über den Zug zu schärfen.

Die Bahn hat einen Tarifvertrag abgeschlossen, der Arbeitszeiten und Dienstpläne mehr an der jeweiligen Lebensphase ausrichten soll. Wer viel nachts oder in Wechselschicht tätig war, kann ab 60 kürzer arbeiten, ohne viel Gehalt zu verlieren. Ähnliche Demografie-Verträge beschleunigen den Wandel inzwischen auch in großen Industriebranchen. Wobei altersgerechtes Arbeiten nicht als betreutes Wohnen misszuverstehen ist, warnt Clemens Tesch-Römer. »Betriebe sollten ältere Arbeitnehmer nicht überfordern, aber auch nicht unterfordern. Letzteres passiert. ›Der ist 60, der muss sich in die Ecke setzen.‹ Das ist genauso schädlich für die Gesundheit wie Überforderung.«

Was auf jeden Fall hilft, um Alt und Jung zu vereinbaren, sind gemischte Teams. Die helfen jedem, sich auf Tätigkeiten zu fokussieren, die er besonders gut kann. Und seine Stärken auszuspielen. Jüngere haben vielleicht ein größeres Digitalverständnis, Ältere mehr Erfahrungswissen – das dann der Firma nicht verloren geht. Damit die Teams funktionieren, sollten sie wirklich gemischt sein und nicht nur einen Alibi-Zwanzigjährigen enthalten.

Ältere schreckt nicht so sehr die körperliche Anstrengung vom Arbeiten ab, sondern eher »das Tempo der heutigen Zeit«, sagt der Bauer Jürgen Görg. »Heute wird alles auf Effizienz getrimmt und mit Technologie versehen. Da können wir Alten manchmal schlecht mithalten, wenn wir nicht stetig weitergebildet werden.«

Das ist ein wesentlicher Punkt: Fortbildung muss es künftig für alle Altersgruppen geben, nicht nur für die jüngeren. Fürs Lernen gibt es keine Ruhestandsgrenze. Ernst Pöppel postuliert in seinem Buch *Je älter desto besser*, das Gehirn arbeite mit zunehmendem Alter sogar immer besser – wenn man es nutzt. »Ältere Menschen denken zwar langsamer, dafür aber gründlicher.« Gehirntests bestätigen das. Die Langsamkeit könnte sogar eine bewusste Entscheidung sein, um genauer zu sein.[7]

Manchmal ist eine Weiterqualifikation nötig, um eine neue Tätigkeit zu finden. Ein solcher Wechsel innerhalb der Firma kann ältere Mitarbeiter sogar zusätzlich motivieren, berichten die Fachleute der Körber-Stiftung. Damit so etwas praktisch funktioniert, muss es aber vorausschauend geplant werden. So lässt sich auch verhindern, dass jemand nach einem langen Berufsleben in einen unwürdigen Hilfsjob abgeschoben wird.

Manchmal braucht es sogar eine zusätzliche Ausbildung. Da

stand allerdings in der deutschen Wirtschaft lange eine unsichtbare Schranke im Weg. Neue Ausbildung? Einen Bewerber über 50 von außen einstellen? Bloß nicht. Ab 50 musste man hoffen, in seinem Job bleiben zu dürfen. Andernfalls drohte Arbeitslosigkeit. So wie bei Adelheid Staudt, deren Lebensweg die Autorin Margaret Heckel aufzeichnet. Staudt war früher Näherin, dann in der Buchhaltung tätig. Sie setzte einige Jahre wegen ihrer Kinder aus. Nach ihrer Rückkehr fusionierte ihre Großhandelsfirma, sie flog raus. Was tun? Bis vor Kurzem wäre sie mit Mitte 50 wohl einfach arbeitslos geblieben.

Adelheid Staudts Fall zeigt, was sich in der Arbeitswelt langsam ändert. Schon seit Mitte der Nullerjahre. Damals bekam Staudt sogar eine neue Ausbildung: zur Bankassistentin bei der Direktbank ING-DiBa. Die Bank legte das Programm »Azubi 50+« auf, weil sie gemischte Teams von Älteren und Jüngeren für erfolgreicher hält. Und für ältere Kunden ältere Ansprechpartner bereithalten möchte. Nach der einjährigen Ausbildung stellte die Bank Adelheid Staudt ein. »Ich bin gern unter Menschen und könnte mir eigentlich nicht vorstellen, die ganze Zeit zu Hause rumzusitzen«, sagt sie. Viele ihrer frühverrenteten Freundinnen erzählen ihr, wie sehr es ihnen fehlt, so gebraucht zu werden wie Adelheid Staudt.[8]

Angebote an Belastete

Manchmal bestimmen Menschen die Politik mit, die in der Erinnerung leben. So ist es mit dem Vater von SPD-Chefin Andrea Nahles. »Wer 40 Jahre auf dem Bau gearbeitet hat«, sagt sie, »der kann irgendwann nicht mehr. Mein Vater war Maurer und ist mit 73 Jahren gestorben. Wenn mir da einer mit Arbeiten bis 70 kommt, werde ich sauer.« Die frühere Sozialministerin wettert gegen längeres Arbeiten. Sie hält es für einen Irrglauben, dass wir alle älter und fitter werden.

Viele Deutsche kennen Maurer wie den Vater von Nahles. Andere erzählen von Dachdeckern oder Altenpflegern. Diese Argumentation ist berechtigt. Zahlreichen Beschäftigten fällt es bisher schwer, länger tätig zu bleiben. Körperliche Schufterei belastet ebenso wie hohes Tempo im Akkord, der Wechsel zwischen Schichten ebenso wie einseitige Beanspruchung, psychischer Druck ebenso wie Hitze, Nässe oder Lärm. »Für zahlreiche Berufe gibt es faktische Höchstaltersgrenzen, die eine Weiterarbeit bis ins höhere Alter hinein kaum möglich machen«, befindet eine Forschergruppe. Etwa im Krankenhaus, am Band, auf dem Bau.[1]

Wer die politische Blockade gegen längeres Arbeiten überwinden will, der muss spezielle Lösungen für jene finden, die nicht so lange können oder krank werden. Indem er ihre Arbeits- und Lebensbedingungen angeht – und sie finanziell besserstellt. Besser als bisher, da viele mit einer Erwerbsminderungsrente in Armut enden.

Wer wirklich etwas ändern will, muss sich die Zusammenhänge klarmachen. Schlechte Gesundheit korrespondiert oft mit benachteiligter Herkunft, wenig Bildung, belastenden Jobs und wenig Lohn. Diese Bürger erkranken weit öfter an Bluthochdruck, Arthrose, Diabetes oder Krebs. Ihre Probleme bedingen sich gegenseitig. Wer auf dem Bau werkelt, geht früher gesundheitlich kaputt. Wer wenig verdient, wohnt beengt an vielbefahrenen Straßen und kann sich seltener Biogemüse leisten. Wer ungebildeter ist, geht seltener zum Sport oder zur Krebsfrüherkennung. Dazu kommt ein ungesunder Lebensstil, der nicht nur selbstverschuldet ist, wie der Medizinsoziologe Thomas Lampert betont: Wer im Lager, im Restaurant oder im Pflegeheim tätig ist, raucht und trinkt oft mehr, um den Stress zu bewältigen.[2]

Der wirtschaftliche Trend weg von körperlicher Plackerei wird helfen. Es wird weniger Bandmalocher und Maurer geben und mehr Pfleger mit Roboterarm. Doch das genügt nicht. Benachteiligung baut sich früh auf. Weniger als jede dreißigste Mutter mit hohem sozialem Status raucht während der Schwangerschaft. Aber jede vierte mit niedrigem Status. Kinder dieser Mütter sind bis zu viermal häufiger fettleibig als andere Kinder, haben ebenso viel häufiger Essstörungen oder Schwierigkeiten in der Kita oder in der Schule. Die Gesundheitsfolgen zeigen sich verstärkt ab 40.

Der Bauhandwerker Dragan Veljovic wurde vor seinem 50. Geburtstag schon zweimal am Herzen operiert. Jetzt plagt ihn ein Bandscheibenvorfall. Veljovic will ihn vorwiegend mit Schmerzmitteln bekämpfen. Sport? »Wann denn?«, fragt er zurück. Und ja, sagt er, »ich weiß schon, meine Frau serviert zu viel Brot und zu viel Fleisch«.

Wer da etwas ändern will, muss das fachpolitische Kästchendenken verlassen. Nötig wäre vorausschauende Bildungs- und Sozialpolitik, statt nur weiter die schlechten Perspektiven jener zu verwalten, die sich im Dienst Gelenke und Gefäße ruinieren. Bildung ist die zentrale Voraussetzung für gesundes Altern. Die Politik muss aufklären – und auch Geringverdienern gute medizinische Versorgung und Prävention gewähren.[3]

Der Staat muss sich mehr um diese Bürger kümmern. Und ihnen finanzielle Anreize geben, gesünder zu leben. Was spricht gegen Gutscheine für Gymnastikkurse und Gemüse? Andere Staaten stellen Masterpläne auf, um die Lebensweise ihrer Bevölkerung zu verbessern.

Auch im Betrieb lässt sich korrigieren, was im Jugendalter falsch lief. Durch eine ernst gemeinte Prävention und bessere Arbeitsbedingungen in belastenden Berufen. Und durch gezielte Programme. Ab 40 nimmt das riskante Verhalten zu, weil Menschen das Gefühl haben, sie könnten ihre Gesundheit ohnehin nicht mehr beeinflussen – was nicht stimmt.

Da braucht es Betriebsärzte, die die Lust am Sport wecken. Und Vorgesetzte, die das Vertrauen in die eigenen Fähigkeiten stärken. Andreas Kruse berichtet von kognitiven Tests für Mitarbeiter aus unteren Schichten. Unter Zeitdruck Zahlen verbinden, Wortpaare bilden, Rätsel lösen. Und den Test nach einiger Zeit wiederholen, wobei sich die Ergebnisse verbessern. »Das ist das Schönste, wenn Sie mit bildungsfernen Menschen Testergebnisse anschauen und die sehen, was sie können.« Das gibt das Gefühl, die eigene Situation verändern zu können.

Manchmal braucht es auch einfach Veränderung. »Wenn du 40 Jahre lang Fliesen verlegt hast, kannst du nicht bis 70 arbeiten«, sagt Ex-Arbeitsminister Norbert Blüm. Der Fliesenleger könne aber länger tätig bleiben, wenn er in seinem Betrieb rechtzeitig eine andere Aufgabe bekomme. »Es gibt zu wenig altersspezifische Arbeitsplätze. Heute lassen wir die Leute bis zum letzten Tag voll arbeiten, auch wenn wir wissen, dass man es in ihrem Beruf so nicht bis zur Rente schaffen kann. Warum geben wir ihnen nicht vorher eine andere Arbeit?«

Der ältere Fliesenleger klebt die Fliesen, aber er trägt sie nicht mehr. Er kümmert sich um die Organisation, legt Excel-Listen an. Auch für den viel zitierten Dachdecker geht noch was, glaubt Joachim Gauck: »Vielleicht kann er Ziegel ordern und verkaufen, statt sie selbst zu verlegen. Vielleicht kann er sein Wissen über Geschäftsabläufe an einer anderen Stelle im Unternehmen einsetzen. Vielleicht kann er seine Fertigkeiten der nächsten Generation weitergeben und sich in der Ausbildung engagieren. Alternativen braucht auch die Erzieherin, die nach 30 Berufsjahren im turbulenten Kindergarten woanders neu anfangen will. Warum nicht in einem Mehrgenerationenhaus?«

In einem Projekt Ende der Nullerjahre konnten Firmen Zuschüsse beantragen, um ältere Beschäftigte in schwierigen Berufen umzuqualifizieren. Das Bundesprogramm »Perspektive 50 plus« versucht, ältere Arbeitslose wieder zu integrieren. Um wie viel besser ist dieses Geld angelegt als für den Lebensunterhalt jener, deren Umschulung verpasst wurde?

Bildung, Prävention, bessere Arbeitsbedingungen und Umschulungen: Durch solche Veränderungen könnten Belastete gesünder bleiben. Und als Folge etwas länger arbeiten. Vielleicht nicht bis 67, aber länger als 54.

Talih Ince hörte mit 54 auf, nach fast 40 Jahren auf dem Bau. Die Knie, die Bandscheibe. Seine Baufirma lehnte seinen Vorschlag ab, als Planer zu arbeiten. Sie wollten ihn als Maurer oder gar nicht. Sein Fall zeigt, wie wenig sich die Gesellschaft um die kümmert, die nicht mehr in ihrem Beruf arbeiten können. Er bekommt eine krankheitsbedingte Frührente, und das ist, wie oft, wenig. Etwa ein Fünftel der Deutschen geht wegen einer sogenannten Erwerbsminderung in den Ruhestand. Sie haben ein Armutsrisiko von 50 Prozent.[4]

Hier zeigt sich ein krasser Widerspruch. Die Mehrheit der Politiker lehnt längeres Arbeiten für alle Deutschen mit der Begründung ab, Maurer wie Ince würden das ohnehin nicht schaffen. Aber dieselbe Mehrheit kümmerte sich die längste

Zeit nicht darum, ob einer wie Ince in Armut landet. Um die Jahrtausendwende wurde verschärft, ab wann jemand krankheitsbedingt vorzeitig Altersbezüge erhält. Davor reichte es oft, seinem traditionellen Beruf nicht mehr nachgehen zu können. Heute muss einer im Wesentlichen zu keiner Tätigkeit mehr in der Lage sein, um das Geld zu kriegen. Bei Talih Ince dauerte der Prozess zwei Jahre, bis er die Erwerbsminderungsrente bekam. Deutsche können sich nur schlecht dagegen schützen, in solch eine Zwangslage zu geraten. Eine private Versicherung gegen Berufsunfähigkeit ist teuer – und zahlt oft nicht, wenn man sie dann benötigt.

Deshalb braucht es Verbesserungen für kranke und körperlich belastete Menschen. Laura Romeu Gordo und Heribert Engstler fordern flexible Möglichkeiten des vorzeitigen Übergangs in den Ruhestand – »finanziell zumindest so weit abgesichert, dass das kaum vermeidbare vorzeitige Ausscheiden aus dem Erwerbsleben zu keinem dauerhaften Abrutschen in die Armutszone führt«.

Warum fördert der Staat nicht mehr Teilzeitjobs, mit denen Eingeschränkte ihre Altersbezüge aufstocken können? In Skandinavien gibt es mehr Möglichkeiten, so in den Ruhestand zu gehen.[5]

Wenigstens bewegt sich nun etwas nach Jahren des Nichtstuns. Auf Druck der SPD erhöht die Regierung die Altersbezüge für jene, die nicht mehr arbeiten können. Das begann in der vergangenen Wahlperiode. Künftig werden Erwerbsgeminderte finanziell so gestellt, als wären sie bis zum offiziellen Ruhestandsalter im Betrieb geblieben. Die Klagen der Arbeitgeber über die Kosten sind schamlos. Denn die Veränderungen versprechen, dass viel weniger Menschen in Armut rutschen. Allerdings sollen sie nur für jene gelten, die erst noch aus dem Beruf ausscheiden.[6]

Die Regierung sollte noch etwas anderes überlegen. Moritz Heß macht eine neue soziale Ungleichheit aus. Es gibt jene, die relativ mühelos im Beruf bleiben können, hoch qualifizierte Angestellte, Selbstständige – oder Wissenschaftler wie er selbst. Für sie wird mal wieder ein neuer Anglizismus benutzt: *silver workers*. Über ihr selbstverständliches Weitermachen könnten die *rust workers* vergessen werden: Krankenpfleger oder Bauarbeiter, denen das Weitermachen schwerfällt. Heß fürchtet, dass sie trotzdem häufiger in schlecht bezahlten, körperlich anstrengenden Jobs bleiben werden, weil sonst die Altersbezüge nicht reichen.

Es wirkt wie ein Konstruktionsfehler des Systems. Das einheitliche Ruhestandsalter benachteiligt jene, die früher in den Beruf starten und körperlich schuften. Dies könnten Gewerkschaften und Arbeitgeber stärker auffangen, indem sie in Tarifverträgen einen früheren Ruhestand für bestimmte, klar definierte Berufe vereinbaren. Auch der Staat könnte einen Zuschuss gewähren, damit diese Gruppe in Würde in den Ruhestand gehen kann. Damit ist keine unbezahlbare Rückkehr zur Frührente für alle gemeint, sondern eine Sonderregelung für vielleicht 10 bis 15 Prozent der Beschäftigten. Es wäre ein Schritt gegen Altersarmut.[7]

Eine faire Rentenreform kümmert sich um jene, die es im Leben schwerer haben.

Warum die Firmen langsam aufwachen

Petra Peterich stammt aus der linken Generation, die damals auf die Straße ging, um das Strafrecht zu liberalisieren. Statt im Gefängnis weiter auf die schiefe Bahn zu geraten, sollten Täter Betreuung erfahren. Vor 20 Jahren fing die Sozialpädagogin dann an, in ihrem Haus in Niedersachsen straffällige Jugendliche aufzunehmen – statt U-Haft. Sie meint das politisch: »Es muss jemand zeigen, dass unsere Ideen etwas werden und nicht nur eine Theorie sind«, sagte Peterich, als ich vor ein paar Jahren mit ihr sprach.

Bemerkenswert ist nicht nur, dass ihre Jugendlichen seltener wieder ins Gefängnis wandern. Sondern auch, dass der damals Siebzigjährigen die Arbeit umso einfacher fiel, je älter sie wurde. »Das Einfühlungsvermögen und die Rücksicht auf das Alter wachsen bei den Jugendlichen. Ich wiederum kann ihnen jetzt mit einer großmütterlichen Liebevolligkeit begegnen. Müsste ich aufhören, würde ich mich wohl langweilen.«

Die besonderen Fähigkeiten von 65 plus zeigen sich in der Industrie genauso. Bei Firmen wie Bosch, die gezielt ältere Beschäftigte beschäftigt halten, um von ihrem Wissen und ihrer Erfahrung zu profitieren. Viele deutsche Firmen allerdings vergeben diese Chance.

Laura Romeu Gordo und Clemens Tesch-Römer beobachten nach wie vor Altersdiskriminierung. »Du bist ein älterer Arbeitnehmer. Du bist nicht mehr weiterbildungsfähig und -willig. Da investiert man nicht mehr«, schildern die Forscher vom Deutschen Zentrum für Altersfragen. »Wenn Personalchefs gefragt werden, wie sieht ein idealer Bewerber aus, kommt oft ein Profil heraus, das zu Älteren passt: zuverlässig, verantwortlich, loyal. Aber eingestellt werden dann die Jüngeren.«

Jeder dritte europäische Arbeitnehmer fühlt sich im Beruf diskriminiert, am häufigsten wegen seines Alters. Jeder fünfte erlebt es als größtes Hindernis für die berufliche Laufbahn. »Die Unternehmer werden irgendwann merken, sie können die Älteren nicht so einfach rausschmeißen«, warnen Romeu Gordo und Tesch-Römer. »Es wird immer schwerer, Stellen zu besetzen.«[1]

Denn die Berufswelt verändert sich gerade dramatisch. Deutschland boomt seit Jahren. Die Nachfrage nach Arbeitskräften nimmt zu. Die Zahl der Arbeitnehmer erhöhte sich in der vergangenen Dekade auf 45 Millionen, das sind fünf Millionen mehr. Doch die Bevölkerung schrumpft. Vor allem verändert sich ihr Altersprofil. Jeder zweite Arbeitnehmer ist heute mindestens Mitte 40. Die geburtenstarken Jahrgänge gehen demnächst planmäßig in den Ruhestand. In 25 Jahren wird es sieben Millionen Deutsche weniger im typischen Berufsalter geben. Wenn weiter so wenig Ältere arbeiten, könnten den Unternehmen nach manchen Prognosen mehr als zehn Millionen Arbeitskräfte fehlen. Das wird die Volkswirtschaft schwer schädigen, Wachstum und Staatseinnahmen kollabieren lassen. Was liegt da näher, als das Ruhestandsalter etwas nach hinten zu schieben? Zumal viele Beschäftigte ja noch nicht mal bis 65 arbeiten.[2]

Die Unternehmen spüren den Mangel an geeignetem Personal längst. 2018 meldete der Deutsche Industrie- und Handelskammertag, jede zweite Firma habe offene Stellen, die sie längerfristig im Zweifel gar nicht besetzen könne. Insgesamt mehr als 1,5 Millionen Jobs. Zwar ist die genaue Höhe des aktuellen Fachkräftemangels umstritten. Doch für die Zukunft überwiegen die skeptischen Prognosen. So geht das Prognos-Institut in zehn Jahren von einer Fachkräftelücke von drei Millionen aus: »Der zunehmende Mangel könnte künftig eine Steigerung der Wertschöpfung in einzelnen Branchen verhindern.« Nach früheren Studien wächst die Wirtschaft dann nur noch halb so stark.[3]

Nur noch halb so stark? Welche Firma lässt sich ernsthaft Geschäfte entgehen? All jene, in denen die Tradition nachwirkt, ältere Mitarbeiter abzuschieben. In denen weiter die herkömmlichen Klischees regieren. »Wenn er einen 39- und einen 55-jährigen Bewerber hat, denkt der Personalchef: Der Ältere ist öfter krank, ist weniger flexibel«, berichtet Simone Scherger. »Aber das stimmt gar nicht. All diese Klischees sind in der Breite widerlegt.« Ältere sind seltener krank. Bei kleineren Infekten kommen sie trotzdem. Sie verlieren zwar körperlich etwas an Leistung, kompensieren dies aber durch Erfahrung – und machen deshalb weniger teure Fehler. In anspruchsvolleren Tätigkeiten nimmt ihre Produktivität sogar zu.

Trotzdem kümmern sich die meisten Betriebe bisher nicht um altersgerechte Arbeitsbedingungen. Trotzdem konstatieren zwei Drittel der Beschäftigten, dass Firmen Ältere vom Arbeiten abhalten: Die Unternehmen sehen Ältere generell nicht positiv, schließen sie von Fortbildung aus und verweigern ihnen kürzere Arbeitszeiten, die ihnen das Weitermachen erleichtern würden.[4]

Den Unternehmen war es lange recht, Mitarbeiter normiert mit spätestens 65 rauszuschieben, um sie durch Jüngere zu ersetzen, die weniger verdienen. Doch dieses Kalkül geht nicht mehr auf, beobachtet Bernd Raffelhüschen: »Die Firmen kriegen keine günstigen Jungen mehr.« Sie werden offen für Ältere. Und das ist höchste Zeit, denn die Unternehmen verzichten schon viel zu lange auf deren Know-how: »Alte Menschen sind das größte Reservoir des Arbeitsmarkts. Die sind schon da, und die braucht man nicht qualifizieren.«

Damit sich wirklich etwas ändert, müssen sich die Unternehmen von dem Jugendwahn verabschieden, den sie jahrzehntelang pflegten. Und stattdessen nach vorne schauen – und ihre Personalplanung auf den demografischen Wandel ausrichten. Die Fachleute der Körber-Stiftung empfehlen eine Bestandsaufnahme: Welchen Personalbedarf hat die Firma? Wie sieht die Altersstruktur aus?

Der Jugendwahn ist in Wahrheit ein Billigwahn. Im Zuge des Shareholder-Value der Neunzigerjahre interpretierten Unternehmen den Arbeitnehmer zum Kostenfaktor um. Je billiger, je besser. Und billig ist jung – weil Beschäftigte nach dem Senioritätsprinzip umso mehr Gehalt bekommen, je länger sie im Beruf sind. Dieses Senioritätsprinzip blockiert weiterhin, dass Unternehmen ältere Bewerber einstellen. Es wäre sinnvoller (und motivierender für Alt und Jung), Gehaltszulagen und Beförderungen stärker nach Leistung zu vergeben – und auf Zeit. Manche Forscher sahen schon Mitte der Nullerjahre eine neue Dynamik in den Betrieben entstehen: »Es werden Instrumente wie befristete oder an Funktionen geknüpfte Leistungszulagen zum Einsatz kommen. Auch wird den älteren Arbeitnehmern zukünftig eine höhere Mobilität abverlangt. Es wird zur Routine werden, Qualifikationen zu erneuern.«[5]

Tatsächlich denken Firmen langsam um. Jeder vierte Betrieb will Ältere zum Bleiben bewegen, die wegen der Frührente mit 63 aufhören möchten. Sie bieten flexiblere Arbeitszeiten und Prämien. Unternehmen wie Daimler, BASF, Bayer oder BMW versuchen generell, ältere Mitarbeiter zu halten. Sie haben verstanden, dass Ältere in gemischten Teams ihre Kompetenz und Erfahrung weitergeben – bisher ging diese oft auf einen Schlag verloren, wenn ein älterer Mitarbeiter auf einen Schlag aufhörte. Sie legen spezielle Programme auf. Auch in der Gesundheitsbranche und im Handwerk gibt es besondere

Bemühungen. Viele der Unternehmen sehen sich einer Altersstruktur gegenüber wie die Deutsche Bahn. Bis 2030 würden dort planmäßig 100 000 Mitarbeiter ausscheiden, jeder zweite. »Wo Mitarbeiter gesucht werden, findet man kreative Lösungen«, beobachtet Moritz Heß. Dazu gehören gezielte Fortbildungen für Ältere. Dazu gehören Teams, in denen Ältere von Jüngeren gezielt Informationstechnik lernen. Dazu gehören betriebseigene Pflegeheime, in denen Mitarbeiter ihre Eltern unterbringen können.

Wenn die Firmen es nur wollen, können sie Älteren Arbeitsplätze bieten, die die auch wollen.

Falsche Anreize

Die Firmen wachen langsam auf. Auch die Bürger entdecken die Vorteile längeren Arbeitens. Es gibt Hoffnung, dass die Kultur der Frührente überwunden wird, jenes in Dekaden verfestigte Besitzstandsdenken. Als ob wir zwar 90 werden dürfen statt wie früher 70, aber trotzdem nur bis 60 arbeiten können.

Die Hoffnung drückt sich in Zahlen aus. Inzwischen arbeiten wieder zwei Drittel der 55- bis 64-Jährigen. Wem das wenig vorkommt, der betrachte die Entwicklung. 1970 standen in diesem Alter noch 80 Prozent der Männer im Beruf. Dann kamen die teuren Frührentenprogramme. Sie richteten gegen die Arbeitslosigkeit zwar wenig aus. Doch sie etablierten die fatale Kultur des Aufhörens. 1995 stand nur noch jeder dritte Deutsche zwischen 55 und 64 im Beruf.

Da ist es ein Erfolg, dass sich der Anteil inzwischen wieder verdoppelt hat. Ältere Beschäftigte sind bei Unternehmen keine Parias mehr. Die Entberuflichung des Alters, die unser Rentensystem sprengt, scheint gestoppt. Die Erhöhung des Ruhestandsalters auf 67 setzt ein wichtiges Signal: dass wir nicht nur bis 60 arbeiten können, wenn wir 90 werden.[1]

Doch nun korrigiert die Regierung dieses Signal – und stellt die Weichen wieder Richtung Abstellgleis Frührente. Seit einigen Jahren dürfen Beschäftigte wieder mit 63 aufhören, ohne dass ihre Altersbezüge um einen Cent schmelzen. Voraussetzung ist nur, dass sie schon jung bei der Firma anfingen. Die Retro-Aktion ist eine politische Reaktion auf die Reformwut der Nullerjahre. Die machte das Land wettbewerbsfähiger. Die SPD allerdings verlor seitdem Millionen Stimmen. Als Grund dafür identifiziert sie die damaligen Reformen wie die Rente mit 67 – und korrigiert sie durch das frühe Aufhören zum Nulltarif.[2]

Die SPD möchte wieder als sozialer wahrgenommen werden. Doch wirklich sozial ist ihre Retro-Aktion nicht. »Die Rente mit 63 nutzt nicht denen, die nicht mehr können«, analysiert Simone Scherger. Wer körperlich schwer geschuftet hat, ist meist schon vor 63 kaputt. Oder er war zwischendrin mal arbeitslos – dann verfehlt er die Voraussetzungen. Die SPD zielt nicht auf die Schwachen der Gesellschaft, sondern auf ihre traditionelle Wählerklientel, die Facharbeiter großer Industriebetriebe. Dort herrschen dank des starken Arms der Gewerkschaften bessere Bedingungen als auf dem Bau, im Supermarkt oder im Krankenhaus – wo jene arbeiten, die wirklich Unterstützung bräuchten.

»Wenn Sie die Rente mit 63 nutzen dürfen, sind Sie keine Frau, kein Bauarbeiter und kein Akademiker«, stellt Bernd Raffelhüschen fest. »Das Ganze privilegiert reiche Senioren.« Es profitieren ja nicht Geringverdiener, deren Erwerbsbiografie durch Jobsuche, Krankheit oder Kinderpause gelöchert wurde. Sondern jene, die lange in die Alterskasse einzahlten und so ohnehin hohe Altersbezüge ansammeln.

Die Gesellschaft zahlt für die Stimmenkampagne der SPD einen enormen Preis. Das frühe Aufhören zum Nulltarif verändert das kollektive Bewusstsein, das sich langsam aufs längere Arbeiten einstellte. Raffelhüschen sieht die Kultur der Frührente auferstehen: »Was geht dann ab 55 in den Köpfen vor? Es gibt dann abends beim Bier nur ein Thema: Wann gehst du in Rente? Was kriegst du? Wenn einer sieht, die Kollegen hören schon mit 63 auf, und zwar mit viel Geld, dann will er auch nicht länger arbeiten. Die Zufriedenheit von Menschen bezieht sich nicht auf ihr Einkommen in Euro, sie vergleichen sich mit anderen.«

Das frühe Aufhören zum Nulltarif konterkariert die Signale, dass wir länger arbeiten müssen. Auch dies drückt sich schon in Zahlen aus. 2017 ist das Alter, bei dem die Deutschen tatsächlich in Ruhestand gehen, erstmals nicht mehr gestiegen. Jahrelang nahm es zu, von 62 um die Jahrtausendwende auf 64. Nun stagniert es. Wegen der Möglichkeit, zum Nulltarif früh aufzuhören.[3]

Die Frührente mit 63 ist nicht der einzige falsche Anreiz. Die Forscher der OECD warnen davor, dass sich das neue Flexi-Gesetz falsch auswirkt. Es hat eigentlich zum Ziel, dass Ältere ihre Stundenzahl reduzieren, um dadurch länger im Beruf zu bleiben. Stattdessen, so die Sorge, nutzen sie das Gesetz als Weg in die Frührente, indem sie früh Altersbezüge kassieren und nur noch sehr wenig arbeiten. Ähnlich förderte ja schon die Altersteilzeit, anders als in Skandinavien, nicht das Weitermachen – sondern das Aufhören.[4]

Die OECD-Wissenschaftler raten, mehr finanzielle Anreize zu geben, um länger im Beruf zu bleiben. Das Dabeibleiben lohnt sich in Deutschland vergleichsweise wenig. Portugal, die Schweiz, skandinavische Länder, Japan oder die USA bieten viel mehr.

In Deutschland hört jeder vierte Arbeitnehmer vorzeitig auf. Mehr von denen, die noch können, zum Weitermachen zu bewegen stabilisiert das Alterssystem. Eine Forschergruppe errechnete, wie Abzüge von der Rente für frühes Aufhören wirken. Bereits die geltenden Abzüge bewegen Beschäftigte, vier Monate länger im Beruf zu bleiben. Etwas höhere Abzüge würden das Ruhestandsalter um weitere drei Monate hinausschieben.

»Wir sind im Prinzip gezwungen, Reformen durchzuführen«, sagt der Wirtschaftswissenschaftler Holger Lüthen. Andernfalls erzeugt die Alterung durch den gesetzlichen Automatismus pauschale Rentenkürzungen, die die Deutschen in den Nullerjahren schon erlebten. »Abschläge sind wesentlich schonender als Rentenkürzungen. Unsere Ergebnisse zeigen, dass eine Erhöhung der derzeitigen Abschläge zu einer weiteren Erhöhung der Lebensarbeitszeit führen würde. Sie könnten damit einen wesentlichen Beitrag zur Stabilisierung des deutschen Rentensystems leisten.«[5]

Das funktioniert aber nur, wenn man diese Abschläge nicht gleichzeitig wieder durch die Rente mit 63 konterkariert, sagt Lüthen. Pro Jahr nutzt eine viertel Million Deutsche den fragwürdigen Ausstieg zum Nulltarif. »Dies ist vor dem Hintergrund des steigenden Finanzierungsdrucks im Rentensystem ein Rückschritt, da eine Gegenfinanzierung bislang nicht erkennbar ist.«

Zwischen 65 und 69 sind jetzt schon weniger Deutsche berufstätig als in anderen Staaten. Und wenn Ältere weitermachen, dann oft nur in B-Jobs weit unter ihrer beruflichen Qualifikation. Sie kassieren im Supermarkt oder auf dem Parkplatz. Viele Senioren üben einen abgabenfreien Minijob aus, von dem sie selbst genauso wenig profitieren wie das Renten- und Steuersystem.[6]

Wie kommt das? »Das könnte daran liegen, dass sie in ihrer früheren Tätigkeit nicht weiterarbeiten konnten«, erklärt Simone Scherger. Nach wie vor normieren Tarifverträge den Ausstieg auf 65. Und die Firmen exekutieren das. Dabei wäre es möglich, dass die Älteren weitermachen, vielleicht in Teilzeit. Seit über 25 Jahren ermöglicht ein Gesetz, teils weiterzumachen und schon Rente zu bekommen. Es wird wenig genutzt. Stattdessen verschwenden die Älteren ihre Fähigkeiten in B-Jobs.

Von wegen, kein Deutscher will die Rente mit 70: »Es gibt eine riesige schweigende Mehrheit, die länger arbeiten will«, beobachtet Bernd Raffelhüschen. »Die Leute arbeiten weiter, aber in 450-Euro-Jobs. Das ist doch eine schlechte Lösung.« Arbeitswilligen bleibt oft wenig anderes übrig.

Der Gipfel des Absurden: Das Unternehmen schubst den langjährigen Mitarbeiter raus. Und stellt ihn später wieder ein, als Minijobber in einer staatlich subventionierten Beschäftigungsform. »Eine Firma sollte nicht glauben, dass sie Ex-Mitarbeiter für 450 Euro bekommt«, kritisiert Raffelhüschen. In der Realität allerdings läuft es genau so. Auch die SPD-Klientel der Aufhörer mit 63 findet sich unter den Minijobbern. Erst hören sie frühzeitig auf. Weil sie ja so beansprucht sind, dürfen sie das auf Kosten der Rentenversicherung. Dann können sie plötzlich doch weitermachen. Brutto für netto, die zweite Subvention.

Rente mit 63, Flexi-Frührente und Minijobs setzen falsche Anreize. Sie verschwenden Qualifikationen und Geld, die das Alterssystem dringend bräuchte. Sie setzen Anreize, nicht zu arbeiten. Es wird Zeit, stattdessen Anreize zu setzen, dass die Deutschen länger arbeiten. Aus dem verschämten Weitermachen im Minijob sollten richtige Tätigkeiten werden.

Die Gesellschaft sollte eingestehen, dass das Rentensystem nicht zu retten ist, wenn wir 90 werden, aber nur bis 60 arbeiten.

7-Punkte-Plan für eine faire Rentenreform

In unserer Zeit verändern sich Dinge, die Jahrtausende unverändert blieben. Noch vor 100 Jahren wurde kaum ein Mitteleuropäer 100. Wer heute 20 ist, wird dagegen sogar mit einer Wahrscheinlichkeit von 50 Prozent 100 Jahre. Diese unglaublichen Möglichkeiten werden allerdings zu Gefahren, wenn die Gesellschaft nicht reagiert. Wenn sie das Rentensystem nicht dauerhaft stabilisiert, obwohl in einer Generation jeder dritte Deutsche über 65 sein wird. Die Menschen spüren den Sog der Veränderung – und haben Angst. Zwei von drei Bürgern machen sich mehr Sorgen um ihr Alter als früher. Mit Recht.

»Im 20. Jahrhundert entstand das dreistufige Lebensmodell: mit einer ersten Phase der Schule und Ausbildung, gefolgt vom Erwerbsleben und schließlich vom Ruhestand«, schreiben die britischen Wissenschaftler Lynda Gratton und Andrew Scott in ihrem programmatischen Buch *Morgen werden wir 100*. »Stellen Sie sich nun vor, die Lebenserwartung steigt, aber die Regelaltersgrenze bleibt unverändert. Daraus ergäbe sich ein gravierendes Problem: Die meisten Menschen verfügen, wenn sie länger leben, schlichtweg nicht über ein ausreichendes finanzielles Polster.«[1]

Der Ausweg daraus ist, länger zu arbeiten. Als Teil einer umfassenden Rentenreform, die den Deutschen Sicherheit gibt, wo heute Angst herrscht. Um die Altersbezüge wirklich auf Dauer zu stabilisieren, reicht ein längeres Arbeiten jedoch nicht aus. Für eine umfassende Reform sind sieben weitere Maßnahmen nötig, die in diesem Kapitel vorgestellt werden.

Sicherheit bietet nur ein Reformpaket, bei der die Politik Probleme angeht, statt sie zu ignorieren. Deshalb müsste die Bundesregierung unter anderem Geschenke an heutige Senioren und Beamte wieder einsammeln, die Riester-Vorsorge reparieren und Frauen mehr Chancen am Arbeitsmarkt schaffen. Die Belohnung dafür wäre monumental: Die Regierung würde dauerhaft Vertrauen in das Alterssystem schaffen, wo heute Misstrauen herrscht. Die Deutschen könnten genießen, so alt zu werden, statt Angst zu haben. Die fantastischen Chancen der Alterung sind ja nicht auf Zwanzigjährige beschränkt: Wer heute 40 ist, wird mit 50-prozentiger Wahrscheinlichkeit 95. Und Sechzigjährige 90.

Punkt 1: Wahlgeschenke einsammeln

Eine umfassende Rentenreform verteilt die Belastungen zwischen Alt und Jung fair. Anders als jetzt. Obwohl die Finanzprobleme des Alterssystems wie ein Bergmassiv in die Landschaft ragen, spendiert die Große Koalition aus Union und SPD seit einigen Jahren Wahlgeschenke für heutige Senioren – obwohl die im Regelfall gut versorgt sind. Die Frührente mit 63 konterkariert nicht nur alle Bemühungen, die Bürger vom längeren Arbeiten zu überzeugen, sie kostet auch sehr viel Geld: zusammen mit der Mütterrente bis 2030 etwa 150 Milliarden Euro. Und in der jetzigen Wahlperiode will die vermeintlich Große Koalition noch Leistungen ausweiten.

Johannes Geyer vom Deutschen Institut für Wirtschaftsforschung findet die Mütterrente für Erziehungsleistungen verständlich. »Die Frage ist nur: Ist das das vordringlichste Politikfeld?« Auf jeden Fall stuft Geyer die Mütterrente wie andere Fachleute als Leistung ein, die nicht die Finanzen des Rentensystems belasten darf, sondern durch Steuern finanziert werden müsste. Das allerdings geschah in der Vergangenheit oft nicht, was sich in Zukunft wiederholen dürfte: Versicherungsfremde Leistungen schwächen das System in großer Zahl.

Um die Belastungen zwischen Alt und Jung fair zu verteilen, sollte die Regierung die Frührente mit 63 abschaffen. Und die Mütterrente gleich mit – oder diese Familienleistung wenigstens anders finanzieren. Außerdem sollte sie darüber nachdenken, was heutige Senioren noch für die Allgemeinheit leisten können. Denn die sind im Regelfall gut versorgt. Sie sind weit seltener arm als die Gesamtbevölkerung. Und ihr Rentenniveau ist höher, als es das künftiger Ruheständler sein wird. Manche sprechen deshalb von einer goldenen Rentnergeneration – die durchaus etwas abgeben kann.

»Früher hat man gesagt: Die junge und mittlere Generation kann viel aus eigener Verantwortung leisten. Die Älteren sind auf soziale Leistungen angewiesen. Das müssen wir mehr und mehr umkehren«, sagt Andreas Kruse. »Wir müssen heute die älteren Menschen fragen: Was könnt ihr aus eigener Kraft leisten? Ihr habt vielfach die entsprechenden materiellen Ressourcen. Wir müssen fragen, ob die Transfers nicht stärker von Alt nach Jung gehen sollten, denn bei den Jüngeren haben wir ein höheres materielles Risiko als bei den Älteren.«[2]

Die Rentenkasse ist ja nicht voll, sondern leer.

Punkt 2: Besserverdiener besteuern

Zu einer fairen Rentenreform gehört, zu prüfen, wer in der Gesellschaft stark für die Allgemeinheit herangezogen wird – und wer weniger. Die Analyse ergibt: Normalverdiener zahlen im internationalen Vergleich sehr viele Steuern und Abgaben, mit denen Straßen, Schulen und Sicherheitskräfte genauso finanziert werden wie Soziales von Hartz IV bis Gesundheit und Rente. Alleinerziehenden geht vom Einkommen mehr als doppelt so viel ab wie im Durchschnitt der Industriestaaten. Auch bei Singles und Familien ist es mehr als anderswo. Unternehmen und Besserverdiener dagegen kommen oft günstig davon.

Milliardäre zahlen auf ihre Kapitalerträge nur 25 Prozent Steuer, während schon mittlere Arbeitnehmer in den Spitzensteuersatz der Einkommensteuer von 42 Prozent rutschen. Firmenerben umgehen die Erbschaftsteuer. Und auf Vermögen wird seit den Neunzigerjahren gleich gar nichts mehr fällig. Die Bundesrepublik zieht also Arbeitseinkommen besonders stark für die Allgemeinheit heran – und schont den Reichtum aus Erbschaften, Aktien und Häusern. Steuern aus diesem Reichtum fallen nur 20 bis 25 Prozent so hoch aus wie in Großbritannien, Frankreich oder den USA.[3]

Das rückt die Steuerzuschüsse in den Blick, die heute schon in die Rentenkasse fließen. Das sind fast 100 Milliarden Euro im Jahr. Sie steigen nach der aktuellen Gesetzeslage in den nächsten Jahren automatisch – deutlich. Außerdem plant die SPD ja, den Zuschuss auf bis zu 250 Milliarden Euro zu steigern, um ihre Rentenversprechen zu bezahlen. Dies wäre eine zu große Belastung. Allerdings ist es angemessen, den Zuschuss moderat zu erhöhen, um die gesellschaftliche Alterung zu finanzieren.

Damit dies für die Arbeitnehmer mit Sozialabgaben und Steuern nicht unfair teuer wird, braucht eine faire Rentenreform eine faire Steuerreform. Wer kann, soll künftig einen höheren Beitrag leisten. Und Normalverdiener einen geringeren. So wird die Finanzierung der Renten stärker auf die Schultern verteilt, die mehr tragen können.

Unternehmen und Besserverdiener sollten verstärkt für das Rentensystem zahlen, von dem nicht nur die ganze Nation profitiert. Sondern auch sie selbst: Eine stabile Gesellschaft für ihre Geschäfte gibt es nur, wenn die Menschen nicht fürchten, im Alter massenweise in Armut zu fallen.

Das deutsche Alterssystem verteilt bisher nicht von oben nach unten um, wie dies etwa Australien oder die Schweiz tun. Besserverdiener zahlen nur auf das Gehalt bis gut 6000 Euro Beiträge. Die Renten jener dagegen, die mäßig verdient haben, fallen im Vergleich der Industriestaaten besonders mäßig aus.[4]

Wie sieht eine faire Steuerreform aus? Es verbietet sich, den höheren Zuschuss an die Rentenkasse gezielt über Steuern zu finanzieren, die vor allem Normalverdiener treffen. Das gilt besonders für die Mehrwertsteuer. Stattdessen sollte der Finanzminister vornehmlich jene größeren Unternehmen anvisieren, die vor allem beim Steuervermeiden kreativ sind. US-Digitalkonzerne wie Apple, Google oder Facebook haben traurigen Ruhm erlangt. Doch unter europäischen Firmen gibt es ebenfalls genug Trickser. Natürlich ist ihnen in einer immer globaleren Wirtschaftsordnung nur europäisch beizukommen. Wenn Deutschland sein Gewicht als größte EU-Nation in einen solchen Plan einbringt, wird dabei auch etwas herauskommen.

Das Gleiche gilt beim Kampf gegen Steuerhinterzieher, die ihre Kapitalerträge verstecken. Neue Studien zeigen, dass trotz verschiedener Abkommen noch viel zu tun ist: So sinken die Bankeinlagen in Steueroasen nach solchen Abkommen zwar um 30 bis 40 Prozent. Die Hinterzieher weichen aber in andere Oasen aus oder verschleiern ihr Geld anders.[5]

Außerdem müssen Kapitalerträge Reicher in Deutschland höher besteuert werden. Und es müssen endlich reiche Erben herangezogen werden. Firmenerben fallen Millionen-Unternehmen zum Nulltarif in den Schoß. Insgesamt wurden auf die bis zu 400 Milliarden Euro, die jedes Jahr von den Toten an die Lebenden übergehen, zuletzt nur etwa zwei Prozent Steuern gezahlt. Also nichts.

Wenn Konzerne, Hinterzieher, Reiche und Erben mehr zahlen, kommt ausreichend Geld herein, um die Masse der Bürger zu entlasten: indem die Steuern und Abgaben der Normalverdiener jetzt reduziert werden. Damit sie nach den absehbaren Steigerungen, die die Alterung bringt, in den nächsten Jahrzehnten halbwegs stabil bleiben. Eine solche Steuerreform verändert die groteske Schieflage, die die Regierungen geschaffen haben: Besserverdiener zahlen heute weniger als vor 20 Jahren – und Normalverdiener mehr.[6]

Punkt 3: Beamte solidarisieren

Bei einem Münchner Italiener mit himmelhoch gehobenen Preisen sitzen ein paar Finanzverkäufer und plaudern übers Geschäft. Sie verkaufen Kunden Geldanlagen aller Art, auch als Altersvorsorge, weil die gesetzliche Rente ja nicht mehr reicht. Allerdings ist das oft eher ein Geschäft für den Verkäufer als für den Kunden. Als der Grappa kommt, fordert einer mit weißem Kragen am blauen Hemd die Runde auf, anzustoßen. Und zwar darauf, dass sie als Selbstständige nicht in diese unsichere Rentenversicherung einzahlen müssen. Stattdessen arbeitet ihr Geld für sie am Kapitalmarkt. Prost!

Die rapide Alterung erfasst wie eine gigantische Naturgewalt die ganze Gesellschaft. Die Antwort darauf verlangt Opfer. Es wäre unfair, sie weiter ungleich zu verteilen. Deshalb wird es höchste Zeit, mit den Privilegien der Selbstständigen und Beamten aufzuräumen. Die Große Koalition hat beschlossen, dass Selbstständige künftig eine Absicherung fürs Alter nachweisen sollen. Wer geschäftlich scheitert oder einfach nicht vorsorgt, den fängt bisher einfach die Allgemeinheit auf. Seit den Hartz-Reformen schwollen die selbstständigen Einzelkämpfer auf ein Millionenheer an, das oft kaum abgesichert ist. Deshalb ist die Versicherungspflicht ein guter Anfang. Aber eben nur ein Anfang.

Konsequent wäre es, Selbstständige wie jene beim Münchner Italiener in die Rentenversicherung zu holen. »Dabei geht es zum einen um die bessere Alterssicherung von bislang nicht Versicherten und zum anderen um die Stabilisierung der finanziellen Grundlagen der gesetzlichen Rentenversicherung«, postulieren die Wirtschaftsforscher Hermann Buslei und Johannes Geyer.[7]

Es geht auch darum, vorzubauen, damit nicht massenhaft Arbeitnehmer aus der Rentenversicherung abwandern und ihren Kollaps provozieren. Diese Völkerwanderung droht, falls sich jene Politiker durchsetzen, die das Rentenniveau ohne weitere Reformen dauerhaft auf dem heutigen Niveau garantieren wollen. Dann könnten die Beiträge zur Rentenversicherung von heute unter 19 bis auf 30 Prozent des Gehalts steigen. Dann würden massenhaft Angestellte versuchen, ihre Tätigkeit zumindest auf dem Papier selbstständig zu gestalten oder ins Ausland zu verlagern.

Selbstständige in die Rentenversicherung, das gehört zu einem größeren Projekt: Arbeitnehmer außerhalb des Systems sollten solidarisch ins Renten- und Gesundheitssystem einzahlen, statt weiter Bürger erster Klasse zu sein. Dabei geht es vor allem um Selbstständige – und Beamte. Das Ergebnis wäre eine echte Solidarversicherung für die ganze Gesellschaft statt des bisherigen Klassensystems.

Natürlich darf sich dabei niemand in die Tasche lügen. Wenn Selbstständige und Beamte in die Rentenversicherung einzahlen, muss ihnen daraus später eine Rente bezahlt werden. Die gesetzliche Alterskasse bekommt also zunächst unterm Strich viel mehr Geld. Vor allem dann, wenn erst einmal nur neue Selbstständige und Beamte am Berufsanfang einbezogen werden, deren Ruhestand weit entfernt ist. Aber die Entlastung der Alterskasse schwindet, sobald Renten gezahlt werden. Wie viel das Ganze wirklich finanziell bringt, darüber sind die Forscher uneins.[8]

Es gibt in jedem Fall taktische Argumente für die Solidarversicherung. Politiker neigen dazu, Jüngere und noch nicht Geborene zu benachteiligen – statt durch eine faire Rentenreform Jung *und* Alt heranzuziehen. Durch das Hereinholen der Selbstständigen und Beamten wird Zeit gewonnen. Zeit, die Belastungen einer fairen Großreform zu strecken.[9]

Vor allem hilft eine Solidarversicherung, den Rückhalt für eine Großreform zu schaffen. Ich verfasse für die *Süddeutsche Zeitung* seit 20 Jahren Artikel über die Rente. Sobald ich wegen der Alterung Reformen forderte, die Rentnern und Arbeitnehmern etwas abverlangen, schallte mir aus unzähligen Leserbriefen immer ein Argument entgegen: Warum bei uns Abstriche, wenn Beamte und Selbstständige so offensichtlich bevorzugt werden? [10]

Damit große Reformen politisch gelingen, braucht es möglichst viel Rückhalt in der Bevölkerung. Die Bundesregierung sollte schon vor einer Solidarversicherung anfangen, die Erste Klasse im Alterssystem abzuschaffen. Seit 15 Jahren bremst der sogenannte Nachhaltigkeitsfaktor den Rentenanstieg normaler Arbeitnehmer. Aber nur ihren. Dieses Instrument, das das Alterssystem trotz der Alterung finanzierbar halten soll, müsste auch bei Beamtenpensionen greifen. Es bringt von den Anpassungen der letzten Zeit die größten Einsparungen. »Der demografische Wandel betrifft die Beamten genauso wie alle anderen, deshalb muss sich das auch in ihrem Alterssicherungssystem widerspiegeln«, reklamiert der Rentenexperte Bernd Raffelhüschen.[11]

Ab den Siebzigerjahren gab es riesige Einstellungswellen

von Lehrern, Polizisten oder Soldaten. Diese Beamten gehen ab nächstem Jahr in den Ruhestand. Bei den normalen Arbeitnehmern eskaliert die Babyboomer-Krise der Alterskasse erst ab 2035, bei den Beamten schon zehn Jahre vorher. Deshalb sollte ihr Ruhestandsalter schon zehn Jahre vorher auf 67 steigen. »Am sinnvollsten wäre es wohl, die Pensionen an die Entwicklung der Steuereinnahmen zu koppeln«, forderte Jens Boysen-Hogrefe vom Kieler Institut für Weltwirtschaft schon vor einigen Jahren.

Doch statt zu handeln, zaudert die Politik. Vielleicht keine Überraschung angesichts des Übergewichts, das Beamte im Bundestag haben. So türmen sich die Probleme weiter auf, allein die zu erwartenden Pensionslasten der Bundesregierung auf mehr als 600 Milliarden Euro. Und die Politiker türmen die Probleme zusätzlich auf.

Der Beamtenstatus war eigentlich für besondere hoheitliche Aufgaben reserviert, etwa für Polizisten oder Richter. Doch wenn der Staat auch Lehrer oder Professoren als Beamte beschäftigt, spart er sich zunächst die Lohnnebenkosten etwa für die Rente. Also stellen die Behörden seit Langem Staatsdiener als Beamte ein, bei denen es dafür keine Rechtfertigung gibt. »Das Problem ist, dass in Deutschland noch immer in zu vielen Berufen Beamte eingestellt werden. Es gibt überhaupt keinen Grund, beispielsweise Lehrer oder Professoren zu verbeamten«, sagt Bernd Raffelhüschen – ein Professor, der verbeamtet wurde.

Punkt 4: Riester reparieren

Walter Riester ist ein offener Mensch. Wer ihn länger kennt, dem erzählt er, dass er auch als Sozialminister der Bundesrepublik Deutschland Schwabe blieb – und selbst seine Schuhe putzte. Oder dass gelernte Fliesenleger wie ihn, die später bei der Gewerkschaft Karriere machen, das große Geld in großen Unternehmen lockt: »Vor allem Menschen aus ärmlichen Verhältnissen können oft mit der neuen Situation in einem Spitzenjob nicht umgehen. Diese Aufsteiger protzen gerne mit dicken Zigarren.«

Als er im Sommer 2018 gefragt wird, wieso er als Minister die private Altersvorsorge den Versicherungskonzernen und ihren turmhohen Gebühren auslieferte, redet der 75-Jährige nicht drum herum. Ihm wäre lieber gewesen, die staatliche Rentenkasse hätte die Riester-Vorsorge übernommen, doch die sagte ihm ab. Blieben nur die Konzerne. »Ohne die waren die Verträge nicht an den Mann zu bringen.«[12]

So wirkt die Altersvorsorge, die seinen Namen trägt, 20 Jahre nach dem Start wie ein Torso. Die Gebühren sind zu hoch, die Renditen zu niedrig. Zu wenige Deutsche sorgen vor. Sie werden im Ruhestand den gewohnten Lebensstandard vermissen. Vor Kurzem ergab eine Studie, dass 50 Prozent der Arbeitnehmer über 55 als Rentenbeziehern jeden Monat 700 Euro fehlen werden, um den gewohnten Lebensstandard zu halten. Rechnet man private Vorsorge wie Riester ein, sinkt dieser Anteil marginal von 50 auf 48 Prozent der Arbeitnehmer – eine Bankrotterklärung.[13]

Aber Riester lässt sich reparieren. Ein Werkzeug dazu präsentiert Riester selbst: Wenn die Vorsorge für alle Deutschen Pflicht wäre, würden automatisch alle vorsorgen. Und es ließe sich auf die Versicherungsvertreter verzichten, die Kunden zur Unterschrift überreden. Riester wollte vor 20 Jahren genau diese Pflicht. Doch nach einer Kampagne der *Bild*-Zeitung (»Zwangsrente«) fand er in der rot-grünen Regierung, die nach einem Fehlstart nervös war, keine Mehrheit mehr. Das bedauert er bis heute: »Dann hätten wir die Versicherungsbranche gar nicht für den Vertrieb der Verträge gebraucht.«

Eine Pflicht wäre schon deshalb gut, weil die Deutschen am Berufsanfang oft nicht an Ruhestand denken. Würden sie schon ab 30 vorsorgen, müssten sie für den gewohnten Lebensstandard im Alter weniger als 500 Euro im Monat ansparen. Wer erst mit 45 beginnt, muss doppelt so viel ansparen – die Hälfte des Nettogehalts. Das schafft kaum einer.[14]

Natürlich wäre eine Pflicht zu renditeschwachen, überteuerten Verträgen falsch – die Produkte müssen sich ändern. Damit mehr in Aktien und Immobilien fließt, sollte die Bundesregierung die übertriebenen Garantien der Beiträge reduzieren, was auch Verbraucherschützer fordern. Die Regierung sollte ihre Zuschüsse regelmäßig erhöhen. Und verständliche Standardprodukte mit niedrigen Gebühren vorschreiben, wie es Walter Riester damals anstrebte. Das alles würde eine gute Idee retten.[15]

Konsequent wäre, die Vorsorge noch stärker dem Griff der Versicherer zu entwinden. Durch Fonds, vom Staat kontrolliert, von Finanzprofis gemanagt, nach dem Vorbild Schwedens. Das verspricht alles drei: mehr Anlage in Aktien und Immobilien, eine Streuung des Risikos – und niedrige Gebühren. Damit könnten die Deutschen eine doppelt so hohe Zusatzrente erzielen wie mit den heutigen Riester-Produkten, wirbt der Verbraucherschützer Niels Nauhauser. Damit ließe sich vorbeugen, dass Menschen im Alter arm werden.[16]

Staatliche Vorsorgefonds wären ein guter Einstieg, um ein noch größeres Problem zu bekämpfen: die wachsende Spaltung im Land. Das Riester-Desaster ist Teil einer Schieflage in der Gesellschaft. Sie dupliziert andere gefährliche Trends: die mangelhafte Geldanlage genauso wie die dramatische Vermögenskluft in Deutschland.

Weniger als 50 reiche Haushalte, all die BMW-Quandts und Lidl-Schwarzs, besitzen inzwischen so viel wie die komplette ärmere Hälfte der Bevölkerung – also wie 40 Millionen Menschen. Das liegt an stagnierenden Löhnen, armen Ostbürgern, scharfen Sozialreformen und einer Steuerpolitik zugunsten der Reichen.

Es liegt aber auch daran, dass die Masse der Bürger ihr Geld schlecht anlegt. Und zwar schlechter als andere Europäer. Höchstens jeder sechste Deutsche besitzt Aktien, aber jeder dritte Spanier und Niederländer. Die Franzosen halten einen doppelt so hohen Anteil ihrer Ersparnisse in Aktien wie wir. Nur 40 Prozent der Bundesbürger wohnen in der eigenen Immobilie, aber 70 bis 80 Prozent der Italiener und Spanier.[17]

Die Deutschen stecken ihr Geld lieber in unprofitable Sparkonten, Bausparverträge und Lebensversicherungen inklusive Riester. Auch deshalb hat die Masse der Deutschen weit weniger Vermögen als die meisten anderen Euro-Bürger. Der mittlere Haushalt besitzt nur 60 000 Euro. Franzosen haben fast doppelt so viel, Spanier und Italiener mehr als zweimal so viel. Das ist – nach Jahren des in Europa beneideten deutschen Wirtschaftsbooms – ein Befund, der einen fassungslos macht.[18]

Diese Situation erklärt sich auch aus der Geldanlage. Das lässt sich daran erkennen, dass deutsche Immobilienbesitzer etwa genauso viel Vermögen haben wie Immobilienbesitzer anderer Länder. 33 Prozent jener Deutschen, die viel verdienen, besitzen Aktien oder Fonds. Bei Mittelverdienern sind es nur sechs Prozent – Tendenz fallend.

Man kann zu Recht fragen, von welchem Geld Mittel- und Geringverdiener Aktien kaufen sollen. Daher muss die Politik zweierlei tun: die Deutschen von Aktien und Immobilien überzeugen – und sie mit den nötigen Mitteln ausstatten. Etwa durch weniger Steuern und Abgaben für breite Schichten.

Beides ist auch für das Alter der heutigen und künftigen Deutschen zentral. Modellrechnungen zeigen ja: Es fehlt an Geld, um vorzusorgen. Die notwendigen Summen, um den gewohnten Lebensstandard zu halten, erscheinen zu hoch. Wenn ein Normalverdiener mit 38 anfängt, muss er fast 700 Euro im Monat ansparen, ein Drittel seines Gehalts.[19]

Wenn die Deutschen dagegen mehr Geld zur Verfügung haben, sparen sie insgesamt mehr an – über Riester oder Vorsorgefonds hinaus. Sie bilden mehr Eigentum, das sie in aufreibenden Zeiten dringend brauchen. »Arm und Reich driften immer weiter auseinander«, sagt, nachdenklich, Walter Riester. »Der Markt bringt Dynamik, harten Wettbewerb, hat aber kein Empfinden für die Bedürfnisse von Menschen. Es ist die Aufgabe der Politik, einen sozialen Rahmen zu setzen.«

Punkt 5: Kapital schaffen

Mehr Vermögen für alle würde die Deutschen besser gegen die Krisenfälle des Lebens schützen. Gegen Krankheit, Arbeitslosigkeit, Scheidung. Mehr Vermögen würde mehr echte Sicherheit gewähren – in Zeiten steigender Mieten, vielfach stagnierender Löhne und privatisierter Altersrisiken. Deshalb sollten die Politiker von einer Vermögenspolitik nicht mehr nur reden, sondern sie wieder ernsthaft betreiben. So wie zu den Hochzeiten der sozialen Marktwirtschaft Ludwig Erhards. Seitdem ist sie eingeschlafen.

Als Erstes bedarf es einer großen Steuerreform, die gezielt Normalverdienern mehr von ihrem Gehalt lässt und die Besserverdienerpolitik der vergangenen Jahrzehnte korrigiert. Geringverdiener müssten von Sozialabgaben entlastet werden. Das Geld ist da, wenn Unternehmen und Reiche stärker herangezogen werden. Außerdem müsste wieder die Bezahlung nach Tariflohn gestärkt werden, die einst maßgeblich dazu beitrug, in Deutschland eine breite Mittelschicht entstehen zu lassen – inzwischen zahlen nur noch halb so viele Firmen nach Tarif wie vor zwanzig Jahren.[20]

Das alles hilft allerdings weniger als möglich, wenn die Deutschen das zusätzliche Geld weiter in Sparkonten und andere Renditekiller stecken. Zu einer Vermögenspolitik gehört deshalb, die Anlagegewohnheiten zu verändern. Da lässt sich eine ganze Menge machen. Das beginnt mit einer besseren Finanzbildung in der Schule und setzt sich mit regelmäßigen kostenlosen Beratungsterminen bei der Verbraucherzentrale fort. Der Staat sollte Zuschüsse auf lohnende Anlagen konzentrieren – und es steuerlich nicht mehr begünstigen, wenn sich Firmen über Schulden statt Aktien finanzieren. Gewerkschaften und Arbeitgeber sollten Beschäftigten finanzielle Anreize setzen, sich an ihren eigenen und anderen Unternehmen zu beteiligen. Und weil Veränderung tief sitzender Gewohnheiten einen Bewusstseinswandel erfordert – warum nicht eine gemeinsame Imagekampagne für Aktien: *Die Wirtschaft – da arbeite ich. Da kaufe ich. Davon gehört mir jetzt ein Teil.*[21]

Wem das alles nach Finanzsprech klingt, nach ermüdender Detailfreude: Mehr Vermögen und ein hoher Lebensstandard im Alter wären politisch enorm wichtig. Sie helfen, die tiefe Unzufriedenheit mit dem realen Kapitalismus zu vermindern, der im Alter eine Zweiklassengesellschaft schafft. Hier Durchschnittsrenten von unter 1000 Euro im Monat. Da Reiche, die durch den Besitz von Firmen, Aktien und Häusern im Ruhestand mehr als genug haben. Die *Forbes*-Liste der reichsten Deutschen führen Erben an, Karl Albrecht jr., 70, und seine Schwester Beate Heister, 67. Danach kommen weitere Erben. Die einen haben, die anderen nicht.[22]

Das immer wieder gern gebrauchte Argument, jüngere Deutsche müssten sich nicht vor wackligen Renten fürchten, weil sie alle so viel erben, ist in Wahrheit keines. Denn es erben nur wenige – die aber sehr viel. In Deutschland werden jedes Jahr 400 Milliarden Euro vererbt oder verschenkt, viel mehr als bisher angenommen. Doch eben nur an wenige. Die zwei Prozent Reichsten hinterlassen ein Drittel der Erbschaftssumme, während sehr viele Deutsche kaum etwas erben. Oder nichts.[23]

Die angesprochene Unzufriedenheit speist sich überall im Westen aus solcher Ungleichheit, aber auch aus schrumpfenden Mittelschichten und unsicher gewordenen Jobs. Der Frust treibt Rechtspopulisten Wähler zu, die Stimmung gegen Fremde schüren – von Donald Trump bis zur AfD.

»Die Globalisierungsgewinne sind unfair verteilt«, kritisiert der Ökonom Moritz Schularick. »Deshalb können Populisten das Nationale gegen das Globale wenden. Das geschah auch Ende des 19. Jahrhunderts und in der Wirtschaftskrise vor dem Zweiten Weltkrieg. Die Parallelen sind gespenstisch. Theresa Mays Satz ›Wer sich für einen Weltbürger hält, ist Bürger von nirgendwo‹ findet sich ähnlich in einer Rede von Adolf Hitler 1933.« Parallelen zu Hitlerreden finden sich auch bei Alexander Gauland. Und Donald Trump hatte jahrelang einen Band mit den Ergüssen des Führers in seinem Nachttisch liegen.[24]

Das Narrativ der Rechtspopulisten, den Frust der wirtschaftlich Abgehängten in Zorn auf Fremde und das Ausland zu lenken, hat schon früher funktioniert. Es erweist sich auch jetzt als mächtig. Es wird Zeit, die Rechtspopulisten ernsthaft zu bekämpfen, bevor sie die Demokratie zerstören. Dazu gehört nicht nur, sich gegen ihre politischen Grenzüberschreitungen zu wenden. Sie werden nur zu stoppen sein, wenn die etablierten Parteien etwas gegen die wirtschaftlichen Ursachen des Frusts vieler Bürger tun. Ein stabiles Rentensystem und eine Umverteilung des Kapitals sind dabei unverzichtbar.

Punkt 6: Arbeitsmarkt reparieren

Es gibt Tage, da bringt jemand Miriam Hauner zum Lachen. »Sie sind eine Sahneschnitte«, hat ihre Beraterin in der Arbeitsagentur gesagt. Miriam Hauner spricht ja auch fließend zwei Fremdsprachen, hat im Ausland gearbeitet, zwölf Jahre Berufserfahrung als Kundenbetreuerin in der Pharmabranche – und das alles mit 37. Klingt toll. Als ich sie treffe, lacht sie trotzdem selten. Sie ist offiziell seit einem Jahr arbeitslos. In Wahrheit sucht sie schon länger.[25]

Millionen Deutsche werden später keine akzeptablen Renten bekommen, weil sie zu wenig gearbeitet oder zu schlecht verdient haben. Mütter, die aus dem Job rutschen, Langzeitarbeitslose, Menschen wie Miriam Hauner. Eine gute Rentenpolitik jongliert deshalb nicht nur mit Entgeltpunkten und Beitragssätzen. Sie schafft die Basis für akzeptable Renten früher.

Die Politik sollte dabei helfen, dass Ausgebildete ihre Qualifikation einsetzen. Daran fehlt es in Deutschland vor allem bei Frauen. Dass viele von ihnen gar nicht arbeiten oder unter 20 Stunden die Woche Teilzeit, obwohl sie das nicht wollen, ist eine Verschwendung von Ressourcen. Wer ihre Arbeitszeit erhöht, erhöht das Wirtschaftswachstum, die Rentenbeiträge zur Finanzierung der aktuellen Ruheständler – und die späteren Renten der Frauen selbst. Obwohl schon jetzt immer mehr Frauen arbeiten, werden sie später ein Viertel weniger Rente haben als die Männer, wenn sich nichts ändert.[26]

Was ist zu tun, damit sie mehr arbeiten können? Zum einen

fehlt es trotz des Kita-Ausbaus an Betreuung. Gerade bei Schulkindern klaffen Lücken. Die Große Koalition verspricht zwar einen Rechtsanspruch auf Ganztagsbetreuung für Grundschüler, aber erst 2025. Und für Eltern ist nicht nur der Platz wichtig, sondern gerade bei der Kita die Qualität. Damit sie ihren Nachwuchs guten Gewissens dorthin schicken können. Nach wie vor gibt es große Unterschiede in dem, wie viel Personal sich in reicheren und ärmeren Bundesländern um die Kinder kümmert.

Manche Frauen rutschen irgendwann aus dem Beruf. Bei Miriam Hauner begann es mit dem ersten Kind. Als sie nach einem Jahr wieder arbeiten wollte, lagerte ihre Firma den Kundenservice aus. Sie hätte lange pendeln müssen und blieb deshalb erst einmal zu Hause. Danach hakte es bei der Betreuung, die nicht zu den Jobangeboten passte. Jetzt sucht sie schon sehr lange eine Stelle. Sie hat ihre Bewerbungen auf dem Esstisch im Wohnzimmer ausgebreitet, markiert mit gelbem Leuchtstift. Bekommt sie deshalb nichts, weil sie schon mehr als fünf Jahre raus aus dem Job ist? Ihre Augen werden feucht.

Sozialwissenschaftler wie Ute Klammer fanden heraus, dass Unternehmen zwar Hochqualifizierten Angebote machen, Beruf und Kinder zu vereinbaren – aber der Masse der Beschäftigten nicht. Unternehmen wie Bosch, wo es über 200 Arbeitszeitmodelle gibt, sind noch nicht in der Mehrheit. Dagegen gehen nun die Gewerkschaften voran. Der neue Tarifvertrag der IG Metall, der es erlaubt, etwa den Kindern zuliebe vorübergehend 28 Stunden zu arbeiten und später wieder Vollzeit, gilt für vier Millionen Beschäftigte. Aber eben nur für die. Die Bundesregierung engagiert sich auf Druck der SPD ebenfalls: Beschäftigte können künftig nach Teilzeitjahren wieder die Rückkehr in Vollzeit verlangen. Aber eben nur in manchen Betrieben, etwa 40 Prozent der Arbeitnehmerinnen sind ausgeschlossen.[27]

Ändern müsste sich auch etwas beim Geld: Rückkehrerinnen in den Beruf werden finanziell bestraft wie in anderen Ländern nicht. Die Regierung sollte das Ehegattensplitting streichen und die kostenlose Mitversicherung auf die Elternzeit limitieren. Das würde Frauen mehr netto vom Bruttogehalt geben, also mehr Anreize zum Arbeiten – und sie gegen die Behauptung des konservativen Ehemanns schützen, ihr Beruf lohne sich nicht.

Außerdem stimmt die Bezahlung selbst nicht. Frauen verdienen im Schnitt ein Fünftel weniger. Dieser *gender pay gap* ist teilweise durch weniger Führungsjobs und mehr Teilzeit zu erklären – aber selten zu rechtfertigen. »Nichts davon wird frei von den Frauen bestimmt«, kritisiert der Ökonom Marcel Fratzscher. »Das Argument, Frauen wollten nur ungern Führungsverantwortung übernehmen und seien daher nur selten in Führungspositionen zu finden, ist schlichtweg Unfug. Vor allem nordische Länder sollten Deutschland ein Beispiel sein, wie man mit einem Kulturwandel in der Gesellschaft, aber vor allem in der Wirtschaft, Frauen Karrierechancen eröffnet, wovon auch die Unternehmen profitieren können.«

Es vergrößert den Lohnunterschied, dass in typischen Frauenberufen weniger gezahlt wird. Und häufig an Frauen weniger als an Männer, selbst wenn die Aufgaben vergleichbar sind. Das neue Gesetz allerdings, das solche Lohnunterschiede korrigieren soll, bringt bisher wenig. So drücken besonders viel Teilzeit und eine besonders große Lohnlücke zu den Männern die Renten deutscher Frauen unter internationales Niveau.[28]

Korrigieren muss die Politik auch falsche Anreize für Frauen und Männer, in Jobs hängen zu bleiben, die die Rente ruinieren. Ein Beispiel dafür sind Minijobs. Sie versprechen kurze Arbeitszeiten und wenig Abzüge vom Lohn etwa für Rentenbeiträge. Miriam Hauner hat schon überlegt, ob sie so etwas macht und sich bei Aldi an die Kasse setzt. Der Staat subventioniert solche Minijobs – und fördert damit ein neues Prekariat, das später im Alter arm sein wird. Die Zahl der Zweitjobs hat sich in 15 Jahren auf drei Millionen mehr als verdoppelt. Zweitjobber haben oft einen schlecht bezahlten Hauptberuf in der Dienstleistungsbranche, oft in unfreiwilliger Teilzeit. Sie stocken das mit einem abgabefreien Zweit-Minijob auf und glauben, einen guten Schnitt zu machen, weil viel netto vom brutto bleibt. Eine Illusion. Das Erwachen kommt spätestens mit der Altersarmut.[29]

Statt solcher falschen Subventionen sollte die Politik das Geld anders verwenden. Indem sie breite Schichten und vor allem Geringverdiener von Steuern und Abgaben entlastet, damit sie mehr fürs Alter vorsorgen können. Und indem sie Auswüchse am Arbeitsmarkt zurückdrängt, die seit 20 Jahren wuchern. Die harten Reformen der rot-grünen Regierung Schröder haben zusammen mit anderen Entwicklungen die Massenarbeitslosigkeit beendet. Nun geht es darum, die geschaffenen Stellen aufzuwerten, damit sie nicht ins Abseits führen. Es geht darum, den Markt zu korrigieren, auch wenn dies der neoliberale Geist ablehnt.[30]

Weniger prekäre Jobs, weniger Niedriglöhne – all das hilft Arbeitnehmern, heute mehr Geld und morgen mehr Rente zu bekommen. Die Abschaffung der Minijobs, die Reduzierung von Befristungen, Leiharbeit und Werkverträgen, das alles gehört dazu.

Genauso wichtig wäre mehr Bezahlung nach Tarif. Das bringt im Schnitt 20 Prozent mehr Lohn und später mehr Altersbezüge. Um die Flucht in Dumpinglöhne zu stoppen, kann die Bundesregierung Tarifverträge für eine ganze Branche für verpflichtend erklären. Sie muss es nur wollen.[31]

Von besseren und besser bezahlten Jobs profitieren auch

Arbeitslose wie Miriam Hauner. Mehr Frauen im Job, mehr gute und gut bezahlte Jobs: Die Bundesregierung kann auf viele Arten die Renten von morgen steigern.

Sie muss es nur tun.

Punkt 7: Altersarmut angehen

Welche Deutschen im Alter arm sein könnten, dafür gibt es klare Anzeichen. Eine Forschergruppe für die Bertelsmann Stiftung benennt eindeutige Risikofaktoren: längere Arbeitslosigkeit etwa. Migrationshintergrund. Geringe Bildung – und das Alleinerziehen von Kindern. Wer dagegen viele Jahrzehnte einer halbwegs gut bezahlten Arbeit nachgeht, muss sich vor dem Ruhestand wenig sorgen.[32]

Es gibt also kaum eine bessere Rentenpolitik als die zuvor beschriebene Arbeitsmarktpolitik: Müttern, auch alleinstehenden, einen Beruf ermöglichen, statt der üblichen Teilzeitfalle. Und gering bezahlte, unsichere Jobs aufwerten, sodass sie eine bessere Basis fürs Alter schaffen. Über den normierten 65er-Ruhestand hinaus arbeiten zu können gehört ebenso zu dieser Politik. Wer länger tätig bleibt, kann Verdienstausfälle aus seinem früheren Berufsleben auffangen. Ausfälle aufgrund von Arbeitslosigkeit etwa. Aber auch aufgrund kürzerer Arbeitszeiten, die Eltern wegen ihrer Kinder eingelegt haben, wegen einer beruflichen Weiterentwicklung oder der Betreuung älterer Angehöriger. Bernd Raffelhüschen erwartet, dass sich die Altersarmut bis Mitte der 2030er-Jahre mehr als verdoppelt. »Längeres Arbeiten ist das beste Mittel dagegen«, schließt er aus seinen Berechnungen: »Die Altersarmut ließe sich durch längeres Arbeiten halbieren.«

Eine vorausschauende Rentenpolitik beginnt aber noch weit

früher. »Wenn man wirklich Armut im Alter verhindern will, sollte man junge Menschen besser integrieren und ausbilden, damit sie die Chance erhalten, ausreichend viele Erwerbsjahre anzusammeln«, fordert Axel Börsch-Supan.[33]

Die ernsthafte Integration von Migranten war in der Bundesrepublik jahrzehntelang ein Randthema. Dabei sind Einwanderer für eine schrumpfende, alternde Bevölkerung eine Chance. Man muss ihnen aber schnell zur deutschen Sprache und guter Ausbildung verhelfen, damit sie nicht in Helferjobs hängen bleiben, die später keine ordentliche Rente versprechen.

Bildung ist weit über Migranten hinaus eine Frage, die immer mehr an Bedeutung gewinnt. Nur jeder vierzigste Akademiker ist arbeitslos, nur jeder Vierzehnte mit Lehre – aber jeder Fünfte, der keine Berufsausbildung hat. Was einer wird, hängt sehr von der sozialen Herkunft ab. 80 Prozent der Akademikerkinder gehen auf die Uni, aber nur jeder Vierte, dessen Eltern kein Studium haben. Die Bildungspolitik müsste viel entschiedener Benachteiligte fördern – und ihnen so besser bezahlte Jobs und mehr Rente sichern.

Wer eine Fachhochschule abschließt, verdient sein ganzes Arbeitsleben jeden Monat im Schnitt netto 1400 Euro mehr als jemand ohne Berufsausbildung, bei einem Uniabsolventen sind es 2000 Euro. Da ist noch viel Luft nach oben für die Politik in einem Land, in dem jeder Sechste nach der Schule ohne Ausbildung ins Berufsleben startet – mit hohem Risiko, arbeitslos zu werden.[34]

So weit, so wichtig. Dennoch wird es trotz mancher politischer Anstrengungen immer noch welche geben, denen nichts bleibt, als ihre verpassten Chancen im Rückspiegel zu betrachten. Für die Bildungs- und oft selbst Arbeitsmarktpolitik zu spät kommen, weil sie bald arm sein werden. Kranke, die nicht mehr arbeiten können. Gescheiterte Selbstständige. Langzeitarbeitslose. Die Politik darf auch sie nicht vergessen.

Deshalb bedarf es einer Doppelstrategie. Einerseits eine vorausschauende Bildungspolitik – und zum anderen den Mut, die Sozialhilfe im Alter anzuheben. Das wäre ein Element, um Armut im Alter zu verhindern. Ein anderes ist, Arbeitsunfähigen mehr Rente zu ermöglichen, wie es die Bundesregierung beschlossen hat.[35]

Die Regierung will außerdem jenen, die lange gearbeitet haben, im Alter mehr als die Sozialhilfe ermöglichen. Damit erkennt sie deren Lebensleistung an. Die erste Konzeption einer Grundrente hat noch Schwächen. Von dieser Leistung würden nur wenige profitieren. Denn wer so lange Beiträge gezahlt hat wie vorgesehen, dessen Rente liegt sowieso über der Sozialhilfe.

Es lohnt sich, die Idee einer Grundrente weiterzudenken. Zum Beispiel sollten Geringverdiener für ihre Beiträge an die Alterskasse etwas höhere Renten erhalten. Das widerspricht zwar auf den ersten Blick dem ehernen Grundsatz des gesetzlichen Alterssystems, Renten nur proportional zu den Beiträgen auszuzahlen. Dies folgt dem Leistungsprinzip: Arbeitnehmer sollen das Gefühl haben, für höhere Beiträge proportional höhere Renten zu bekommen.

Allerdings lässt sich argumentieren, dass genau dieses Leistungsprinzip rechtfertigen würde, Geringverdienern mehr zu geben. Denn in Wahrheit ist das Rentensystem ungerecht. Jene, die körperlich schuften und wenig verdienen, beziehen oft kürzer Rente als all die Angestellten, Ärzte und Architekten. Arbeitnehmer mit geringem Einkommen leben im Schnitt zehn Jahre kürzer als Gutverdiener. Betrachtet man die Jahre mit guter Gesundheit, sind es sogar 14 Jahre weniger. Verkäuferinnen oder Putzkräfte erhalten also kürzer Rente, auch wenn sie genauso viele Jahre einzahlen wie Ingenieure oder Manager.

Allein diese brutale Schieflage rechtfertigt es, die Idee einer Grundrente zu verfolgen. Die OECD macht sich ebenfalls für eine Mindestrente stark, wie sie andere Länder kennen. Ohne Mindestrente haben viele Geringverdiener oder Teilzeitarbeiter im Alter einfach sehr wenig Geld.[36]

Eine Mindestrente würde die Lebensleistung von Menschen anerkennen, die es nicht in die Schlagzeilen schaffen wie Manager oder Erfinder. Ihre Anstrengung besteht darin, mühsame, aber notwendige Aufgaben zu erfüllen. In wenig anerkannten Jobs durchzuhalten, statt sich auf Kosten der Allgemeinheit zu drücken. Sie sollten ihr Alter nicht fürchten müssen, sondern genießen können.

Nachklang

Die deutsche Gesellschaft steht vor dramatischen Veränderungen. In nur gut einer Generation dürften bei uns 200 000 Menschen leben, die 100 sind und älter. Dann wird jeder dritte Bürger über 65 sein. Deshalb haben heute viele Deutsche Angst vor dem Alter.

Es wird Zeit, darauf mit einer großen Reform zu reagieren, die die Renten sichert, ohne die Jüngeren als Lastesel zu missbrauchen. Weil die Deutschen im Alter immer mehr können, können sie auch länger arbeiten. Bis 30 studieren und bis 90 leben, aber nur bis 60 arbeiten – das kann dagegen nicht funktionieren.

In diesem Buch sind wir vielen Bürgern begegnet, an denen sich die heutigen Defizite erkennen lassen. Da ist Miriam Hauner, die als gebremste Mutter trotz hoher Qualifikation langzeitarbeitslos ist, weshalb ihr im Alter Armut droht. Da ist Talih Ince, der mit 54 als Maurer eine Erwerbsminderungsrente bekommt, weil man nicht frühzeitig eine neue Tätigkeit für ihn suchte. Da ist mein Vater, der mit 65 zwangspensioniert wurde, obwohl er genauso gerne weitergearbeitet hätte wie der Lehrer Hubertus John, der trotz Lehrermangels in Zwangsruhestand ist.

Mehr Berufschancen für Mütter, neue Chancen für körperlich Belastete, ein späteres Rentenalter für Willige und Fähige – eine Rentenreform nutzt das Potenzial von Millionen Bürgern, mehr zu arbeiten. Sie ermöglicht Müttern wie Marie Bach, in den hektischen Jahren zwischen 30 und 50 zu entschleunigen und entgangenes Gehalt später aufzuholen. Und sie ermöglicht anderen Bürgern, spät tätig zu bleiben, um Spaß und soziale Kontakte zu erhalten wie Dieter Hallervorden und Irene Olk-Blandow, die noch mit 94 in ihrer Tanzschule stand.

Die Deutschen sollten eine solche Reform rasch beginnen, damit sie wirkt. Und sie sollten alle Versuche von SPD und Union bestrafen, ihre schwindenden Wählergruppen durch Geschenke an Senioren zu maximieren, die die Arbeitnehmer von heute und morgen bezahlen müssen.

Bei einer fairen Reform kommt am Ende ein Alterssystem heraus, das nicht durch eine Überlastung der Jüngeren gesprengt worden ist. Und das noch allen Jüngeren eine anständige Rente verspricht. Inklusive meiner vier Söhne, die heute erst drei bis neunzehn Jahre alt sind.

Ein stabiles Rentensystem würde auch helfen, die Demokratie zu stabilisieren. Sie ist durch den Aufschwung der Rechtspopulisten so bedroht, wie es in Deutschland jahrzehntelang unvorstellbar schien.

Dank

Für dieses Buch durfte ich großartige Gespräche mit einer ganzen Phalanx von Psychologen, Medizinern, Ökonomen und Soziologen führen, die sich mit dem Altern beschäftigen. Ich bedanke mich bei Axel Börsch-Supan, Pavel Grigoriev, Moritz Heß, Domantas Jasilionis, Johannes Geyer, Bernd Kleine-Gunk, Andreas Kruse, Rüdiger Kuntz, Bernd Raffelhüschen, Laura Romeu Gordo, Simone Scherger, Loring Sittler, Clemens Tesch-Römer und Gert Wagner. Ich bedanke mich auch bei den Menschen, die Fragen zu ihrem Leben beantworteten – bei Marie Bach, Herta Berger, Roberto Blanco, Amrai Bolkow, Wolfgang Conradis, Dieter Hallervorden, Miriam Hauner, Wolfgang Heinemann, Otmar Issing, Arnold Langer, Irene Olk-Blandow, Petra Peterich, Walter Riester, Bodo Schneider und Dragan Veljovic. Möglich gemacht haben das Buch Iris Forster, Stefan Ulrich Meyer, Esther von Bruchhausen, Johannes Schermaul und ihre Kollegen bei Droemer Knaur sowie meine Agentin Rebekka Göpfert. Ich umarme meine Frau Hannah und Juri, Jonah, Jascha und Janis.

Anmerkungen

Einleitung

1 1990 gab es nach Schätzungen der Datenbank Human Mortality Database (HMD) 2463 Bewohner in Deutschland, die 100 Jahre alt waren oder älter, 2015 15 880. Das Gespräch mit Domantas Jasilionis und Pavel Grigoriev vom Max-Planck-Institut für demografische Forschung in Rostock fand im September 2018 statt – das Institut hat die HMD zusammen mit der University of California/Berkeley angelegt. Nach Auskunft des Statistischen Bundesamts (Destatis) gab es Ende 2016 mehr als 15 209 Hundertjährige (Gespräch September 2018). Im Jahr 2065 könnte es 130 000 Hundertjährige geben, laut World Population Prospects: The 2017 Revision, United Nations (mit freundlichem Dank an Simone Müller / Destatis, Abteilung Internationale Statistik). Das EU-Statistikamt Eurostat schätzt die Zahl der Hundertjährigen sogar auf 203 000 im Jahr 2070, siehe Eurostat Population Prospects.

2 Deutscher Gewerkschaftsbund Index Gute Arbeit, Dezember 2017. Deutschland-Report im Auftrag des Versicherers Axa, Juni 2018. Markus M. Grabka / Timm Bönke u. a.: »Rentennahe Jahrgänge haben große Lücke in der Sicherung des Lebensstandards«, Deutsches Institut für Wirtschaftsforschung (DIW) Wochenbericht 37/2018.

3 Martin Werding: »Demographischer Wandel, soziale Sicherung und öffentliche Finanzen«. Expertise im Auftrag der Bertelsmann Stiftung, Juni 2018. Lewe Christoph Bahnsen / Gerrit Manthei / Bernd Raffelhüschen: *Ehrbarer Staat? Die Generationenbilanz.* Berlin 2017. OECD: Pensions at a Glance, 2017. Die Rentenversicherung geht davon aus, dass das Rentenniveau bis zum Jahr 2045 von heute 48 auf 42 Prozent fällt. Andere Prognosen sind skeptischer. Das Rentenniveau sagt, wie hoch die Rente eines früheren Durchschnittsverdieners in Relation zum aktuellen Durchschnittslohn ist. Vorausgesetzt wird, dass er 45 Jahre lang Rentenbeiträge zahlte. Jahresgutachten des Sozialbeirats der Bundesregierung 2017. Daten Lebenserwartung: Statistisches Bundesamt.

4 Bernd Kleine-Gunks Einlassungen in diesem Buch aus einem Gespräch im Mai 2018 sowie aus seinem Buch *Warum Abstinenz die Gesundheit gefährdet und Sex vor Krebs schützt*. München 2018.

5 Während Mitte der Fünfzigerjahre Arbeitnehmer ab einem Alter von etwa 17 bis 18 Jahren in die Rentenversicherung einzahlten, vergingen damals durchschnittlich 45 Jahre bis zum Rentenbeginn. Heute sind dies nur noch 35 Jahre – und das bei höherer Lebenserwartung. Siehe Deutsche Rentenversicherung, Homepage.

6 Umfrage im Auftrag der Bertelsmann Stiftung, März 2018. »2015 gaben 30 % der Arbeitnehmer jeden Alters an, dass sie denken, sie werden nur ein Ruhestandsgehalt in Höhe der Grundsicherung bekommen. Also der Sozialhilfe für Senioren. Bei genaueren Recherchen stellte sich heraus: Die Hälfte hat einen höheren Rentenanspruch. Sie wusste es nur nicht«, Axel Börsch-Supan: »Eine Regel für die Rente«. Max-Planck-Gesellschaft, September 2017.

7 Gespräch Juni 2018; Alexander Hagelüken: »Der Euro kam zu früh« in: *SZ* vom 15. Juni 2018.

Warum länger arbeiten?

1 Das Gespräch fand im Herbst 2014 statt: Alexander Hagelüken u. a.: »Alt, älter, arbeiten«, in: *SZ* vom 3. Januar 2015.

2 Die Daten sind vom Statistischen Bundesamt, inklusive Sterbetafel 2010/2012, zit. nach: Gerhard Bäcker / Andreas Jansen / Jutta Schmitz: »Rente erst ab 70?«, Gutachten für den DGB-Bundesvorstand, 2017. Das Gespräch mit Axel Börsch-Supan fand im Januar 2018 statt. Die Angaben sind von der Deutschen Rentenversicherung. Im Jahr 2014 gingen 66- bis 71-Jährige im Schnitt sogar mit 62 in Rente. Heribert Engstler / Laura Romeu Gordo: »Der Übergang in den Ruhestand«, in: Clemens Tesch-Römer u. a. (Hrsg.): *Altern im Wandel. Zwei Jahrzehnte Deutscher Alterssurvey (DEAS)*. Wiesbaden 2017. Max-Planck-Institut für Bildungsforschung. Berlin 2018.

3 Die Rente mit 67 wurde 2005 auf Initiative von Arbeitsminister Franz Müntefering (SPD) beschlossen. Die Altersgrenze für die volle Rente wird zwischen 2012 und 2029 schrittweise von 65 auf 67 Jahre angehoben. Mit dem Geburtsjahrgang 1947 erfolgt die Anhebung

zunächst in Monats-, ab 2024 in Zweimonats-Schritten. 2019 sind es 65 Jahre und acht Monate. Für Versicherte ab Jahrgang 1964 gilt dann die Regelaltersgrenze von 67 Jahren. Wer früher in Rente gehen will, dem wird etwas abgezogen. Siehe Deutsche Rentenversicherung, Homepage. 2014 konterkarierte die Bundesregierung die Rente mit 67 durch die Rente mit 63, die bekommt, wer 45 Berufsjahre in die Rentenkasse eingezahlt hat.

4 Zwei Drittel der 55- bis 69-Jährigen melden eine gute Gesundheit. Selbst im höheren Alter zwischen 70 und 85 ist es immer noch die Hälfte. Bei den Älteren sind die positiven Meldungen über die Jahre deutlich gestiegen: Von 2002 zu 2014 von 61 auf 67 Prozent zwischen 66 und 71 Jahren, von 49 auf 54 Prozent zwischen 72 und 77 und von 25 auf 35 Prozent zwischen 78 und 83. Julia K. Wolff / Sonja Nowossadeck / Svenja M. Spuling: »Altern nachfolgende Kohorten gesünder?«, in: Clemens Tesch-Römer u. a. (Hrsg.): *Altern im Wandel. Zwei Jahrzehnte Deutscher Alterssurvey (DEAS).* Wiesbaden 2017. Nach dem Survey of Health, Ageing and Retirement in Europe (SHARE) des Münchner Zentrums für die Ökonomie des Alterns halten 78 Prozent der Sechzigjährigen ihre Gesundheit für gut bis ausgezeichnet. 65 Prozent der Sechzigjährigen haben keine Funktionseinschränkungen. Zehn Jahre später sind es 61 Prozent. Gespräch mit Axel Börsch-Supan im Januar 2018.

5 Fast die Hälfte der über 65-Jährigen engagiert sich ehrenamtlich, mehr als die Hälfte fährt Auto, zwei Drittel surfen im Netz. Selbst jeder zweite 80- bis 85-Jährige fühlt sich – Altersbeschwerden zum Trotz – jünger als sein kalendarisches Alter. Die Daten sind aus der Altersbilder-Studie des Deutschen Instituts für Altersvorsorge (DIA), die im Auftrag vom Institut für Demoskopie Allensbach durchgeführt wurde: Generali Altersstudie 2017.

6 Axel Börsch-Supan: »Eine Regel für die Rente«. Max-Planck-Gesellschaft, September 2017. Statistisches Bundesamt laut Hermann Buslei: Erhöhung der Regelaltersgrenze über 67 Jahre hinaus trägt spürbar zur Konsolidierung der Rentenfinanzen und Sicherung der Alterseinkommen bei. DIW Wochenbericht 48/2017.

7 Es fehlt ein Drittel junger Menschen. Wie viele junge Menschen es in

Deutschland geben wird, um die Rente in den nächsten drei Jahrzehnten zu finanzieren, lässt sich im Vergleich zu vielen Zukunftsfragen ziemlich sicher vorhersagen: Diese Menschen sind schon geboren. Axel Börsch-Supan: »Eine Regel für die Rente«. Max-Planck-Gesellschaft, September 2017. Weitere Daten siehe Statistisches Bundesamt, Sterbetafel 2010/2012. Außerdem schrumpft auch noch die Bevölkerung: »In der Variante mit der niedrigen Zunahme der Lebenserwartung sinkt die Einwohnerzahl von 81,8 Millionen im Jahr 2017 auf 78,9 Millionen im Jahr 2045.« Zit. nach: Hermann Buslei: »Erhöhung der Regelaltersgrenze über 67 Jahre hinaus trägt spürbar zur Konsolidierung der Rentenfinanzen und Sicherung der Alterseinkommen bei«. DIW Wochenbericht 48/2017. Martin Werding: »Demographischer Wandel, soziale Sicherung und öffentliche Finanzen«. Expertise im Auftrag der Bertelsmann Stiftung, Juni 2018.

8 Das Rentenniveau sagt, wie hoch die Rente eines früheren Durchschnittsverdieners in Relation zum aktuellen Durchschnittslohn ist. Vorausgesetzt wird, dass er 45 Jahre lang Rentenbeiträge zahlte.

9 Dabei zieht der Sozialbeirat sogar die vergleichsweise optimistischen Schätzungen der Rentenversicherung zum Rentenniveau heran. Die Rentenversicherung ermittelt 42 Prozent Rentenniveau im Jahr 2045, wenn der Beitragssatz zur Rentenversicherung von heute unter 19 auf über 23 Prozent steigt. Jahresgutachten des Sozialbeirats 2017.

10 Es gibt neben den Kosten für den Arbeitnehmer noch einen zweiten Effekt, der unterschätzt wird. Grob die Hälfte der Sozialabgaben überweist der Arbeitgeber. Muss er mehr in die Alterskasse einzahlen, wird der Beschäftigte für ihn teurer. Und damit wird es lohnender, den Arbeitnehmer durch eine Maschine zu ersetzen. Auch wenn die Garantie des Rentenniveaus über drastisch höhere Steuern finanziert wird, kommt das für Arbeitnehmer und Unternehmen teuer. Die Daten und die Berechnungen sind von Bernd Raffelhüschen. Seine Einlassungen in diesem Buch sind aus Gesprächen im Januar, Februar und August 2018, wenn nicht anders angegeben.

11 Aus einem Gespräch mit Axel Börsch-Supan im Januar 2018. Die

Einlassungen von Johannes Geyer in diesem Buch sind aus einem Gespräch im Januar 2018, wenn nicht anders angegeben.

12 Erst mit der Aufstockung der Erwerbsminderungsrente in der vergangenen und aktuellen Legislaturperiode verbessert die Regierung die Situation jener, die nicht so lange können. Für sie kann aber noch mehr getan werden. Daten zur Armutsquote von Johannes Geyer.

13 2015 trieben 44 Prozent der Senioren über 65 Sport, 2005 waren es erst 30 Prozent. Siehe Generali Altersstudie 2017. Waren beispielsweise im Jahr 2008 erst 13 Prozent der 78- bis 83-Jährigen mehrmals wöchentlich sportlich aktiv, so liegt dieser Anteil im Jahr 2014 bereits bei 24 Prozent. Siehe Svenja M. Spuling/Jochen P. Ziegelmann/Jenna Wünsche: »Was tun wir für unsere Gesundheit?«, in: Clemens Tesch-Römer u. a. (Hrsg.): *Altern im Wandel. Zwei Jahrzehnte Deutscher Alterssurvey (DEAS)*. Wiesbaden 2017. Deutsches Institut für Altersvorsorge, Altersbilder-Studie. Die Einlassungen von Gert Wagner in diesem Buch sind aus einem Gespräch im Februar 2018. »Es herrscht das Vorurteil, dass ältere Menschen weniger produktiv sind. Quantitative Untersuchungen zeigen, dass dies nicht stimmt. Die körperliche Leistungsfähigkeit sinkt zwar mit zunehmendem Alter, aber die Erfahrung steigt. Eine detaillierte Analyse zeigt, dass die 50- bis 60-jährigen Mitarbeiter insofern produktiver sind als die 25- bis 35-jährigen, weil sie seltener schwere Fehler machen. Vor allem in den anspruchsvolleren Tätigkeiten steigt die Produktivität mit dem Alter. Zu fundamentalem Pessimismus, was die Wettbewerbsfähigkeit einer alternden Gesellschaft angeht, gibt es also keinen Anlass.« Das Zitat ist aus einem Gespräch mit Axel Börsch-Supan im Januar 2018.

14 Verknüpfungen mit der Lebenserwartung gibt es auch in Finnland, Portugal und der Slowakei, berichtet die Organisation OECD. Zwischen 65 und 69 Jahren liegt die Tätigkeitsrate in Deutschland zwei Prozent unter dem OECD-Schnitt von gut 20 Prozent. Siehe OECD: Pensions at a Glance, 2017. Zu dem Zahlenvergleich Schweden und Deutschland siehe Eurostat laut dem *Deutschen Post Glücksatlas*. München 2017.

15 Die Zitate von Joachim Gauck sind aus seiner Rede vom 31. März 2015 und dem Demografieportal des Bundes und der Länder.

16 Alexandra Wagner / Christina Klenner u. a.: »Alterseinkommen von Frauen und Männern«. WSI Report 38, Dezember 2017.

Time is on my side

1 Die Einlassungen von Jürgen Görg in diesem Buch sind aus einem Interview mit ihm in der *FAS* vom 2. August 2009: »Ich finde es gut, wenn 69-Jährige noch arbeiten.«

2 »Die Unterscheidung der Erwerbstätigen ab 65 Jahren nach Wirtschaftsbereichen zeigt, dass sich auch hier der für jüngere Altersgruppen bereits nachgewiesene Wandel zur Dienstleistungsgesellschaft vollzieht: Unter den Erwerbstätigen ab 65 Jahren waren im Jahr 2011 insgesamt knapp 80 Prozent in Handel, Gastgewerbe, Verkehr oder sonstigen Dienstleistungen tätig.« Zit. nach: Jutta Schmitz: »Erwerbstätigkeit trotz Rente?«, in: Ernst Kistler / Falko Trischler (Hrsg.): *Reformen auf dem Arbeitsmarkt und in der Alterssicherung.* edition der Hans-Böckler-Stiftung. Düsseldorf 2014.

3 »Mehr als vier Fünftel (85,2 Prozent) der Erwerbstätigen sind im Jahr 2014 zufrieden mit ihrer eigenen Arbeit. Nur 2,8 Prozent fühlen sich über- und 16,1 Prozent unterfordert. Der Großteil der Erwerbstätigen empfindet seine Arbeitsanforderungen als genau richtig (81,2 Prozent)«. Siehe Janna Franke / Martin Wetzel: »Länger zufrieden arbeiten?«, in: Clemens Tesch-Römer u. a. (Hrsg.): *Altern im Wandel. Zwei Jahrzehnte Deutscher Alterssurvey (DEAS).* Wiesbaden 2017. Die Einlassungen von Simone Scherger in diesem Buch sind aus einem Gespräch im Januar 2018.

4 Die Studie der Stiftung Weltwirtschaftsforum Davos basiert auf Interviews mit Managern und anderen Datenquellen, September 2018.

5 1999: 51 Prozent niedrige Bildung, kein bis Hauptschulabschluss. 2014: 38 Prozent. 1999: 19 Prozent Abitur/Hochschulabschluss. 2014: 29 Prozent. Mikrozensus laut Clemens Tesch-Römer u. a. (Hrsg.): *Freiwilliges Engagement in Deutschland.* Berlin/Heidelberg 2014.

6 Die Interviews mit Martin Walser sind nachzulesen in der *SZ* vom 6. Oktober 2015, in der *Nürnberger Zeitung* vom 31. Dezember 2013

und in der *Bunten* vom 12. April 2018. Das Interview mit Mick Jagger ist zu finden in der *Welt* vom 3. April 2008.

7 Interview in der *FAS* vom 14. November 2010.

8 Die Einlassungen von Andreas Kruse in diesem Buch sind aus einem Gespräch im Januar 2018, wenn nicht anders angemerkt. Die zwei Zitate am Kapitelende sind aus einem Gespräch mit Reiner Klingholz vom Berlin-Institut für Bevölkerung und Entwicklung im August 2016; sowie Andreas Kruse: *Die Grenzgänge des Johann Sebastian Bach. Psychologische Einblicke*. Wiesbaden 2013.

Immer mehr wollen es – oder lassen sich überzeugen

1 Das Gespräch fand im Februar 2018 statt.

2 Vor 20 Jahren wollte weniger als ein Fünftel bis 65 im Beruf bleiben. Heribert Engstler / Laura Romeu Gordo: »Der Übergang in den Ruhestand: Alter, Pfade und Ausstiegspläne«, in: Clemens Tesch-Römer u. a. (Hrsg.): *Altern im Wandel. Zwei Jahrzehnte Deutscher Alterssurvey (DEAS)*. Wiesbaden 2017. Siehe auch Institut für Demoskopie Allensbach im Auftrag der Initiative Neue Soziale Marktwirtschaft 2014; Eurobarometer 378, Active Ageing, EU-Kommission 2012. Das gilt auch für Ältere: »In den Altersgruppen 60 aufwärts kann sich ein zunehmender Anteil vorstellen, noch im Alter über 67 Jahren zu arbeiten. Bei den 60- bis 69-Jährigen trafen 16 Prozent eine solche Einschätzung, unter den 70- bis 79-Jährigen sogar 22,5 Prozent.« Deutsches Institut für Altersvorsorge, 50 plus, August 2018.

3 Bei Männern ist es bereits jeder Fünfte, bei Akademikern sogar jeder Vierte. Siehe *Deutsche Post Glücksatlas*. München 2017. Gespräch mit Simone Scherger im Februar 2018.

4 Christian Pfarr und Christian Maier untersuchen Daten des Sozio-oekonomischen Panels (SOEP) des Deutschen Instituts für Wirtschaftsforschung: »Arbeiten trotz Rente – Warum sind Menschen im Ruhestand erwerbstätig?«, 2015.

5 Mit 69/70 tut es bereits jeder Vierzehnte. Quelle ebenso wie die Zahlen über den Berufsabschluss der Seniorenarbeiter: Jutta Schmitz: »Erwerbstätigkeit trotz Rente? Zur Systematisierung einer Debatte«, in: Ernst Kistler / Falko Trischler (Hrsg.): *Reformen auf dem Arbeits-*

markt und in der Alterssicherung. edition der Hans-Böckler-Stiftung. Düsseldorf 2014.

6 Ebenda.

7 Carol Graham schreibt: »There is some country-specific research suggesting that late-life work has positive effects on well-being. There are two problems in identifying the effects, though, stemming from endogeneity. One is self-selection, or the fact that retirees differ from late-life workers along a set of unobservable characteristics that are also correlated with their well-being. For example, those remaining in the labor force might be more motivated, more risk-loving, skilled, and so on, than those choosing to retire. These unobservable characteristics are also correlated with life satisfaction and could bias the results. The second issue is the direction of causality. It is quite plausible that the people who chose to remain in the labor force after retirement were more satisfied with their jobs (and their lives) before retirement, and thus the difference between their level of life satisfaction and that of their retired counterparts later in life has nothing to do with remaining in the labor force. In addition, more educated workers are more likely to remain in the labor force than are less educated ones, not least as their jobs are usually less physically taxing. Taking advantage of a very large and detailed data set, propensity score matching techniques were used to compare retired individuals with observably similar late-life workers. Individuals were matched with others of the same age group, gender, marital status, education, religiosity, country, and year. Income matching was not done because the current income of retirees is by definition less than that of people who remain in the labor force. While the matching exercise is far from perfect, the results are both statistically robust and intuitive. Workers who remained in the labor force past the retirement age (either in full-time work or in voluntary part-time arrangements) had higher levels of life satisfaction and hedonic well-being (smiling yesterday and happy yesterday) than did their retired counterparts, on average. It is interesting to note that the life satisfaction of the late-life workers who worked full-time was higher than that of late-life workers who worked part-time. Late-life workers in general

were also more satisfied with their health. Again, there are causality issues at play that suggest caution, as healthier people are more likely to remain in the labor force. Regardless, the findings suggest that there are significant well-being benefits for late-life work for respondents who choose it.« Siehe Carol Graham: *Late-life work and well-being.* Institut zur Zukunft der Arbeit World of Labor, Oktober 2018. Übrige Daten: Umfrage im Auftrag des Versicherungskonzerns Aegon. Umfrage der Beratungsfirma EY. *Deutsche Post Glückatlas.* München 2017. Schweiz und Skandinavien: Gespräche mit Axel Börsch-Supan im Januar 2018.

8 Die Einlassungen von Moritz Heß in diesem Buch sind aus einem Gespräch im April 2018 und die von Loring Sittler aus einem Gespräch im Mai 2018; sowie aus: Caitrin Lynch / Loring Sittler: *Geht's noch? Arbeit und Selbstwert im Alter.* Bielefeld 2016; Heribert Engstler / Laura Romeu Gordo: »Der Übergang in den Ruhestand: Alter, Pfade und Ausstiegspläne«, in: Clemens Tesch-Römer u. a. (Hrsg.): *Altern im Wandel. Zwei Jahrzehnte Deutscher Alterssurvey (DEAS).* Wiesbaden 2017.

9 Eurobarometer 378, Active Ageing, EU-Kommission 2012.

Mit 65 raustreten, zack!

1 Aus Gesprächen im Frühjahr/Sommer 2018.

2 Wegen der Rente mit 67 kommt das offizielle Ruhestandsalter nach und nach etwas später. Die Altersgrenze wird zwischen 2012 und 2029 schrittweise von 65 auf 67 Jahre angehoben. 2019 sind es 65 Jahre und acht Monate. Deutsche Rentenversicherung, Homepage.

3 *Weserkurier* vom 27. April 2017.

4 Zit. aus einem Interview mit Andrea Nahles, das sie der *Bild*-Zeitung vom 25. April 2016 gegeben hatte. Die Einlassungen von Norbert Blüm in diesem Buch sind aus einem Interview im *Spiegel* vom 19. Mai 2014.

5 Eurobarometer 378, Active Ageing, EU-Kommission 2012.

6 Alexander Hagelüken u. a.: »Alt, älter, arbeiten«, in: *SZ* vom 3. Januar 2015.

Generation Frührente – wie der Ruhestand zum Besitzstand wurde

1 Die Daten sind von Moritz Heß und beziehen sich auf männliche Beschäftigte.

2 Bundesagentur für Arbeit, November 2018. Für die Achtzigerjahre ist nur von westdeutschen Zahlen die Rede, weil die offiziellen DDR-Zahlen Propaganda waren.

3 2014. Heribert Engstler / Laura Romeu Gordo: »Der Übergang in den Ruhestand: Alter, Pfade und Ausstiegspläne«, in: Clemens Tesch-Römer u. a. (Hrsg.): *Altern im Wandel. Zwei Jahrzehnte Deutscher Alterssurvey (DEAS)*. Wiesbaden 2017.

4 Ebenda.

5 Gespräche im Januar 2018.

Gleitzeit statt Ruheschlaff

1 Gespräch im Juli 2016.

2 Nadine Ahr: »Herr Vahl hört auf«, in: *Die Zeit* vom 30. Juli 2015.

3 Jutta Schmitz: »Erwerbstätigkeit trotz Rente? Zur Systematisierung einer Debatte«, in: Ernst Kistler / Falko Trischler (Hrsg.): *Reformen auf dem Arbeitsmarkt und in der Alterssicherung – Folgen für die Einkunftslage im Alter*. edition Hans-Böckler-Stiftung. Düsseldorf 2014. Eurobarometer 378, Active Ageing, EU-Kommission 2012.

4 Umfrage im Auftrag des Versicherungskonzerns Aegon.

Wie Arbeiten Gesundheit und Kontakte erhält

1 Generali Altersstudie 2017.

2 Arne Wesenberg: *Im UnRuhestand*. Heidelberg 2017; Interview Olk-Blandow; Alexander Hagelüken u. a.: »Alt, älter, arbeiten«, in: *SZ* vom 3. Januar 2015.

3 Marktforschungsinstitut Ipsos im Auftrag der Cigna Versicherung 2018.

Selbst bestimmen

1 *stern* vom 7. Juni 2017. Alle Zitate von Roberto Blanco aus: Alexander Hagelüken u. a.: »Alt, älter, arbeiten«, in: *SZ* vom 3. Januar 2015.
2 Steffen Uhlmann: »Ruhestand? Bloß nicht!«, in: *SZ* vom 24. Dezember 2015. Die These von den mutigeren Älteren formuliert der US-Gehirnforscher Gene Cohen; Margaret Heckel: *Die Midlife-Boomer. Warum es nie spannender war, älter zu werden*. Edition Körber. Hamburg 2012.
3 Christian Pfarr / Christian Maier: »Arbeiten trotz Rente – Warum sind Menschen im Ruhestand erwerbstätig?«. Universität Bayreuth 2015.
4 Alexander Hagelüken u. a.: »Alt, älter, arbeiten«, in: *SZ* vom 3. Januar 2015.

Der Wahnsinn der mittleren Jahre

1 Namen geändert; die Gespräche fanden im August 2018 statt.
2 Aussagen von Eva Corino in diesem Buch aus ihrem Artikel: »Raus aus der Rushhour des Lebens«, *Tagesspiegel* vom 11. Juni 2018.
3 Das Ehegattensplitting gewährt einem kinderlosen Alleinverdiener, dessen Frau zu Hause bleibt, bei einem Spitzeneinkommen von 120 000 Euro die gleichen Steuersätze wie zwei Eltern mit Kindern, die jeweils nur die Hälfte verdienen. Beim Splitting, einer deutschen Spezialität, werden die beiden Einkommen eines Paars addiert und halbiert – und der Steuersatz an dieser Hälfte ausgerichtet. Das ist ein Vorteil, weil der Steuersatz ja mit zunehmendem Einkommen steigt. Der Ehepartner mit dem höheren Einkommen müsste ohne Splitting mehr Steuern bezahlen.
4 Eva Corino bezieht sich in ihren zitierten Gedanken auf Arlie Hochschild: »Raus aus der Rushhour des Lebens«, in: *Tagesspiegel* vom 11. Juni 2018.
5 Vgl. »Revolution? Macht erst mal konservative Politik!«, in: *Tagesspiegel* vom 9. Januar 2018.
6 84 Prozent der Deutschen wollen Wohneigentum, Umfrage des Forschungsinstituts Civey für *Spiegel Online*, August 2018.

7 Eva Corino: *Das Nacheinander-Prinzip. Vom gelasseneren Umgang mit Familie und Beruf.* Berlin 2018.

8 Die SPD konnte ihr – aus meiner Sicht vorbildliches - Konzept einer Familienarbeitszeit mit entsprechenden Ausgleichszahlungen wegen kürzerer Arbeit bisher nicht durchsetzen.

Sechs Schritte an den Abgrund des Rentensystems

1 Rentenerhöhung vor Inflation. Zahlen in diesem Absatz: Deutsche Rentenversicherung; Bundesregierung; Statistisches Bundesamt; Axel Börsch-Supan: »Eine Regel für die Rente«, Max-Planck-Gesellschaft, September 2017.

2 Interview mit Reiner Klingholz, Berlin-Institut für Bevölkerung und Entwicklung.

3 Rente mit 63 gibt es nach 45 Berufsjahren. Bei der Mütterrente wird Kindererziehung vergolten. Die Bundesregierung schätzt die Kosten auf 150 Milliarden Euro, der Rentenökonom Reinhard Schnabel auf weit mehr als 200 Milliarden. Siehe »Beliebt und teuer«, *SZ* vom 26. Februar 2018; »Was kostet uns das Rentenpaket«, *Augsburger Allgemeine Zeitung* vom 23. Mai 2014. Kostenschätzungen zur Mütterrente II: Bundesregierung sowie Stefan Bach u. a. im DIW Wochenbericht 28/2018.

4 Laut Eurostat gab es 1991 knapp 1,4 Millionen selbstständige Einzelkämpfer, 2012 waren es 2,46 Millionen, seitdem nimmt ihre Zahl leicht ab. »Alles in allem war im Jahr 2013 etwas mehr als die Hälfte aller Solo-Selbständigen nicht für das Alter dadurch abgesichert, dass regelmäßig in die gesetzliche Rentenversicherung oder in eine Lebensversicherung eingezahlt wurde.« Zit. nach: Karl Brenke / Martin Beznoska: »Solo-Selbständige in Deutschland«. DIW, Mai 2016.

5 Markus M. Grabka ermittelt in einer Studie, dass zwar 60 Prozent der Arbeitnehmer ab 55 ihren aktuellen Konsum nicht aus der gesetzlichen Rente finanzieren können, aber nur 13 Prozent der Beamten aus ihren Pensionen. Siehe Markus M. Grabka / Timm Bönke u. a.: »Rentennahe Jahrgänge haben große Lücke in der Sicherung des Lebensstandards«. DIW Wochenbericht 37/2018. Das deutsche Durchschnittsgehalt war 2017 3092 Euro im Monat. Beamte kriegen nach

40 Dienstjahren 72 Prozent des letzten Gehalts. Ein Durchschnittsverdiener der freien Wirtschaft bekam 2017 48 Prozent Rentenniveau, also 1484 Euro – dafür muss er sogar 45 Jahre einzahlen. Vgl. Dorothea Siems: »Angriff auf die Beamtenpensionen«, in: *Die Welt* vom 19. November 2017.

6 Die Kosten von insgesamt 647 Milliarden Euro, Stand Ende 2016, beziehen sich neben Pensionen auf Beihilfen, also Zuschüssen zur Gesundheit. Beamte im Ruhestand erhalten in der Regel etwa 70 Prozent der Krankheits- und Pflegekosten. Die Bundesregierung betreibt seit mehr als zehn Jahren Vorsorge für die Altersausgaben – bisher nur mit 14 Milliarden Euro. Vgl. Dorothea Siems: »Angriff auf die Beamtenpensionen«, in: *Die Welt* vom 19. November 2017.

7 »Ich halte es für nachvollziehbar, dass die Bundesländer die von Steinbrück angestoßene Debatte aufgreifen«, sagt Jens Boysen-Hogrefe vom Institut für Weltwirtschaft. Bernd Raffelhüschens Rechnung schließt Ruhestandsgehälter plus Beihilfen und Hinterbliebenenversorgung ein. Siehe Stefan von Borstel u. a.: »Pensionen, die tickende Zeitbombe«, in: *Die Welt* vom 8. September 2013; Dorothea Siems: »Angriff auf die Beamtenpensionen«, in: *Die Welt* vom 19. November 2017. Kinder- und Jugendhilfe bedeutet Tageseinrichtungen, Hilfe zur Erziehung, Eingliederungshilfe für seelisch behinderte Kinder und Jugendliche, Hilfe für junge Volljährige und Inobhutnahme. Vgl. Statistisches Bundesamt 2016.

8 Gastbeitrag im *Handelsblatt* vom 15. Dezember 2002.

9 Kornelia Hagen: »Mängel der Riester-Rente sprechen für ein Standardprodukt«. DIW, Juni 2018.

10 Anlagerenditen nach Abzug von Inflation – die Studie erfasst 15 Länder: Òscar Jordà / Katharina Knoll / Dmitry Kuvshinov / Moritz Schularick / Alan M. Taylor: »The Rate of Return on Everything, 1870–2015«, Federal Reserve Bank of San Francisco Working Paper 2017-25. Zwei US-Ökonomen zeigten für US-Aktien ebenfalls gut 100 Jahre lang pro Jahr real im Schnitt sieben Prozent Rendite. Siehe Rajnish Mehra / Edward Prescott: »The equity premium: A puzzle«, *Journal of Monetary Economics*, 15/1985, issue 2, S. 145–161, later updated. »Die Zahl der Riester-Verträge lag Ende 2017 bei 16,5 Millio-

nen, seit einigen Jahren steigt sie nur noch in lächerlichem Ausmaß. Hinzu kommt, dass jeder fünfte Vertrag ruht. Da eine Person mehrere Verträge abschließen kann, ist die Zahl der Geförderten noch geringer. Von Ende 2016 rund 11 Millionen Geförderten erhielt nur etwas mehr als die Hälfte die volle Förderung, fast 20 Prozent sogar weniger als die Hälfte.« Zit. nach: Kornelia Hagen: »Mängel der Riester-Rente sprechen für ein Standardprodukt«. DIW, Juni 2018. Nach einer Antwort des Bundesfinanzministeriums auf eine Anfrage des Grünen-Rentenexperten Markus Kurth schöpft nicht einmal die Hälfte der Riester-Sparer die staatlichen Zulagen voll aus. Markus Kurth im Dezember 2017: »Weniger als sieben Millionen Menschen sorgen im Sinne des Riester-Konzepts vor. Damit haben nur zwanzig Prozent aller Förderberechtigten die Chance, die durch das Absinken des Rentenniveaus entstehende Rentenlücke zu schließen.« Nach einer Umfrage spart die Hälfte der Bürger auch außerhalb des Riester-Systems weniger als 50 Euro im Monat an – oder gar nichts. Vgl. auch: Gerd Gigerenzer vom Max-Planck-Institut für Bildungsforschung; Ergo-Risiko-Report, zitiert nach dem *Handelsblatt* vom 14. Februar 2018.

11 Der Anteil, der in Aktien fließt, liegt unter fünf Prozent. 86 Prozent fließen in Zinspapiere, trotz Niedrigzinsphase. Gesamtverband der Deutschen Versicherungswirtschaft 2018, zit. nach: Daniel Mohr: »So viele Aktionäre wie seit 2003 nicht mehr«, in: *FAZ* vom 20. Februar 2018.

12 Siehe Rajnish Mehra / Edward Prescott: »The equity premium: A puzzle«. A. a. O. Bei Òscar Jordà u. a. steht: »Wir stellen fest, dass die reale Rendite sicherer Anlagen langfristig oft sehr volatil war, mehr, als man erwarten würde, und oft volatiler als die Rendite anderer Anlagen.« Am Riester-Desaster ist auch die Regierung Schröder schuld, ebenso seine Nachfolgerin Angela Merkel. Sie wollten die politisch umstrittene Vorsorge betonsicher machen und schrieben ständige Garantien der Anlagebeträge vor. Die Garantien limitieren die Anlage in Aktien, obwohl die bei den jahrzehntelang laufenden Riester-Verträgen auch ohne Garantien sicher genug wären, weil sie Schwankungen aufholen. Um nicht falsch verstanden zu werden: Al-

les in Aktien anzulegen wäre viel zu riskant, weil es an den Börsen natürlich auch mal abwärtsgeht. Doch die Garantien mindern die Aktienanlage übermäßig, so auch Dorothea Mohn, Leiterin des Finanzmarktteams der Verbraucherzentrale Bundesverband (vzbv), auf der Tagung »Wohlstand für alle – Neue Wege in der Vermögenspolitik« der Bertelsmann Stiftung und der Konrad-Adenauer-Stiftung, 28 Juni 2018. Denn ein gut diversifiziertes Portfolio mit deutschen Aktien hat nach 20 Jahren eine Wahrscheinlichkeit von 100 Prozent, die eingezahlten Beiträge zu erhalten. Durch die Garantien wird die Chance vertan, im Extremfall aus 100 Euro Aktienanlage im Monat nach 42 Jahren Sparen eine halbe Million zu machen. Vgl Frankfurt School of Finance and Management, zit. nach: Daniel Mohr: »Wie viel Geld brauche ich im Alter?«, in: *FAZ* vom 14. September 2016. Bei einer Vertragslaufzeit von 30 Jahren liegen die Effektivkosten klassischer und fondsgebundener Riester-Renten zwischen 0,56 Prozent und 3,10 Prozent, laut Untersuchung des vzbv, Januar 2018.

13 So durften Kunden die Zahlungen aus Lebensversicherungen jahrzehntelang kassieren, ohne sie zu versteuern. Ein Vorteil gegenüber anderen Anlagen, der sich nur mit der Einflussnahme auf die Politik erklären lässt. Ebenso wie das Marketinginstrument Garantiezins, mit dem die Versicherer Kunden werben. In anderen Ländern ist das unbekannt. »Die Branche verfügt über sehr viel Geld und eine sehr gut organisierte Lobby«, sagt Niels Nauhauser. Vgl. Alexander Hagelüken: *Das gespaltene Land*. München 2017; Deutschlandfunk Kultur am 21. Juli 2018; Kolumne von Hermann-Josef Tenhagen auf *Spiegel Online* vom 24. Februar 2018.

14 Wie es damals mit den Versicherern lief, erzählte Walter Riester in Gesprächen mit mir 1999/2000. Der Garantiezins für Lebensversicherungen reduzierte sich Anfang 2017 auf maximal 0,9 Prozent pro Jahr auf den sogenannten Sparanteil, also Beiträge minus Kosten. »Zusätzlich werden Sie noch an den Überschüssen beteiligt, die die Versicherung erwirtschaftet. Diese Erträge sind aber nicht garantiert und schrumpfen immer mehr.« Zit. nach: Manuel Kayl / Sara Zinnecker im Verbraucherratgeber *Finanztip* vom 23. April 2018. Nach

Abzug der Gebühren blieb 2015 im Schnitt von 60 Lebensversicherungen eine Beitragsrendite von 0,4 Prozent. Siehe auch Ratingagentur Assekurata für einen Vertrag, der 25 Jahre lang bespart wird; Hermann-Josef Tenhagen: »Geld verbrennen leicht gemacht«, in: *Spiegel Online* vom 7. Mai 2016.

15 Verbraucherzentralen in Nordrheinwestfalen und Bayern siehe Kristina Antonia Schäfer: »So viel Geld sollten Sie für die Rente zurücklegen«, in: *WirtschaftsWoche* vom 12. April 2018. Fachleute wie Bernd Raffelhüschen setzen notfalls statt 80 rund 60 bis 70 Prozent des letzten Gehalts an, um den Lebensstandard annähernd zu sichern. Dann schrumpfen die Rentenlücken.

16 Mehr zu Ungleichheiten in meinem Buch *Das gespaltene Land*. München 2017, und im Kapitel *7-Punkte-Plan – Kapital schaffen*. Zu den Daten zur Eurozone siehe Markus M. Grabka / Christian Westermeier: »Anhaltend hohe Vermögensungleichheit in Deutschland«. DIW Wochenbericht 9/2014. Zu den Daten zur Betriebsrente: Alexander Hagelüken: Die Renten-Debatte – ein Essay. Das Forum, NDR Info, 25. Mai 2016: https://www.ardmediathek.de/radio/Das-Forum/Forum-Die-Renten-Debatte-ein-Essay/NDR-Info/Audio-Podcast?bcastId=7852534&documentId=35551316. »Fakt ist aber, der Anteil von Geringverdienern, die riestern, ist geringer, als es ihrem Anteil an der Bevölkerung entsprechen würde.« Zit. nach: Kornelia Hagen: »Mängel der Riester-Rente sprechen für ein Standardprodukt«. DIW Juni 2018.

17 Die 64 Prozent Rente gelten für jene, die 50 bis 64 Jahre alt sind. Die 40 Prozent für jene von 20 bis 35 Jahren. Bernd Raffelhüschen laut Markus Zydra: »Junge Leute kümmern sich nicht genug um ihre Rente«, in: *SZ* vom 11. Oktober 2017. Die OECD beziffert die aktuelle Altersrente auf etwa 60 Prozent des vorherigen Einkommens.

18 Fast drei Viertel arbeiten Teilzeit. Zu den Gründen für die Verdienstunterschiede zwischen Männern und Frauen ausführlicher im Kapitel *7-Punkte-Plan – Arbeitsmarkt reparieren*. Der Name von Herta Berger wurde auf Wunsch geändert, das Gespräch fand im Februar 2018 statt; Daten aus Marcel Fratzscher: »Gut gemeint, schlecht ausgeführt«, *Zeit*

Online vom 23. März 2018; Statistisches Bundesamt; Genderdatenportal 2017; WSI-Institut der Hans-Böckler-Stiftung; Eurostat 2018.

19 Ute Klammer steht dem Institut für Arbeit und Qualifikation (IAQ) der Universität Duisburg-Essen vor, die Gespräche mit ihr fanden im Februar, April und Mai 2018 statt. Vgl. Alexander Hagelüken: »Nach dem ersten Kind kommt der Knick«, in: *SZ* vom 10. Februar 2018.

20 Das Ehegattensplitting gewährt den maximalen Vorteil, wenn ein Ehepartner alles verdient und der andere nichts. Die deutschen Abgaben für Zweitverdiener sind überall höher außer in Belgien. Siehe OECD: Taxing Wages, 2018. Geringere Arbeitszeit wegen des Splittings laut: Alexander Bick / Nicola Fuchs-Schündeln: »Quantifying the Disincentive Effects of Joint Taxation on Married Women's Labor Supply«, in: *American Economic Review*, 107, 5, 201.

21 Marcel Fratzscher: »Gut gemeint, schlecht ausgeführt«, in: *Zeit Online* vom 23. März 2018; Peter Haan / Anna Hammerschmid / Carla Rowold: geschlechtsspezifische Renten- und Gesundheitsunterschiede in Deutschland, Frankreich und Dänemark«. DIW Wochenbericht 43/2017; Alexandra Wagner / Christina Klenner / Peter Sopp: »Alterseinkommen von Frauen und Männern«. WSI Report Nr. 38, Dezember 2017. Berücksichtigen sollte man, dass Frauen trotz einer Rente unter 800 Euro finanziell bessergestellt sein können, wenn sie Vermögen haben oder durch einen Partner. Antwort der Bundesregierung auf eine Anfrage der Linken-Abgeordneten Sabine Zimmermann, Juli 2018.

22 In den vergangenen Jahren hat sich die Situation wieder deutlich verbessert: Die Zahl der Niedriglohnjobs, Befristungen und Minijobs nimmt ab. Daten laut OECD: In It Together, 2015; Joachim Möller: »Lohnungleichheit – Gibt es eine Trendwende?«. IAB (Institut für Arbeitsmarkt- und Berufsforschung) Discussion Paper 9/2016.

23 Erwerbstätigkeit trotz Rente? Zur Systematisierung einer Debatte in: Ernst Kistler / Falko Trischler (Hrsg.): *Reformen auf dem Arbeitsmarkt und in der Alterssicherung. Edition der Hans-Böckler-Stiftung.* Düsseldorf 2014; Einkommensentwicklung Bundesregierung, Fünfter Armuts- und Reichtumsbericht, 2017.

24 Für das Rentenniveau werden sowohl beim Rentner wie beim

Arbeitnehmer die Sozialbeiträge herausgerechnet, aber nicht die Steuern. Die Deutsche Rentenversicherung, von der die Daten stammen, argumentiert, die Durchschnittsrente falle auch deshalb so niedrig aus, weil dabei Beamte oder Selbstständige erfasst sind, die nur kurz Beiträge einzahlen, aber trotzdem im Alter meist genug Geld haben. Es gibt aber Mütter, Arbeitslose und viele andere, für die das nicht gilt.

25 Die Ethnologin Irene Götz von der Münchner Ludwig-Maximilians-Universität hat mit 50 Frauen gesprochen, die sich die Stadt kaum noch leisten können. Jakob Wetzel: »Sandwich-Generation mit Geldsorgen«, in: *SZ* vom 16. Februar 2017.

26 Der Paritätische Wohlfahrtsverband rechnet in zehn Jahren mit einem Anteil von zehn Prozent, die Grundsicherung beziehen. Nach Berechnungen der Verteilungsforscherin Irene Becker beantragen Hunderttausende Senioren aus Scham oder Unwissenheit keine Sozialhilfe vom Staat, obwohl sie unter dem Existenzminimum von 750 Euro monatlich leben. Vgl. *Die Welt* vom 16. Mai 2018.

27 Deutsche Durchschnittsverdiener haben künftig die Hälfte des letzten Einkommens zu erwarten, im Durchschnitt der Industriestaaten sind es 63 Prozent. Siehe OECD: Pensions at a Glance, 2017. Nach der Definition der Bertelsmann-Forschergruppe gelten Personen als armutsgefährdet, wenn ihr bedarfsgewichtetes verfügbares Einkommen geringer ist als 60 Prozent des mittleren Einkommens in der Bevölkerung. Die Grundsicherungsquote steigt laut Gutachten bis Mitte der 2030er-Jahre auf sieben Prozent. Peter Haan (DIW), Holger Stichnoth (ZEW, Zentrum für Europäische Wirtschaftsforschung) u. a.: Entwicklung der Altersarmut bis 2036. Bertelsmann Stiftung Juni 2017.

28 In 15 Jahren für Neurentner, vgl. Peter Haan (DIW) / Holger Stichnoth (ZEW, Zentrum für Europäische Wirtschaftsforschung ZEW) u. a.: »Entwicklung der Altersarmut bis 2030«. Bertelsmann Stiftung Juni 2017; Antonio Brettschneider und Ute Klammer: *Lebenswege in die Altersarmut.* Berlin 2016.

29 Die Rente betrug 2015 bei den Männern durchschnittlich 1154 Euro, bei den Frauen 634 Euro pro Monat – eine Differenz von 45 Prozent.

Noch größer ist die Kluft bei Betriebsrenten: Hier liegen die Frauen mit 240 Euro knapp 60 Prozent gegenüber den Männern zurück, die auf 593 Euro kommen. Zudem haben nur sieben Prozent der Rentnerinnen überhaupt eigene Ansprüche aus betrieblicher Altersversorgung, aber 26 Prozent der Männer. Leistungen aus privater Altersvorsorge beziehen fünf Prozent der Männer und zwei Prozent der Frauen, wobei Frauen mit durchschnittlich 311 Euro deutlich weniger ausgezahlt bekommen als die Männer mit 485 Euro. Dazu: Alexandra Wagner / Christina Klenner / Peter Sopp: »Alterseinkommen von Frauen und Männern«. WSI Report Nr. 38, Dezember 2017; Angst vor Altersarmut von Gerd Gigerenzer vom Max-Planck-Institut für Bildungsforschung; Ergo-Risiko-Report, zit. nach dem *Handelsblatt* vom 14. Februar 2018.

30 Zit. nach: Steffen Uhlmann: »Ruhestand? Bloß nicht!«, in: *SZ* vom 24. Dezember 2015.

31 2080 lägen die Schulden sogar bei 470 Prozent. Vorhersagen über eine so lange Zeit sind naturgemäß mit Unsicherheiten behaftet. Zumindest bis 2040 sind die Prognosen aber weitgehend gesichert, da die Relation von Rentnern und Arbeitnehmern weitgehend feststeht. Die Ergebnisse weichen für verschiedene Annahmen kaum voneinander ab. Martin Werding nimmt die letzte Bevölkerungsvorhersage des Statistischen Bundesamts von 2015 zur Grundlage und kalkuliert mit einer relativ hohen Zuwanderung von 150 000 Menschen pro Jahr und mehr als ein Prozent Wirtschaftswachstum jährlich. Unterstellt wird, dass die zusammengefasste Geburtenrate unverändert auf ihrem langjährigen Durchschnittswert (von 1,4 Geburten je Frau) verharrt und dass die Lebenserwartung bei Geburt für Frauen weiter alle zehn Jahre um rund ein Jahr (von derzeit 83,1 Jahren bis 2060 auf 90,4 Jahre, danach linear weiter) und für Männer um knapp zwei Jahre (von derzeit 78,2 Jahren bis 2060 auf 86,7 Jahre) zunimmt. Die Einlassungen von Martin Werding in diesem Buch sind aus: Demographischer Wandel, soziale Sicherung und öffentliche Finanzen. Expertise im Auftrag der Bertelsmann Stiftung, Juni 2018, wenn nicht anders angegeben.

32 Gleichzeitig will Martin Werding eine soziale Flankierung: Härtefälle wie Berufsunfähige müssten bessergestellt werden.

33 Lewe Christoph Bahnsen / Gerrit Manthei / Bernd Raffelhüschen:

Ehrbarer Staat? Die Generationenbilanz. Stiftung Marktwirtschaft, Berlin November 2017.

Umsteuern: Länger arbeiten plus

1 Der 2005 eingeführte Nachhaltigkeitsfaktor verteilt die Last der Alterung zwischen Älteren und Jüngeren, indem der Beitragssatz ähnlich steigt, wie das Rentenniveau sinkt, wenn die demografische Last zunimmt. Doch solche Reformen reichen nicht. Nach Berechnungen von Bernd Raffelhüschen sinkt das Rentenniveau bis 2040 auf etwa 40 Prozent, der Beitragssatz steigt bis 25 Prozent. »Nach den aktuellen Vorausberechnungen der Rentenversicherung werden für das Jahr 2045 ein gesetzliches Rentenniveau von 42,2 Prozent und ein Beitragssatz von 23,2 Prozent erwartet. Der Gesetzgeber sollte kritisch prüfen, ob damit noch ein ausreichendes Rentenniveau und ein akzeptabler Beitragssatz gewährleistet sind« – so der Sozialbeirat der Bundesregierung in seinem Gutachten zum Rentenversicherungsbericht 2017. Die Einlassungen von Axel Börsch-Supan in diesem Kapitel sind aus Gesprächen im Januar und August 2018; Axel Börsch-Supan / Johannes Rausch: »Die Kosten der doppelten Haltelinie«. In: ifo Schnelldienst 9/2018; »Eine Regel für die Rente«. Max-Planck-Gesellschaft, September 2017. Über die Einstellung zur Alterung: »18% of respondents to a Eurobarometer survey indicate that it belongs to the two most important current issues faced by the country, compared to only 12.5% on average among 22 EU countries, with rising attention over the last decade.« Der Wert ist um die Hälfte gestiegen. Vgl. OECD: Pensions at a Glance, 2017.

2 Das Rentenniveau sagt ja, wie hoch die Rente eines früheren Durchschnittsverdieners in Relation zum aktuellen Durchschnittslohn ist. Vorausgesetzt wird, dass er 45 Jahre lang Rentenbeiträge zahlte.

3 Bei Nichtstun steigt der Beitrag auf 23 bis 26 Prozent, bei 48 Prozent Rentenniveau auf 25 bis 29 Prozent. Die Prognosen sind von Bernd Raffelhüschen, Martin Werding, Axel Börsch-Supan und Johannes Rausch.

4 Dabei spielt es keine Rolle, ob man annimmt, dass er den Rentenbeitrag alleine oder – wie in der Realität – der Arbeitgeber die Hälfte

bezahlt. Bei Ökonomen hat sich die Meinung durchgesetzt, dass solche Sozialbeiträge des Arbeitgebers entgangener Lohn sind: Müsste sie die Firma nicht zahlen, könnte sie einen höheren Lohn zahlen.

5 Was geht vom Lohn ab? Siehe OECD: Taxing Wages, 2018. Bei Singles ohne Kind sind es 50 Prozent versus 36 Prozent im Durchschnitt von 35 OECD-Staaten. Ehepaare mit zwei Kindern zahlten 34,5 Prozent ihres Arbeitseinkommens an den Staat und die gesetzlichen Sozialversicherungen versus 26 Prozent. Für Alleinerziehende mit zwei Kindern und zwei Dritteln des Durchschnittslohns liegen die Abzüge bei 31,5 Prozent versus 15 Prozent. Der Arbeitgeberanteil an den Sozialabgaben ist dabei mit eingerechnet. Die Argumentation dabei ist, dass der Arbeitgeber mehr Lohn zahlen könnte, müsste er die Abgaben nicht leisten. Zu den Einkommensdaten siehe Markus M. Grabka u. a.: »Mittlere Einkommen in Deutschland und den USA«. DIW Wochenbericht 18/2016; Armuts- und Reichtumsbericht der Bundesregierung April 2017.

6 Die Renten- und Pflegebeiträge dienen der Finanzierung der aktuellen Rentner. Die Gesundheitsbeiträge decken die eigene Krankenbehandlung, aber auch die der aktuellen Rentner, die keine entsprechenden Beiträge zahlen.

7 Olaf Scholz träumt von einem Haushalt von 500 Milliarden Euro 2030 statt heute 350 Milliarden. Zu den Haushaltsdaten siehe Manfred Schäfers: »Bald fließen mehr als 100 Milliarden Euro in die Rente«, *FAZ* vom 2. September 2018.

8 Es ergibt sich insgesamt ein Steuerzuschuss von 225 bis 250 Milliarden Euro, weil der Steuerzuschuss von heute knapp 100 Milliarden Euro schon nach der bisherigen Gesetzeslage bis 2040 auf 150 Milliarden Euro steigen wird, wie Martin Werding vorrechnet. Seine Kalkulation: Wird neben dem heutigen Rentenniveau auch der Beitragssatz bei 20 Prozent fixiert, so wie es die SPD will, müsste der Steuerzuschuss in die Rentenkasse bis 2030 auf 139, bis 2040 auf 225 und bis 2060 auf 438 Milliarden Euro steigen. Axel Börsch-Supan ermittelt einen zusätzlichen Finanzbedarf 2040 von 100 Milliarden Euro, dann käme man also auf 250 Milliarden Euro insgesamt. Von ihm stammt die Kalkulation, wonach die Mehrwertsteuer von heute 19

auf 25 Prozent steigen müsste. Bernd Raffelhüschen rechnet vor, dass es auch mit anderen Steuerarten teuer wird.

9 »Jochen Pimpertz vom Institut der Deutschen Wirtschaft sagt, wenn alle Leute tatsächlich bis zum heute offiziellen Renteneintrittsalter arbeiten würden, würde das bereits genügen, um das Rentenniveau konstant zu halten. Und selbst wenn das nur bei der Hälfte gelänge, müsste das Rentenalter nur um wenige Jahre angehoben werden. Beiträge, Steuern und Rentenniveau könnten dabei sogar weitestgehend konstant bleiben.« Zit. nach: Kristina Antonia Schäfer: »Wie die Rente wirklich gerettet werden könnte«, in: *WirtschaftsWoche Online* vom 28. August 2018.

10 Ab etwa Mitte der 2030er ein um knapp 0,5 Prozentpunkte geringerer Beitragssatz, 23 statt 23,5. Das Rentenniveau ist mehr als 0,5 Prozent höher. Dabei bleibt die Rentenbezugszeit etwa konstant. Steigt die Lebenserwartung bis zum Jahr 2060 um weitere drei Jahre, müsste man im gleichen Zeitraum das Renteneintrittsalter auf 69 Jahre anheben, um die relative Rentenbezugsdauer auf dem Niveau des Jahres 2030 zu halten. Siehe dazu: Hermann Buslei: »Erhöhung der Regelaltersgrenze über 67 Jahre hinaus trägt spürbar zur Konsolidierung der Rentenfinanzen und Sicherung der Alterseinkommen bei«. DIW Wochenbericht 48/2017. Martin Werding spricht von einer dynamischen Altersgrenze: »Bei Letzterer werden laufende Steigerungen der Lebenserwartung – möglichst auf Grundlage einer automatischen Regelbindung – im Verhältnis zwei zu eins auf Verlängerungen der Lebensarbeitszeit und Verlängerungen der erwarteten Rentenlaufzeit aufgeteilt. Das derzeitige Verhältnis der Dauer von aktiver Lebensphase und anschließendem Ruhestand bleibt dadurch annähernd konstant.« Bei einer ähnlichen Anhebung des Ruhestandsalters wie bei Buslei kann der Rentenbeitrag dauerhaft gut ein bis zwei Prozent niedriger ausfallen – und das Rentenniveau gut ein Prozent höher.

11 Das Rentenniveau gibt ja nicht die Höhe der Renten an, sondern die Relation einer Durchschnittsrente im Vergleich zu einem aktuellen Durchschnittsverdienst. Zum sinkenden Rentenniveau sagt Axel Börsch-Supan: »Angemerkt sei, dass trotz dieser negativen Perspekti-

ve der Zahlbetrag der gesetzlichen Renten auch kaufkraftbereinigt weiter steigen wird. Dies liegt daran, dass die Löhne der sozialversicherungspflichtig Beschäftigten tendenziell stärker ansteigen werden (im langfristigen Durchschnitt ca. 1,5 Prozent pro Jahr kaufkraftbereinigt) als die Belastung durch den demografischen Wandel (gemessen an der Wachstumsrate des Systembelastungsquotienten, der Anzahl der Rentenempfänger pro Beitragszahler, die nur etwa 0,5 Prozent pro Jahr beträgt). Damit kann die Kaufkraft der Renten auch in Zukunft um zirka ein Prozent pro Jahr ansteigen. Die Renten der nächsten Generation werden also eine um etwa 25 bis 30 Prozent höhere Kaufkraft haben als die heutigen Renten. Diese Einsicht ist wichtig, da sie die demografiebedingte negative Perspektive deutlich relativiert.«

12 Ähnlich argumentiert DIW-Chef Marcel Fratzscher.

13 Der Beitrag steigt, bleibt aber dauerhaft unter 24 Prozent. Das Rentenalter beträgt 2040 knapp 68 und 2050 etwa 69, 2060 noch keine 70. Die Steuerzuschüsse werden über eine Mehrwertsteuererhöhung von gut 1,5 Prozent finanziert – nur ein Viertel so viel, wie wenn alles über Steuern finanziert werden soll, wie es offenbar der SPD vorschwebt. Siehe dazu: Axel Börsch-Supan / Johannes Rausch: »Die Kosten der doppelten Haltelinie«, in: ifo Schnelldienst 9/2018.

14 Dadurch lässt sich der Rentenbeitrag senken oder alternativ das Rentenniveau konstant halten. »Zusammen mit den Effekten einer fortgesetzten Erhöhung der Regelaltersgrenze nach 2030 lässt sich das Niveau der Leistungen der Alterssicherung durch einen Ausbau der Kapitaldeckung annähernd aufrechterhalten« – bei etwa 48 Prozent. Dazu müsste der Standardrentner auf mehr Beitragsjahre gerechnet werden, weil er ja länger arbeitet und »zum anderen die ergänzende, private Vorsorge einbezogen werden, die sich unter dem geltenden Recht im Durchschnitt aller Rentenbezieher ergibt. Fasst man die Effekte beider – zu einem Gutteil bereits laufender – Prozesse zusammen, bleibt das (kombinierte) Rentenniveau im gesamten Simulationszeitraum annähernd konstant. Es variiert unter den geltenden rechtlichen Rahmenbedingungen allerdings stark zwischen Personen mit und ohne ergänzender Vorsorge. Anzustreben ist aus heutiger Sicht, so bald wie möglich die Beteiligung aller zu erhöhen, die

dazu in der Lage sind, Vorsorgeersparnisse zu leisten, die Kosten für Vertrieb und Verwaltung passender Produkte zu senken bzw. die (Netto-)Erträge bei akzeptablem Risiko zu erhöhen.«

Alt gegen Jung – das politische Spiel

1 Zit. nach *FAZ* vom 5. September 2017.

2 Morning Briefing vom 5. September 2018; Wahldaten von Statista.

3 So war 1990 gut jeder vierte Wähler (27 Prozent) 60 Jahre und älter, September 2017 aber schon mehr als jeder dritte (36 Prozent). Quellen: Bernd Raffelhüschen sowie Bundeswahlleiter Georg Thiel. Siehe dazu: »Senioren entschieden Bundestagswahl«, in: *Tagesspiegel* vom 26. Januar 2018.

4 Alexander Hagelüken: »Nach uns die Schulden«, in: *SZ* vom 14. Februar 2018; Madeleine Hofmann: »Die ewig Gestrigen müssen Platz machen für uns Junge!«, in: *Jetzt.de* vom 9. September 2018.

5 Alle drei Experten betonen, dass die Voraussetzungen für längeres Arbeiten stimmen müssen, etwa Lösungen für jene, die nicht mehr können. Siehe dazu die nachfolgenden Kapitel.

6 Das jüngste Kommissionsmitglied, der CSU-Politiker Stephan Stracke, wird im April 2019 45. Alexander Hagelüken: »Die Jungen müssen aufstehen«, in: *SZ* vom 9. Juni 2018.

7 Timm Bönke / Daniel Kemptner / Holger Lüthen: »Wege zur Stabilisierung des Rentensystems«. DIW Wochenbericht 8/2018,

Wie länger arbeiten funktioniert

1 Gespräch mit Reiner Klingholz vom Berlin-Institut für Bevölkerung und Entwicklung im August 2016.

2 »The normal retirement age will increase in about half of OECD countries, with links to life expectancy in Denmark, Finland, Italy, the Netherlands, Portugal and the Slovak Republic. The retirement age in Denmark will gradually increase to 68 between 2022 and 2030.« Zit. nach OECD: Pensions at a Glance, 2017. Zu Angaben zu Skandinavien siehe: Bernd Raffelhüschen / Benedikt Becker / Cornelia Schmergal: »Alter Schwede«, in: *Spiegel* 48/2017.

3 Die Abzüge für frühere Rente gibt es natürlich heute schon im deutschen System, sie müssen nur angepasst werden. Diese Abschläge führen dazu, dass Arbeitnehmer vier Monate länger arbeiten, als sie das sonst täten. Vgl. Timm Bönke / Daniel Kemptner / Holger Lüthen: »Wege zur Stabilisierung des Rentensystems«. DIW Wochenbericht 8/2018. Anders als man vermuten könnte, ist es auch nicht sozial ungerecht, dass Akademiker vielleicht eher bis 70 arbeiten können als Lkw-Fahrer. Die Lkw-Fahrer fangen meist zehn Jahre früher zu arbeiten an, vollenden also schon zehn Jahre früher die nötige Zahl Arbeitsjahre.

4 OECD: Pensions at a Glance, 2017; Benedikt Becker / Cornelia Schmergal: »Alter Schwede«, in: *Der Spiegel* 48/2017. Bernd Raffelhüschen wird aufgrund seiner Zusatzprofessur in Norwegen dort erst mit 70 pensioniert. Forscher erhalten dann auf Wunsch Lehrverpflichtungen und sind in der Regel bis 73 oder 74 tätig.

5 »Würde man die Fixierung von Rentenniveau und Beitragssatz durch eine Erhöhung des Regelrenteneintrittsalters kompensieren, müsste dieses *(mein Einwurf: schon!)* bis 2030 auf 69 und bis 2045 auf 71 Jahre angehoben werden.« Zit. nach: Axel Börsch-Supan / Johannes Rausch: »Die Kosten der doppelten Haltelinie«, in: ifo Schnelldienst 9/2018. »Das IW Köln hat 2016 errechnet, welches Renteneintrittsalter nötig wäre, wenn man nur durch es sowohl Rentenniveau als auch Beitragssätze konstant halten wollte. Der Renteneintritt müsste demnach im Jahr 2030 bei 69 Jahren liegen, 2035 bei 71 Jahren und ab 2041 bei 73 Jahren.« Zit. nach Kristina Antonia Schäfer: »Wie die Rente wirklich gerettet werden könnte«, in: *Wirtschaftswoche Online* vom 28. August 2018.

6 Man sollte 2030 beginnen, weil bis dahin ja das Rentenalter auf 67 erhöht wird. Bei der weiteren Erhöhung des Rentenalters wächst die Zahl der Jahre, die einer zusätzlich Rente bekommt, halb so schnell – 2:1.

7 Hermann Buslei: »Erhöhung der Regelaltersgrenze über 67 Jahre hinaus trägt spürbar zur Konsolidierung der Rentenfinanzen und Sicherung der Alterseinkommen bei«. DIW Wochenbericht 48/2017;

Axel Börsch-Supan/Johannes Rausch: »Die Kosten der doppelten Haltelinie«, in: ifo Schnelldienst 9/2018.

8 »Bisher schlug sich die längere Lebenszeit fast ausschließlich in einer längeren Rentenbezugszeit nieder, und zwar in einer erheblich längeren: Seit der Einführung des Umlageverfahrens im Jahr 1957 hat sich die Rentenbezugszeit von neun Jahren auf mittlerweile 20 Jahre mehr als verdoppelt. Sie würde bei einem unveränderten Renteneintrittsalter bis zum Jahr 2045 um weitere sieben Jahre ansteigen. Stabil wäre die umlagefinanzierte Rente aber nur, wenn die Proportionen zwischen Lebensarbeitszeit und Rentenbezugszeit unverändert blieben. Einen ersten Schritt dazu soll die graduelle Erhöhung des Regelrenteneintrittsalters von 65 auf 67 Jahre leisten, die noch 13 Jahre andauert. Beachtenswert ist, dass diese Erhöhung um ein Jahr geringer ist als die für diese Zeitspanne erwartete Erhöhung der Lebenserwartung. Die Rente mit 67 bedeutet daher auch eine um ein Jahr verlängerte Rentenbezugszeit. Hinter der Zwei-zu-eins-Aufteilung – zwei Jahre Verschiebung des Rentenalters, ein Jahr zusätzlicher Rentenbezug – steckt die Weisheit, die Proportionen des Lebens zu wahren. Gegenwärtig besteht ein Durchschnittsleben aus etwa 40 Jahren Arbeit und 20 Jahren Rentenbezug. Genauso muss ein zusätzliches Jahr Rente durch zwei Jahre Arbeit finanziert werden. Diese Proportionen gilt es auch nach dem Jahr 2030 zu wahren – am besten nach festen Regeln, damit sie nicht zum Spielball für Klientelpolitik werden. Die passende nüchtern-analytische Maßnahme ist daher, nach 2030 eine dynamische Zwei-zu-eins-Regel einzuführen, nach der die Zuwächse der Lebenserwartung in regelmäßigen Abständen in zwei Anteile längerer Arbeitszeit und einen Anteil längerer Rentenbezugszeit aufgeteilt werden. Abnahmen der Lebenserwartung ebenso automatisch mit einer Zwei-zu-eins-Verkürzung von Arbeits- und Rentenbezugszeit ausgeglichen werden. Ein solches dynamisches Rentenalter ist das noch fehlende Gegenstück zur 1957 eingeführten dynamischen Lohnanpassung und zur 2005 eingeführten dynamischen Anpassung an den Altersquotienten durch den Nachhaltigkeitsfaktor. Bis 2030 ist es noch einige Zeit hin; unmittelbarer Handlungsbedarf besteht daher nicht. Aber Änderungen im Rentenrecht

müssen den Menschen frühzeitig mitgeteilt werden, damit sich diese in ihrer Lebensplanung darauf einstellen können.« Und: »Das Renteneintrittsalter steigt nach Erreichen der Rente mit 67 im Jahr 2030 im Verhältnis zwei Jahre Rentenalterserhöhung für jeweils drei Jahre Erhöhung der Lebenserwartung weiter an; dementsprechend wird die Lebensarbeitszeit des für die Berechnung der Rentenhöhe wichtigen »Standardrentners« angepasst. Damit verlängert sich die Rentenbezugszeit um ein Jahr. Das Rentenalter steigt demnach ähnlich an, wie in der ersten Phase der Rente mit 67, d. h. vor dem beschleunigten Anstieg zwischen 2023 und 2030. Es wäre also ein Mechanismus, den die Deutschen schon kennen.« Zit. nach: Axel Börsch-Supan: »Eine Regel für die Rente«. Max-Planck-Gesellschaft, September 2017, und Axel Börsch-Supan / Johannes Rausch: »Die Kosten der doppelten Haltelinie«, in: ifo Schnelldienst 9/2018.

9 »Future normal retirement ages based on career starting at age 20 in 2016: Denmark 74. Italy: 71,2. Netherlands 71. If projected increases to life expectancy are fully reflected in changes in retirement ages, as planned in several countries, even the early retirement age in Denmark is estimated to be 69 in around 50 years' time.« Zit. nach OECD: Pensions at a Glance, 2017.

Was Beschäftigte selbst tun können

1 Klemens Wittig, zit. nach Titus Arnu: »Junge Hüpfer«, in: *SZ* vom 12. Dezember 2017.

2 Vergleiche: Bernd Kleine-Gunk: *Warum Abstinenz die Gesundheit gefährdet und Sex vor Krebs schützt*. München 2018.

3 Ernst Pöppels Aussagen aus Margaret Heckel: *Die Midlife-Boomer. Warum es nie spannender war. älter zu werden*. Edition Körber. Hamburg 2012, sowie »Lebensfreude im Alter muss das Ziel sein«, ein Interview im *Münchner Merkur* vom 31 August 2018.

Eine neue Arbeitswelt

1 Der Name wurde auf Wunsch geändert; das Gespräch fand im September 2018 statt.

2 Die Gespräche wurden im Januar und Februar 2018 geführt, bevor beide in die Kommission berufen wurden.

3 Martin Scheele: »Feierabend in der Firma«, in: *SZ* vom 5. Mai 2018, die Broschüre *Länger leben – Länger arbeiten* von der Körber-Stiftung 2014; Gutachten des Sozialbeirats zum Rentenversicherungsbericht, November 2017. Margaret Heckel: *Aus Erfahrung gut*. Edition Körber. Hamburg 2013.

4 Überlegungen dazu hat der Soziologe Thomas Lampert vom Robert-Koch-Institut in Berlin, das Gespräch wurde im April 2016 geführt; das Gespräch mit Domantas Jasilionis und Pavel Gregoriev im September 2018. Der Anteil der Raucherinnen ist zwischen 2008 und 2014 um 3,2 Prozentpunkte angestiegen, während der Anteil der Raucher im gleichen Zeitraum stabil geblieben ist. Svenja M. Spuling / Jochen P. Ziegelmann / Jenna Wünsche: »Was tun wir für unsere Gesundheit?«, in: Clemens Tesch-Römer u. a. (Hrsg.): *Altern im Wandel. Zwei Jahrzehnte Deutscher Alterssurvey (DEAS)*. Wiesbaden 2017.

5 Ausführlich in meinem Buch *Das gespaltene Land*, Kapitel »Roboter beherrschen die Welt«. München 2017.

6 Die Einlassungen von Clemens Tesch-Römer und Laura Romeu Gordo in diesem Buch sind aus einem Gespräch im Mai 2018, wenn nicht anders angegeben; die von Moritz Heß ebenfalls aus einem Gespräch mit ihm; Margaret Heckel: *Aus Erfahrung gut*. Edition Körber. Hamburg 2013.

7 Ernst Pöppel / Beatrice Wagner: *Je älter desto besser.* München 2012.

8 Margaret Heckel: *Aus Erfahrung gut*. Edition Körber. Hamburg 2013; die Broschüre *Länger leben – Länger arbeiten* der Körber-Stiftung 2014.

Angebote an Belastete

1 Das Interview mit Andrea Nahles ist aus der *Bild*-Zeitung vom 25. April 2016; Gerhard Bäcker / Andreas Jansen / Jutta Schmitz: »Rente erst ab 70?«. Gutachten für den DGB Bundesvorstand, 2017.

2 »So weisen Beschäftigte in niedrigeren beruflichen Positionen in der Regel ein geringeres Bildungsniveau auf und verdienen normaler-

weise weniger als Arbeitnehmer/-innen in höheren beruflichen Positionen. Da beide Faktoren auch unabhängig vom Beruf mit einem erhöhten Erkrankungs- bzw. Sterblichkeitsrisiko einhergehen, wirken sie im Zusammenspiel mit der beruflichen Position als Verstärker. So zeigen zahlreiche einschlägige wissenschaftliche Studien weitgehend übereinstimmend, dass eine niedrigere Position in der betrieblichen Beschäftigung oder eine schlecht bezahlte Tätigkeit das Krankheitsrisiko erhöhen. Belegt werden konnte auch der Zusammenhang zwischen der beruflichen Position und der Wahrscheinlichkeit des Auftretens von Erkrankungen, wobei Letztere mit steigender beruflicher Position abnimmt. Landsbergis konnte beispielsweise in einer international vergleichenden Metastudie zeigen, dass Personen auf niedrigeren beruflichen Hierarchieebenen ein höheres Risiko für Herz-Kreislauf-Erkrankungen sowie psychische Erkrankungen aufweisen. Darüber hinaus ist das Unfallrisiko bei diesen Arbeitnehmergruppen deutlich höher als bei Arbeitnehmer/-innen in höheren beruflichen Positionen. Zu einem ähnlichen Ergebnis kommen Geyer u.a. im Rahmen einer Analyse von Daten einer Gesetzlichen Krankenversicherung. Dementsprechend ist es wenig überraschend, dass auch die Arbeitsunfähigkeits-Zeiten bei Beschäftigten in einfachen manuellen Berufen höher sind als bei Beschäftigten auf höheren beruflichen Hierarchieebenen. Ein Grund für diese Verstärkerrolle liegt im zusätzlichen Einfluss, den das Einkommen (schlechte Wohnbedingungen, weniger ausgewogene Ernährung) sowie der Bildungsstand (sportliche Aktivitäten, Inanspruchnahme medizinischer Versorgung und Präventionsangebote) auf zentrale Lebensbereiche und -bedingungen der Menschen haben.« Zit. nach: Gerhard Bäcker / Andreas Jansen / Jutta Schmitz: »Rente erst ab 70?« Gutachten für den DGB Bundesvorstand, 2017. »Es deutet somit einiges darauf hin, dass Personen mit niedriger Bildung mehrfach gefährdet sind, da sie sowohl seltener sportlich aktiv sind als auch seltener an Krebsfrüherkennungsuntersuchungen teilnehmen und häufiger rauchen.« Zit. nach: Svenja M. Spuling / Jochen P. Ziegelmann / Jenna Wünsche: »Was tun wir für unsere Gesundheit?«, in: Clemens Tesch-Römer u. a. (Hrsg.): *Altern im Wandel. Zwei Jahr-*

zehnte Deutscher Alterssurvey (DEAS). Wiesbaden 2017. Thomas Lampert und Matthias Richter aus meinem Buch *Das gespaltene Land*, Kapitel »Todesurteil: Zu wenig verdient«. München 2017.

3 Daten zu sozialen Schichten siehe Thomas Lampert: Vortrag auf dem Kinderarmutskongress »Armut hat ein Gesicht: Augen – Nase – Mund«, Leipzig, 2. Juni 2018; die Gespräche mit Dragan Veljovic (Name wurde auf Wunsch geändert) fanden im Juli/September 2018 statt; Julia K. Wolff / Sonja Nowossadeck / Svenja M. Spuling: »Altern nachfolgende Kohorten gesünder?«, in: Clemens Tesch-Römer u. a. (Hrsg.): *Altern im Wandel. Zwei Jahrzehnte Deutscher Alterssurvey (DEAS)*. Wiesbaden 2017. »Der Anteil mehrmals wöchentlich sportlich aktiver Personen ist bei Hochgebildeten im Vergleich zu Niedriggebildeten doppelt so hoch.« Zitat aus: Svenja M. Spuling / Jochen P. Ziegelmann und Jenna Wünsche: »Was tun wir für unsere Gesundheit?«, in: Clemens Tesch-Römer u. a. (Hrsg.): *Altern im Wandel. Zwei Jahrzehnte Deutscher Alterssurvey (DEAS)*. Wiesbaden 2017.

4 Zahlen zur Erwerbsminderung nach Johannes Geyer. Das Gespräch mit Clemens Tesch und Laura Romeu Gordo wurde im Mai 2018 geführt; Benedikt Becker / Cornelia Schmergal: »Alter Schwede«, in: *Spiegel* 48/2017.

5 »Ein Versicherter ist voll erwerbsgemindert, wenn er aus gesundheitlichen Gründen auf nicht absehbare Zeit nur noch weniger als drei Stunden pro Tag (innerhalb einer Fünftagewoche) arbeiten kann. Die Rente wegen voller Erwerbsminderung wird wie eine Altersrente berechnet. Eine halbe Erwerbsminderungsrente erhalten Erwerbsgeminderte bei einem Restleistungsvermögen auf dem allgemeinen Arbeitsmarkt von 3 bis unter 6 Stunden täglich. Die Rente wegen teilweiser Erwerbsminderung ist deshalb nur halb so hoch wie eine Rente wegen voller Erwerbsminderung, weil die Betroffenen mit dem ihnen verbliebenen Restleistungsvermögen grundsätzlich noch das zur Ergänzung der Rente notwendige Einkommen erarbeiten können. Wer unter den üblichen Bedingungen des allgemeinen Arbeitsmarktes mindestens 6 Stunden pro Tag arbeiten kann, ist also nicht erwerbsgemindert und wird, obwohl eine vollschichtige Tätigkeit (acht Stunden pro Tag) nicht möglich ist, völlig aus dem Leistungs-

bezug ausgeschlossen. Seit vielen Jahren schwankt die Ablehnungsquote der Anträge zwischen 40 und 42 Prozent.« Zitat aus: Gerhard Bäcker / Andreas Jansen / Jutta Schmitz: »Rente erst ab 70?« Gutachten für den DGB Bundesvorstand, 2017; Heribert Engstler / Laura Romeu Gordo: »Der Übergang in den Ruhestand«, in: Clemens Tesch-Römer u. a. (Hrsg.): *Altern im Wandel. Zwei Jahrzehnte Deutscher Alterssurvey (DEAS)*. Wiesbaden 2017. Das Gespräch mit Bernd Raffelhüschen fand im Januar 2018 statt.

6 Gert Wagner macht sich dafür stark, Menschen, die früh erwerbsgemindert sind, etwa mit 50, mehr Geld zu geben als älteren. Denn sie müssen länger von dieser Rente leben.

7 Bis Mitte der Neunzigerjahre konnten die belasteten Beschäftigten die Frühverrentung nutzen, die es so nicht mehr gibt. Die Rente mit 63 nutzt ihnen oft nicht, weil sie keine 45 Jahre lang Beiträge eingezahlt haben. Das gilt vor allem für Frauen mit Kindern und Beschäftigte, die mal arbeitslos waren: aus dem Gespräch mit Markus Heß und einem Interview mit Jens Boysen-Hogrefe vom Institut für Weltwirtschaft. Siehe: tagesschau.de, 24. August 2018.

Warum die Firmen langsam aufwachen

1 Zum Gespräch mit Petra Peterich siehe Alexander Hagelüken u. a.: »Alt, älter, arbeiten«, in: *SZ* vom 3. Januar 2015. Vgl. Auch die Umfrage »The Workforce View in Europe« unter 10 000 Beschäftigten von dem US-Unternehmen Automatic Data Processing (ADP), April 2018.

2 Die Beschäftigtenzahlen sind nachzulesen: Statistisches Bundesamt, Pressemitteilung Nr. 324 vom 30. August 2018; Statistisches Jahrbuch 2017, Arbeitsmarkt. Zur Arbeitskräfteentwicklung: »Gemäß der aktualisierten 13. koordinierten Bevölkerungsvorausberechnung des Statistischen Bundesamtes ist bis zum Jahr 2045 nur noch mit einem Bevölkerungsrückgang auf 80,2 Millionen Personen zu rechnen. Mit einem Anteil von etwa 50 Prozent an der Erwerbsbevölkerung ist aktuell nahezu jeder zweite Arbeitnehmer in Deutschland den geburtenstarken Jahrgängen (die heute 45- bis 65-Jährigen) zuzurechnen. Im Verlauf der kommenden 20 Jahre erreichen diese Ba-

by-Boomer das Rentenalter. Infolgedessen nimmt die Bevölkerung im Alter von 65 Jahren und älter von aktuell 17,3 Millionen um etwa 35 Prozent auf 23,3 Millionen Personen im Jahr 2045 zu. Spiegelbildlich zu dieser Entwicklung verringert sich die Bevölkerung im Alter zwischen 20 und 64 Jahren von aktuell 49,8 Millionen um etwa 13 Prozent auf 43,2 Millionen Personen im Jahr 2045.« Zit. nach vbw-Prognos Report »Wirtschaft 2025 – 2035 – 2045«, im Auftrag der Vereinigung der Bayerischen Wirtschaft (vbw), August 2018. »However, the rise in labour demand comes at a time in which baby boomers reach their career end and younger generations increasingly enter tertiary education, leading to labour shortages in some occupations, in particular, those requiring medium-level education. Continued population ageing is expected to aggravate labour shortages in the future which, among other measures, calls for policies setting incentives for longer working lives.« Zitat aus: OECD: Pensions at a Glance, 2017. »Das Institut für Arbeitsmarkt und Berufsfeldforschung (IAB) hat in einer Studie aus dem Jahr 2011 unter drei plausiblen Trend-Annahmen (steigende Erwerbsquoten von Frauen, Verlängerung der Lebensarbeitszeit und Nettozuwanderung von 100 000 erwerbsfähigen Personen pro Jahr) bis zum Jahr 2030 eine Verminderung des Erwerbspersonenpotenzials bis zum Jahr 2030 um 5,45 Millionen und bis zum Jahr 2050 eine Verminderung in Höhe von 12 Millionen Personen prognostiziert« – zit. nach: Loring Sittler / Caitrin Lynch: *Geht's noch? Arbeit und Selbstwert im Alter*. Bielefeld 2016.

3 »In Deutschland werden bis zum Jahr 2020 1,8 Millionen Arbeitskräfte fehlen, darunter 1,2 Millionen mit Berufsabschluss und gut 500 000 Hochschulabsolventen. Trotz des technologischen Fortschritts fallen aber keine Arbeitsplätze weg, sondern die Arbeitsinhalte verändern sich. Die Prognos AG hat für das Jahr 2030 eine Fachkräftelücke von etwa 3 Millionen, für 2040 von rund 3,3 Millionen errechnet.« Es mangelt demnach vor allem an Forschern, Ingenieuren, Ärzten und Pflegern. Siehe Prognos-Institut, »Arbeitslandschaft 2040«, im Auftrag der vbw und vbw-Prognos Report »Wirtschaft 2025 – 2035 – 2045«. Zur Diskussion über den aktuellen

Mangel: »Dagegen sieht die Bundesagentur für Arbeit, die über den besten Datenzugang zum Arbeitsmarkt verfügt, keinen flächendeckenden Fachkräftemangel, sondern einen Mangel an Fachkräften in einzelnen technischen Berufsfeldern, in Bauberufen sowie in Gesundheits- und Pflegeberufen. Auf der Basis amtlicher Daten und bei genauer Analyse der Methode lässt sich zeigen, dass die Behauptungen des DIHK zur Verbreitung des Fachkräftemangels deutlich überzogen sind. Es existiert auch kein Fachkräftemangel in Niedriglohnbranchen mit geringen Qualifikationsanforderungen, sondern nur eine hohe Personalfluktuation. Die Klagen vieler Unternehmer in diesem Bereich über ein angebliches Geschäftsrisiko Fachkräftemangel dienen nur dem Ziel, den Anstieg der Arbeitskosten im deutschen Niedriglohnsektor zu dämpfen.« Zit. nach Eric Seils: »Mangel an Fachkräften oder Zahlungsbereitschaft? WSI-Report Nr. 41, August 2018.

4 Lutz Bellmann / Sandra Dummert / Ute Leber: »Konstanz altersgerechter Maßnahmen trotz steigender Beschäftigung Älterer.« WSI-Mitteilungen 1/2018. Eurobarometer 378, Active Ageing, EU-Kommission 2012.

5 *Länger leben – Länger arbeiten*. Broschüre der Körber-Stiftung 2014; Forschungsinstitut empirica im Auftrag des Deutschen Instituts für Altersvorsorge (DIA), 2005.

Falsche Anreize

1 Die Daten sind vom Statistischen Bundesamt, zit. nach dem Demografieportal des Bundes und der Länder.

2 Langjährige Mitstreiter wie der frühere Wirtschaftsminister Werner Müller raten der SPD dagegen, zu den Reformen zu stehen – und damit das Copyright für den aktuellen Boom zu beanspruchen: »Hätte sich die SPD stets voll hinter die Agenda gestellt, wäre sie heute in den Augen der Wähler dafür verantwortlich, dass es dem Land gut geht. Mehrheitsfähig wird eine Partei jedenfalls nur mit ökonomischer Expertise.« Zitat aus einem Interview in der *SZ* vom 8. Dezember 2017.

3 Angaben der Deutschen Rentenversicherung, September 2018.

4 Die OECD schreibt: »The recently introduced law Flexirentengesetz broadened the range of retirement options before and after the normal retirement age and thus allows individuals to adapt their career end to individual needs. This legislation may enable older workers to remain employed longer if other factors like health and working conditions allow, but recent studies rather suggest it might act as a partial early retirement scheme resulting in older workers cutting back labour supply early by working shorter hours.« Zit. nach Pensions at a Glance, 2017.

5 Die Forscher schreiben: »Schon in der Vergangenheit hat man mit Abschlägen auf den vorzeitigen Renteneintritt gute Erfahrungen gemacht. So müssen Personen, die vor dem gesetzlichen Renteneintrittsalter in Rente gehen wollen, dafür pro Monat Abschläge auf ihre Rente in Höhe von 0,3 Prozent hinnehmen. Daraufhin verschoben die untersuchten Personen ihren Renteneintritt um durchschnittlich vier Monate nach hinten. Dadurch konnten sie ihre individuellen Verluste an Renteneinkommen mit durchschnittlich 38 Euro pro Monat vergleichsweise gering halten. Auf der anderen Seite ergaben sich daraus für die öffentlichen Kassen Gewinne in Höhe von etwa 18 000 Euro pro Kopf, die sich aus niedrigeren Rentenzahlungen, zusätzlichen Beiträgen sowie Steuerzahlungen und sonstigen Sozialversicherungsbeiträgen zusammensetzen. Da etwa 86 Prozent dieser Gewinne direkt der Rentenkasse zugutekommen, stellt dies einen deutlichen Beitrag zur finanziellen Stabilität des Rentensystems dar. Abschläge sind zudem schonender als pauschale Rentenkürzungen, da sie bei gleichen fiskalischen Gewinnen mit wesentlich geringeren individuellen Einkommensverlusten verbunden sind. Im Falle von pauschalen Rentenkürzungen haben die Betroffenen einen weitaus geringeren Anreiz, ihren Rentenzugang zu verschieben. Im Ergebnis steigt das Rentenzugangsalter im Schnitt nur um etwa einen halben Monat. Für die gleichen öffentlichen Nettogewinne von 18 000 Euro pro Person, wie sie bei einem 0,3-prozentigen Abschlag für einen Monat Frührente anfallen, ist deshalb eine pauschale Rentenkürzung von etwa sieben Prozent notwendig. Dies führt zu einem individuellen Rentenverlust von monatlich etwa 100 Euro.« Aus den Berech-

nungen ergibt sich, dass eine Erhöhung der Abschläge von heute 0,3 auf 0,5 Prozent pro Monat das Ruhestandsalter um weitere 3 Monate erhöhen würde. Das Ganze ließe sich auch einbetten in eine Reform, die das Ruhestandsalter zwischen 60 und 70 flexibilisiert wie in Skandinavien und über entsprechende Abschläge Anreize setzt, länger im Beruf zu bleiben. Die Autoren betonen, dass Rücksicht genommen werden sollte auf jene, die nicht so lange arbeiten können: »Eine solche Reform müsste jedoch berücksichtigen, dass erwerbsunfähige oder erwerbsgeminderte Personen nicht die Möglichkeit haben, länger zu arbeiten. Damit sich Abschläge für diese Personengruppe nicht wie reine Rentenkürzungen auswirken, sollten hier Sonderregelungen gelten.« Siehe Timm Bönke / Daniel Kemptner / Holger Lüthen: »Wege zur Stabilisierung des Rentensystems«. DIW Wochenbericht 8/2018.

6 Zwischen 65 und 69 arbeiten im OECD-Schnitt gut 20 Prozent, in Deutschland zwei Prozent weniger. Und zwar schon, bevor sich Rente mit 63 und Flexi-Rente voll auswirken. Wo arbeiten besonders viele Ältere? In Neuseeland, Japan, der Schweiz, Tschechien, Dänemark, Island, Schweden und Norwegen. Vgl. dazu OECD: Pensions at a Glance, 2017. Weitet man den Blick, dann arbeitet zwischen 65 und 74, also bis in ein deutlich höheres Alter, immerhin jeder Neunte. Aber eben oft in unterbezahlten Hilfsjobs. Das Phänomen beobachten sowohl Simone Scherger als auch Bernd Raffelhüschen. Vgl. auch die Daten des Statistischen Bundesamts.

7-Punkte-Plan für eine faire Rentenreform

1 Lynda Gratton / Andrew Scott: *Morgen werden wir 100. Wie unser langes Leben gelingt*. Edition Körber. Hamburg 2018. Von ihnen stammen die Altersschätzungen, die sich unter anderem auf die Forschungen von James Vaupel beziehen. Übrige Daten: Umfrage der Bertelsmann Stiftung, März 2018; Steffen Uhlmann: »Ruhestand? Bloß nicht!«, in: *SZ* vom 24. Dezember 2015.

2 Gespräch mit Reiner Klingholz vom Berlin-Institut für Bevölkerung, August 2016.

3 OECD, Taxing Wages 2018: Für Alleinerziehende mit zwei Kindern

und zwei Dritteln des Durchschnittslohns liegen die Abzüge bei 31,5 Prozent versus 15 Prozent im OECD-Schnitt. Bei Singles ohne Kind sind es 50 Prozent versus 36 Prozent im Durchschnitt von 35 OECD-Staaten. Ehepaare mit zwei Kindern zahlten 34,5 Prozent ihres Arbeitseinkommens an den Staat und die gesetzlichen Sozialversicherungen versus 26 Prozent im OECD-Schnitt. Claus Hulverscheidt: »Es darf auch wehtun«, in: *SZ* vom 11. Juni 2016.

4 OECD: Pensions at a Glance, 2015.

5 Lukas Menkhoff / Jakob Miethe: »Internationale Abkommen dämmen globale Steuerhinterziehung nur unzureichend ein«. DIW Wochenbericht 41/2018.

6 Die weniger verdienenden 70 Prozent der Einkommensbezieher zahlten 2015 mehr Steuern als 1998, die 30 Prozent Bestverdiener weniger. Siehe Stefan Bach / Martin Beznoska / Viktor Steiner: »Wer trägt die Steuerlast in Deutschland? Verteilungswirkungen des deutschen Steuer- und Transfersystems«. DIW Berlin: Politikberatung kompakt 114, 2016. Daten zu Erbschaften siehe Stefan Bach sowie Deutsches Institut für Altersvorsorge nach Alexander Hagelüken: »Viel für wenige«, in: *SZ* vom 7. Oktober 2015.

7 Hermann Buslei / Johannes Geyer / Peter Haan / Michael Peters: »Ausweitung der gesetzlichen Rentenversicherung auf Selbständige: merkliche Effekte auch in der mittleren Frist«. DIW Wochenbericht 30/2016.

8 Martin Werding schreibt mir dazu: »Meine wichtigsten Vorbehalte beziehen sich darauf, dass die Einbeziehung dieser Gruppen nur Übergangsgewinne bringt, aber keine nachhaltigen Änderungen bei der Rentenfinanzierung verspricht. Die Altersstruktur aller Beamten und Selbständigen, inkl. der jeweiligen Ruheständler, ist ja nicht günstiger als die der sonstigen Beschäftigten und Rentner. Sie ist sogar eher ungünstiger, weil viele Personen aus diesen Gruppen zunächst einige Jahre Rentenbeiträge zahlen und weil sie im Durchschnitt auch noch länger leben. Wenn alle diese Personen auf einen Schlag im gesetzlichen System wären, wäre im Hinblick auf die Balance laufender Beiträge und Renten also nichts gewonnen, eher im Gegenteil. Der Übergang zur Einbeziehung dieser Gruppen sieht ty-

pischerweise aber eher so aus, dass nur alle ›neuen‹ Beamten und Selbständigen Rentenbeiträge zahlen sollen – das geht dann 20 bis 40 Jahre so und lässt das Rentensystem in dieser Zeit enorm gut aussehen. Anschließend müssen aber auch diesen Personenkreisen Renten gezahlt werden, und die Situation normalisiert sich wieder – d. h. sie wird wieder schlecht.« E-Mail vom 12. Juni 2018.

9 Dieses Argument erkennen auch Kritiker einer Solidarversicherung wie Martin Werding an: »Die Einbeziehung solcher großen Gruppen, die bisher außerhalb der Sozialversicherungspflicht stehen, ist zugegebenermaßen ein enorm starkes Mittel zur Verschiebung der demografischen Probleme – von der nächsten auf die übernächste Generation, wenn Sie so wollen –, aber eben keine Lösung. Man kann im Zuge des demografischen Wandels zu diesem Mittel greifen, um Zeit zu gewinnen – vielleicht wird man es sogar müssen. Aber man sollte dabei genau wissen, wofür man Zeit gewinnen will, d. h. man muss auch die harten Bretter bohren. Sonst haben ›wir‹ – wir beide vielleicht nicht mehr – in 40 Jahren immer noch kein Alterssicherungssystem, das zu unseren demografischen Strukturen passt.« E-Mail vom 12. Juni 2018.

10 Vgl. Alexander Hagelüken: »Wie aus Riester ein guter Rentenpolitiker wird«, in: *SZ* vom 15. Februar 2000.

11 Dieses Zitat und die folgenden aus Stefan von Borstel u. a.: »Pensionen, die tickende Zeitbombe«, in: *Die Welt* vom 8. September 2013: Dorothea Siems: »Angriff auf die Beamtenpensionen«, in: *Die Welt* vom 19. November 2017.

12 Die Riester-Zitate in diesem Kapitel finden sich bei Alexander Hagelüken u. a: »Aufsteiger protzen gerne mit dicken Zigarren«, in: *SZ* vom 1. Februar 2008; Benjamin Bidder: »Wie konnte das passieren, Walter Riester?«, in: *Spiegel Online* vom 6. Juni 2018.

13 Die Versorgungslücke sinkt nur von 700 auf 500 Euro im Monat. Dazu: Markus M. Grabka / Timm Bönke u. a.: »Rentennahe Jahrgänge haben große Lücke in der Sicherung des Lebensstandards«. DIW Wochenbericht 37/2018.

14 Rechnung für 3000 Euro Bruttolohn im Monat. Bei Gutverdienern mit 6000 Euro sind es mit 30 Jahren 750 Euro im Monat, mit 45 über

1600 Euro. Bei Mindestlöhnern mit 1600 Euro Lohn mit 30 knapp 300 Euro, mit 45 fast 650 Euro. Kristina Antonia Schäfer: »So viel Geld sollten Sie für die Rente zurücklegen«, in: *WirtschaftsWoche* vom 12. April 2018.

15 Gegen die Garantien ist etwa Dorothea Mohn vom Verbraucherzentrale Bundesverband. Diversifizierte Aktien erhalten laut der Frankfurt School of Finance nach 20 Jahren sicher die eingezahlten Beiträge. Der Riester-Markt liegt brach, sagt Johannes Geyer vom DIW: »Da traut sich keiner richtig heran. Die Förderbeträge müssten regelmäßig angehoben werden, die Gebühren der Angebote transparenter werden. Ein Standardprodukt mit geringen Kosten wäre gut. Das würde die private Säule stabiler machen.«

16 Auch Norwegens Staatsfonds ist ein Vorbild, ebenso die von Union/Grünen in Hessen propagierte Deutschland-Rente. Deutschlandfunk Kultur, 21. Juli 2018; Alexander Hagelüken: *Das gespaltene Land*. München 2017.

17 Stefan Bach / Andreas Thiemann / Aline Zucco: »Looking for the Missing Rich: Tracing the Top Tail of the Wealth Distribution«. DIW, Januar 2018. Die zehn Prozent reichsten Deutschen vereinigen über 60 Prozent des ganzen Vermögens auf sich. Unter den Industriestaaten ist das ein Spitzenwert. Siehe OECD: In It Together, 2015. Daten zur Geldanlage: Deutsches Aktieninstitut 2018; Aktionärszahlen 2017, Februar 2018; Philip Plickert: »Arme reiche Deutsche«, in: *FAZ* vom 22. Januar 2018; Aktienquoten 2. Quartal 2016 laut Deutscher Bundesbank: Christof Schürmann: »Totalschaden«, in: *Wirtschafts-Woche* vom 18. November 2016; Deutsche Bundesbank, Vermögen und Finanzen privater Haushalte in Deutschland, Monatsbericht März 2016; Europäische Zentralbank: The Household Finance and Consumption Survey: results from the second wave, 2016; Europäische Zentralbank: The Eurosystem Household Finance and Consumption Survey. Statistics Paper Series No. 2, April 2013.

18 Vermögensdaten aus Befragungen der Europäischen Zentralbank. Der mittlere (oder Median-)Haushalt ist jener in der Mitte: Genau die eine Hälfte aller Haushalte besitzt mehr und die andere Hälfte weniger. Das ergibt bei Vermögensanalysen ein exakteres Bild als

Durchschnitte, die bei vielen Reichen verzerren: The Household Finance and Consumption Survey: Results From the Second Wave, 2017; The Eurosystem Household Finance and Consumption Survey. Statistics Paper Series No. 2, April 2013. Bei solchen Statistiken, die aus Befragungen resultieren, ist Vorsicht angebracht. Doch hier sind die Ergebnisse zu deutlich, als dass Mentalitätsunterschiede in der Beantwortung solcher Fragen oder Differenzen in den Haushaltsgrößen eine entscheidende Rolle spielen. Andere Methoden stehen nicht zur Verfügung, da die meisten Staaten wie die Bundesrepublik das Vermögen ihrer Bürger nicht amtlich erfassen.

19 Vielverdiener sind hier definiert als Haushalte mit mehr als 4000 Euro Einkommen im Monat, Mittelverdiener als bis zu 2000 Euro netto. Zu den Vorsorgedaten siehe Kristina Antonia Schäfer: »So viel Geld sollten Sie für die Rente zurücklegen«, in: *WirtschaftsWoche* vom 12. April 2018.

20 Ohne Tarifvertrag verdient einer fast 20 Prozent weniger. IAB-Betriebspanel 2016; Daniel Baumgarten u. a.: »Wachsende Lohnungleichheit in Deutschland«. Bertelsmann Stiftung/ifo Institut 2015.

21 Beide Tarifpartner haben an einer Beteiligung der Mitarbeiter ein Interesse: Die Gewerkschaften, die unter Mitgliederschwund leiden, könnten mit solchen Beteiligungsmodellen Modernität nachweisen. Und die Arbeitgeber nutzen, dass Kapital die Zufriedenheit von Mitarbeitern erhöht, die in Zukunft eine knappe Ressource werden. Ausführlicher zu diesen Ideen, den Argumenten und den Ursachen der deutschen Anlagetraditionen siehe Alexander Hagelüken: »Vermögenspolitik neu gedacht«, in: Bertelsmann Stiftung (Hrsg.): *Inklusives Wachstum für Deutschland 23*. Gütersloh, Oktober 2018.

22 Von etwa 20 Millionen Rentnern erhielten elf Millionen Ende 2016 weniger als 1000 Euro im Monat, knapp neun Millionen weniger als 800 Euro: Antwort des Bundesarbeitsministeriums auf eine Anfrage der Linken-Bundestagsfraktion (Sabine Zimmermann) im Juli 2018. Reiche nach *Forbes*-Liste, August 2018.

23 Marcel Fratzscher: »Mehr Fairness bei Erbschaften«, in: *Zeit Online* vom 9. November 2018. DIW-Forscher Stefan Bach, Deutsches Insti-

tut für Altersvorsorge, nach Alexander Hagelüken: »Viel für wenige«, in: *SZ* vom 7. Oktober 2015.

24 Alexander Hagelüken; »Die Ökonomen bellen seit 20 Jahren den falschen Baum an«, in: *SZ* vom 12. November 2018. Marie Brenner: »After the Gold Rush«, in: *Vanity Fair*, 5. August 2015. Maria Fiedler u. a.: »›Adolf Hitler light‹ – Historiker gehen mit Gauland ins Gericht«, in: *Tagesspiegel* vom 9. Oktober 2018.

25 Der Name wurde auf Wunsch geändert; das Gespräch wurde im Oktober 2015 geführt.

26 Fast zwei Millionen Teilzeitkräfte wollen mehr arbeiten. Zu Bundesarbeitsminister Hubertus Heil (SPD) und seinem Gesetzentwurf, der Arbeitnehmern wieder erlaubt, Vollzeit zu arbeiten: Alexander Hagelüken / Henrike Rossbach: »Raus aus der Teilzeitfalle«, in: *SZ* vom 18. April 2018. »Bis zur wirklichen Gleichstellung ist es ein weiter Weg: Aus den Anwartschaften der aktuell Erwerbstätigen zwischen 25 und 65 ergibt sich bei der gesetzlichen Rente immer noch eine Lücke von 24 Prozent.« Zit. nach Alexandra Wagner / Christina Klenner / Peter Sopp: »Alterseinkommen von Frauen und Männern«. WSI Report 38, Dezember 2017.

27 Das Rückkehrrecht in Vollzeit soll nur in Firmen mit mehr als 45 Beschäftigten greifen. In Firmen bis 200 Beschäftigten darf nur einer von 15 das Recht in Anspruch nehmen. Laut Antwort der Bundesregierung an die Linken-Abgeordnete Jutta Krellmann schließt das von den gut 40 Millionen Beschäftigten in Deutschland 15 Millionen aus. Die SPD musste sich hier dem Druck der Union beugen.

28 Marcel Fratzscher: »Gut gemeint, schlecht ausgeführt«, in: *Zeit Online* vom 23. März 2018. Zum Entgelttransparenzgesetz siehe: Alexander Hagelüken / Thomas Öchsner: »Wer verdient was?«, in: *SZ* vom 26. Mai 2018. Frauen haben laut OECD im Schnitt um 46 Prozent niedrigere Renten als Männer – der Abstand ist größer als in den Niederlanden, Luxemburg, Großbritannien und Österreich. Und die Differenzen bleiben auch in Zukunft groß: »An above average gender pay gap and the large share of women working part-time mean that future pension entitlements of women are likely to conti-

nue lagging behind those of men.« Zit. nach OECD: Pensions at a Glance, 2017.

29 Institut für Arbeitsmarkt- und Berufsforschung; Alexander Hagelüken: »Die Brutto-für-netto-Falle«, in: *SZ* vom 26. Oktober 2017.

30 Was die Abgabensenkung für Geringverdiener betrifft, macht Arbeitsminister Hubertus Heil (SPD) im ersten Rentenpaket der neuen Regierung einen guten Anfang, indem er den Sozialbeitrag für Geringverdiener reduziert. Der volle Satz gilt künftig erst für Einkommen ab 1300 Euro und nicht wie bisher ab 850 Euro.

31 Daniel Baumgarten u. a.: »Wachsende Lohnungleichheit in Deutschland«. Bertelsmann Stiftung/ifo Institut 2015.

32 Peter Haan (DIW) / Holger Stichnoth (ZEW, Zentrum für Europäische Wirtschaftsforschung) u. a.: »Entwicklung der Altersarmut bis 2036«. Bertelsmann Stiftung, Juni 2017.

33 Bernd Raffelhüschen kalkuliert mit Altersarmen, die 30 bis 35 Jahre die Hälfte des Durchschnittslohns verdient haben. Gespräch Januar 2018). Zu Axel Börsch-Supan siehe Alexander Hagelüken: »Die Renten-Debatte – ein Essay«. Das Forum, NDR Info, 25. Mai 2016.

34 Fördern sollte der Staat auch direkt mit Geld, angesichts dessen, dass jeder fünfte Gymnasiast Nachhilfe braucht und ein sechsjähriges Studium die Eltern im Schnitt 30 000 Euro kostet. Ausführlicher zur Bildung siehe die Kapitel »Die Bildungskatastrophe« und »Wie Sackgassen zu Chancen« in meinem Buch: *Das gespaltene Land*. München 2017. Die hier genannten Daten stammen aus dem Deutschen Zentrum für Hochschul- und Wissenschaftsforschung (DZHW), zit. nach Wolf Dermann. Mitbegründer von ArbeiterKind.de: »Situation von Studierenden aus Nicht-Akademikerfamilien«. Vortrag auf dem Kinderarmutskongress »Armut hat ein Gesicht: Augen – Nase – Mund«, Leipzig, 2. Juni 2018, sowie von Ludger Wößmann, ifo Institut, zit. nach Alexander Hagelüken: »Büffeln lohnt sich«, in: *SZ* vom 30. März 2017.

35 Das erste Rentenpaket der neuen Bundesregierung sieht vor, die Renten für Menschen zu erhöhen, die ihren Beruf gesundheitsbedingt aufgeben müssen und nicht mehr arbeiten können. Sie sollen

ab 2019 so viel Geld bekommen, als hätten sie bis zum aktuellen Rentenalter von gut 65 gearbeitet und in die Alterskasse eingezahlt.

36 »Unterschiede bei der Lebenserwartung sind ein totales Tabuthema«, sagt Gert Wagner, Vorsitzender des Sozialbeirats der Bundesregierung. »Wenn man die Unterschiede bei der Lebenserwartung einbezieht, kann man großzügiger bei geringeren Renten sein als bei höheren – und dies wiederspricht noch nicht einmal dem versicherungsmathematischen Äquivalenzprinzip.« Männliche Geringverdiener leben elf Jahre, weiblich im Schnitt achteinhalb Jahre kürzer. Betrachtet man die Lebenserwartung ab 65, betragen die Spannen 7,4 Jahre (Männer) beziehungsweise 6,3 Jahre Frauen. »Nicht alle Älteren haben die positive Entwicklung der Lebenserwartung im gleichen Maße mitgemacht.« Zit. nach Gerhard Bäcker / Andreas Jansen / Jutta Schmitz: »Rente erst ab 70?«. Gutachten für den DGB Bundesvorstand, 2017; Robert-Koch-Institut: Gesundheit in Deutschland, 2015. »Missing basic and minimum pensions mean that retirees with low incomes rely on the old-age safety net which is comparatively low at 20% of average earnings; this may raise retirement income adequacy concerns for people with low incomes and partial careers.« Zitat siehe OECD: Pensions at a Glance, 2017.